道路用绿色环保型降温涂层材料制备与性能

王朝辉　高志伟　石　鑫　李岩军　刘相儒　著

人民交通出版社股份有限公司
China Communications Press Co.,Ltd.

内 容 提 要

本书以近年来笔者从事道路用绿色环保型降温涂层材料开发与应用研究过程中取得的一系列创新性成果为依托撰写而成，并结合最新研究成果，系统介绍了道路用绿色环保型降温涂层材料的制备与结构表征、路用性能、降温功效、净化空气功效及工程应用等内容，能够为道路绿色养护技术的研究及应用奠定一定的基础。

全书共分为9章，主要内容包括：道路用绿色环保型降温涂层研发背景及意义；道路用绿色环保型降温涂层制备；道路用绿色环保型降温涂层降温性能；道路用绿色环保型降温涂层路用性能；道路用绿色环保型降温涂层耐久性评价指标体系；道路用绿色环保型降温涂层净化空气性能；道路用绿色环保型降温涂层微观结构表征；道路用绿色环保型降温涂层施工工艺与质量控制；道路用绿色环保型降温涂层工程示范等。

本书内容全面、系统，可供公路工程专业技术人员及高等学校的师生学习参考。

图书在版编目(CIP)数据

道路用绿色环保型降温涂层材料制备与性能 / 王朝辉等著. — 北京 ：人民交通出版社股份有限公司，2016.12

ISBN 978-7-114-13523-1

Ⅰ. ①道… Ⅱ. ①王… Ⅲ. ①道路工程—降温—涂层保护—材料制备②道路工程—降温—涂层保护—材料—性能 Ⅳ. ①U414.6

中国版本图书馆CIP数据核字(2016)第295366号

Daoluyong lüse Huanbaoxing Jiangwen Tuceng Cailiao Zhibei yu Xingneng

书　　名：道路用绿色环保型降温涂层材料制备与性能
著 作 者：王朝辉　高志伟　石　鑫　李岩军　刘相儒
责任编辑：司昌静　周　凯
出版发行：人民交通出版社股份有限公司
地　　址：(100011)北京市朝阳区安定门外外馆斜街3号
网　　址：http://www.ccpress.com.cn
销售电话：(010)59757973
总 经 销：人民交通出版社股份有限公司发行部
经　　销：各地新华书店
印　　刷：北京市密东印刷有限公司
开　　本：720×960　1/16
印　　张：13
字　　数：227千
版　　次：2016年12月　第1版
印　　次：2016年12月　第1次
书　　号：ISBN 978-7-114-13523-1
定　　价：50.00元

前　　言

“十三五”是我国交通运输行业转型升级的关键时期，随着各级路网的不断完善，道路养护需求逐年增加，养护逐渐成为交通建设的主要任务；同时，我国当前严峻的环境质量形势也促使节能环保成为转变交通运输发展方式、发展绿色交通的核心内容，对完成国家污染防治计划确定的目标具有重要的推动作用。面对当前的形势，交通运输发展必须依靠结构调整、技术创新和进步，才能不断提升服务经济社会发展的能力。因此，发展和实施具有绿色环保功效的道路养护技术对促进交通运输行业的转型升级具有重要的现实意义。

鉴于以上背景，笔者进行了为期数年的道路用绿色环保型降温涂层材料的开发与工程应用研究，本书结合作者的最新研究成果编写而成。全书共分为9章，第一章全面梳理了国内外相关规范对路面涂层材料的技术要求，确定了降温涂层材料基本性能和路用性能评价指标；第二章介绍了自主研发的5种具备路面降温功效和净化空气功效的环保型路用降温涂层，测试了其基本性能，攻克了预防性养护改善沥青路面温度工作环境与净化空气的技术难题；第三章介绍了降温涂层降温性能测试装置的开发及降温涂层室内外降温效果测试方法，测试了降温涂层的降温性能；第四章分析评价了降温涂层的各项路用性能，提出了基于负荷轮碾压的环保型用降温涂层高温稳定性评价方法；第五章提出了环保型降温涂层耐久性评价指标与评价方法，建立了降温涂层材料耐久性评价系统，解决了路用涂层耐久性评价技术难题；第六章介绍了空气净化材料多性能测试装置开发及绿色环保型降温涂层净化空气测试方法，并对降温涂层净化空气效果进行了评价；

第七章采用材料微观分析手段揭示了环保型降温涂层的微观结构;第八章设计了降温涂层施工装置及施工工艺流程,创建了环保型路用降温涂层施工质量控制方法,为环保型路用降温涂层的推广和应用奠定了坚实的基础;第九章介绍了降温涂层施工过程及示范工程实际功能效果验证。

本书对道路用绿色环保型降温涂层材料的制备与结构表征、路用性能、降温功效、净化空气功效及工程应用等内容进行了系统介绍,为我国道路用绿色环保型降温涂层材料的研发及应用提供了理论支持和技术指导,对道路绿色养护技术的研究及推广应用具有一定的借鉴意义。

在本书写作和研究过程中得到了众多专家学者、同行和学生的大力支持,许多内容属于科研共同研究取得的成果。项目研究过程中,博士生孙晓龙、硕士生王玉飞在理论分析和试验研究过程中付出了大量劳动。本书部分内容参考了以上两位同学的学位论文,在此对他们表示衷心的感谢。

由于笔者的水平及实践经验有限,书中难免有疏漏和错误之处,恳请各位读者给予指正。

作　者

2016 年 10 月

目　　录

1 绪论

1.1 背景与意义

经过大规模的公路建设，我国公路干线网络不断完善，公路建设进入相对稳定期，公路养护需求逐渐增加，养护方式也逐渐由传统的被动型、应急型方式向预防型及周期型的科学化养护方式转变。沥青路面预防性养护能够起到减少路面早期破坏和延长路面使用寿命的作用，在道路养护工程中的应用越来越多，但目前的预防性养护技术无法从根本上解决路面高温病害问题。夏季，在太阳的持续热辐射作用下，大量热量被沥青路面吸收并蓄积在沥青面层中，由于蓄积的热量难以从沥青面层结构中释放出来，使得路面温度远远高于大气温度。高温的沥青路面会产生车辙等一系列的路面病害，并加剧城市的热岛效应。

为减少夏季高温对沥青路面病害的影响，道路工作者相继开始对路面降温材料和技术进行研究。其中，降温涂层因具有成型好、抗压性强、干燥速度快等许多优点而被广泛关注。随着道路降温技术的推广应用，部分降温涂层已在道路养护中得到应用。但现有路面降温涂层多为阻隔型、热反射型及热辐射型，存在耐久性差、耐磨性不足、降温效果有限等缺点，而且现有阻隔型、热反射型及热辐射型降温涂层中普遍存在有毒化学材料成分，在使用过程中易产生污染。因此，研发路用性能优良且降温效果显著的降温涂层材料成为推进路面降温涂层技术应用的关键。

当前，我国的环境质量形势十分严峻，环境污染问题已威胁到人民群众健康和社会稳定发展。日益增长的交通量也导致了大量汽车尾气排放及污染颗粒物的增加，加剧了道路沿线环境污染。对此，国家相继出台了多部法律法规，对污染治理提出了严格的排放控制要求和责任追究制度。交通运输行业的机动车尾气排放已列入国家污染防治行动计划，“十三五”期间交通行业污染治理的任务将十分艰巨。只有通过不断的技术创新，才能促进交通运输行业的健康发展。《国家中长期科技发展规划纲要(2006—2020年)》明确指出，要促进交通行业向节能、环保和安全的方向发展。因此，开发一种具有降低路面温度功效同时兼具净化空气功效的新型路面涂层是解决这些问题的有效方法，符合我国“资源节约型”、“环境友好型”道路发展理念，是今后公路及城市道路养护技术的发展趋势。

目前，国内外关于沥青路面降温养护材料的研究和应用大部分集中于反射型或辐射型降温涂层材料，这些降温涂层材料虽可降低路面温度，但在应用过程中仍存在一些亟须解决的关键问题，主要表现如下。

(1)现有降温涂层成本较高，耐久性差，表面受到污染后降温性能下降严重。

(2)功能单一，缺乏环保性，目前的降温涂层材料只能实现路面降温功能，并无其他环保功效。

(3)尚未形成系统的降温涂层基本性能、高温性能及耐久性评价指标体系。

(4)缺乏科学的降温涂层材料功效测试评价方法，降温涂层材料功效测试受环境因素影响较大，无法对其性能进行准确评价。

(5)缺乏完备的施工工艺与质量控制体系，降温涂层材料施工质量难以保证。

这些问题严重制约了降温涂层材料在路面养护工程中的推广应用，因此，开发具有降低沥青路面温度和净化空气功效的环保型养护涂层，达到改善沥青路面温度工作环境、提高沥青路面高温稳定性与净化空气的目的，有利于缓解城市热岛效应、减少汽车尾气及雾霾污染，为解决当前我国道路养护过程中面临的一系列技术及环境问题开辟了新的途径，对于发展绿色交通、促进交通行业转型升级具有重要意义。绿色环保型降温涂层材料的应用前景十分广阔。

1.2 路用降温涂层在国内外的研究现状

国内外有关降温涂层的研究主要集中于两个方面，一种是改变沥青路面结构的“被动”式降温方案。从路面结构类型出发，采用透水路面，有利于蒸发散热，降低路面热容量；采用柔性基层设置过渡层，加大路面与路基的传热。另一种为在路表面涂抹降温材料的“主动”式降温技术。从路面辐射角度出发，在原有路面基础上添加或涂抹降温涂层，增加路面反射率。国内外已对以上两个方面进行了较为广泛的研究和应用，结果表明，传统的“被动”式提高沥青混合料使用性能的措施，虽然能够提高路面使用质量、延长路面使用寿命和降低路面温度，但降温效果有限，而“主动”式的降低沥青路面温度才是最佳选择。

1.2.1 国外研究应用现状

20 世纪 70 年代后，随着科学技术的快速发展，美国、西欧及日本等一些发达国家和地区相继研制出了能够反射太阳辐射的热反射涂层，相关试验发现，涂刷过反射性降温涂层材料的路面，温度均有一定程度的降低。日本武举二郎首先研制出了供建筑物使用的热反射涂料；冈田道夫则对太阳光热反射涂层的降温性能进行了评估，研究发现，涂刷太阳光热反射涂层的建筑物外墙温度显著降低。英国相关科研机构针对一种褐色的热反射涂料进行了试验研究，试验结果表明，在涂刷褐色的热反射涂料后，涂刷结构物的近红外反射率高于 70%，太阳光总反射率高于 45%。冈田道夫等对涂装三种不同颜色热反射涂料的沥青路面及未涂装的普通沥青路面进行路表反照率及温度测试，测试结果表明，沥青路面温度在涂刷涂料后均有不同程度降低。日本遮热性铺装协会对已有成果加以总结，形成了行业内部的技术应用指南，并提出了相关试验方法。希腊雅典大学的席妮法(Synnefa A.)和卡莱斯(Karlessi T.)等提出了一种测量和分析太阳光谱及 5 色薄层沥青样品性质的方法，通过评估热和能量对施加在室外道路上样品的影响，表明了彩色薄层沥青样品相对于传统的沥青太阳能反射率值较高，且从表面温度的统计分析，发现所有的彩色薄层沥青样品表面温度均比传统的沥青表面温度低。

美国、日本、意大利已经对红外热辐射涂料进行了系统的研究。小作好明等通过室外观测发现，遮热性铺装能够通过增强长波辐射传输，降低路面温度。从辐射型降温涂料研究相关论文上看，近年来美国主要进行的是后期工作的研究，如涂料的耐久性研究，涂覆后能源节省的研究；而对于专利方面，主要对白色和深色涂料热反射比进行了大量的研究。马来西亚理工大学的安纳克·冈塔(Anak Guntor N.)等在相同环境温度和地下土壤温度条件下对比分析了涂布所开发的涂层材料与未涂布该涂层材料时沥青面层表面温度，结果表明，沥青面层应用开发的涂层材料后，可通过辐射太阳能量方式降低其表面温度(达 4.4℃)，具有降低城市热岛效应的作用。

奥利卡萨(Orikasa)研究了阻隔型保温涂料的光能量反射和长波辐射特性；内尔(R. Neil)以马来酸二丁酯—乙酸乙烯共聚物为成膜物质，通过加入一种陶瓷珠光隔热剂制得了隔热性能优良的水性隔热涂料，通过试验验证，该水性隔热涂料具有良好的隔热性能，能够显著降低构筑物表面温度；西法塔(Seiferta S.)和利特维斯卡比(Litovskyb E.)等通过研究指出，在致冷空间与环境温度相同时，具有高发射率的灰色表面致冷功率最大；日本长岛特殊涂料株式会社公开了一种采用耐热性成膜剂、透明或半透明空心陶瓷微粒(泡)和云母微粉等填颜料、结构保持剂等其他助剂配制成的阻隔型降温涂层，具有良好的隔热、保温、绝缘等效果及耐候性、耐磨性、耐腐蚀等性能，该隔热涂料的反射率可达 90%，热辐射率达 94%，导热系数为 0.25W/(m·K)。萨维约有限会社(SANGYO YUGEN)研制了一种隔热绝热反射涂料，它是以合成高分子聚合物多元改性共聚丙烯酸树脂乳液为成膜剂、配以含硅酸盐复合隔热材料制成的，具有优良的隔热反射性能；富士钛(FUJITITANIUM)公司公开了一种红外屏蔽隔热涂料，该涂料组分中含有由耐热性成膜树脂、经水溶性锡盐酸化处理加热得到的氧化铟微粉，该屏蔽隔热涂料具有极好的透明度和优异的红外屏蔽性能，涂覆在被涂装物表面的涂膜，其可见光的透过率大于 80%。

国外对具有高反射率的墙面涂层的研究较为先进，但在路面涂层方面的研究较少，并且对大部分路面热反射涂层的研究倾向于直接选择现有材料进行反射率的对比测试，而且对其路用性能的研究不够重视，对涂层材料的选取、基本的力学性能、路用性能的研究还不够完善。因此，国外研究的涂层是否适合长期地应用于沥青路面上还有待进一步研究。

1.2.2 国内研究应用现状

与国外相比，国内关于降温涂层的研究起步较晚。近年来，国内关于降温涂层的诸多研究成果表明了降温涂层用于路面降温的可行性。虽然不同科研单位和高校在研究降温涂层时的思路和方法不尽相同，但其研究目的基本相同。

在隔热涂层材料的制备及降温效果方面，建筑科学研究院物理所和丹东市、常州市、苏州市共同研制成的一种 AAS 型太阳热反射隔热防火涂料，将该涂料涂刷在屋面上能把 60%～70%太阳辐射热反射出去，起到了很好的隔热效果。在南京工业大学高新技术项目“纳米透明功能涂料的研制与开发”中，共研制成功了两类纳米透明功能涂料，其中一类是纳米透明隔热涂料。佟丽萍等对采用添加空心隔热微珠及漂浮型铝粉所制备的新型隔热涂料进行了材料组成研究，结果表明，新型灰色隔热涂料降温可达 9～11℃。南京工业大学赵石林等研制成功了含纳米氧化锡锑(ATO)、氧化铟锡(ITO)粉体的透明隔热涂料，其采用在水中分散好的 ITO 水浆，以及有机硅树脂成膜剂，通过加入共溶剂并调整体系 pH 值制得了性能良好的透明隔热涂料，该隔热涂料具有良好的光谱选择性，在可见光区具有高的透过性，并能有效阻隔红外光区的热辐射。华南理工大学孟庆林等将纳米 ATO 与水性聚氨酯通过一定的工艺制备出纳米隔热涂料，在常温下将其涂在玻璃表面制成低辐射玻璃，光学性能分析表明其具有较好的隔热效果。

在热反射涂层的制备及降温效果方面，郭年华研制了聚氨酯改性高氯化聚乙烯热反射涂料，介绍了该涂料的配方及其性能指标，研究了涂料用基料树脂和颜填料对热反射率的影响。许新在对太阳热反射涂层反射原理分析的基础上，研究了颜料粒子的形状、颜料体积分数以及颜料的聚集状态对太阳热反射率的影响。马承银等利用透明高分子树脂材料、陶瓷中空微珠、金属类氧化物等研制了一种具有太阳热反射功能的隔热涂料，其总反射率可达85%～90%。张静以硅丙乳液为基料，通过向其中添加金红石型二氧化钛、空心微珠等功能性材料及体质性材料，制备了水性太阳热反射涂料，降温平均值为12℃左右。李文珍等以自制的不饱和聚酯树脂为基料，添加TiO_2、SiO_2功能性填料，采用铁红和铁绿复配为调色颜料制备了灰色太阳热反射涂料，在高温季节可降低路面温度近10℃。长安大学汤琨以聚丙乙基树脂为主要成膜物质的太阳热反射涂料，并对其在沥青路面降温中的应用效果进行了研究，分析结果表明，太阳热反射涂层最高可使沥青路面的温度降低12℃。路俊杰以聚丙烯酸树脂、二氧化钛和炭黑为原料制备了太阳热反射涂料，并对制得的太阳热反射涂料的性能和降温效果进行了评价，结果表明，其室外降温效果最高可达7℃。

在热反射涂层及隔热涂层材料的降温效果研究方法方面，哈尔滨工业大学的梁满杰从日光热反射的基本原理出发，利用自制的室内模拟太阳辐射环境的试验系统对太阳热反射涂料在沥青路面中应用技术问题进行了研究。重庆交通大学的王良艳将太阳热反射涂料作为钢桥面铺装降温技术，开展了相关研究，研究结果表明，太阳热反射涂料可以显著降低桥面铺装温度。王伟对太阳热反射涂层的路用性及施工工艺进行了研究，并进行了长期观测。长安大学王朝辉课题组优选一系列无机降温功能性材料，制备自控温改性沥青及沥青混凝土，测试结果表明，自控温改性沥青及沥青混凝土具有良好的自控温性能，可显著缓解沥青路面的高低温病害。此外，东南大学的钟勇强等利用室内试槽铺筑的沥青路面结构进行了热反射涂层路面结构的温度场试验与检测，并结合获得的试验数据，对比分析了路表涂刷与不涂刷热反射涂层两种方案的路表温度、变温速率、温度梯度、变温幅度和相位随深度的变化规律，并建立有限元模型，应用数值分析方法反算了主要热辐射特性参数。

国内针对降温涂层的研究主要集中在阻隔型、热反射型和热辐射型。阻隔型和热反射型降温涂层只能减慢却不能阻挡热能的传递，一旦热能传入，即使外界环境温度降低，热能还是很难消散。热辐射型降温涂层不同于阻隔型和热反射型降温涂层，它能够以热辐射的形式将吸收的热量辐射掉，从而促使被涂装结构物降温，因而具有一定的降温速率，但此类降温涂层易被污染而影响降温效果,它的实际应用尚处于研究阶段。近些年对降温涂层的研究,基于环保考虑,开始转向环保型路面降温涂层方向。

1.3 路面涂层相关规范(标准)调查及性能指标

在我国,将降温涂层用于沥青路面降温尚处于探索阶段,相应的规范及标准较少。本书通过对现有路面涂层材料规范及标准的调查,归纳总结现有规范对路面涂层材料各项性能指标的要求,具体如下。

(1)中华人民共和国建材行业标准《环氧树脂地面涂层材料》(JC/T 1015—2006)。

《环氧树脂地面涂层材料》(JC/T 1015—2006)对薄涂型环氧树脂地面涂层材料在干燥时间、涂膜硬度、黏结性能、耐磨性能方面作出了具体的数值要求,而在抗冲击性、耐水性、耐化学性方面只作出主观性要求。该标准适用于以环氧树脂为主要原材料的底层涂料、自流平地面涂层材料、薄涂型环氧树脂地面涂层材料,其对薄涂型环氧树脂地面涂层材料的部分技术要求和标准如表 1-1 所示。

薄涂型环氧树脂地面涂层材料的要求　　表 1-1

序号	项　目	技术指标
1	容器中的状态	搅拌后无硬块,呈均匀状态
2	涂膜外观	平整,无褶皱、针孔、气泡等缺陷
3	固体含量(%)	≥60
4	铅笔硬度(H)	3
5	7d 拉伸黏结强度(MPa)	≥2.0
6	抗冲击性,ϕ50mm,500g 的钢球	涂膜无裂纹,无剥落
7	耐磨性(g)	≤0.20
8	耐水性	涂膜完整,不起泡,无剥落,无轻微变色

(2)中华人民共和国交通行业标准《路面防滑涂料》(JT/T 712—2008)。

《路面防滑涂料》(JT/T 712—2008)在路面防滑涂料通用理化性能方面对涂膜外观、耐水性、耐碱性、低温抗裂性、抗滑性等提出了技术要求,仅对抗滑性有具体数值要求,而对其他性能均只有主观性指标要求。该标准适用于在我国公路上涂铺的各种防滑标线及防滑路面所用的路面防滑涂料,其对路面防滑涂层材料理化性能的部分技术要求如表 1-2 所示。

路面防滑涂料通用理化性能　表 1-2

序号	项　目	技术要求		
1	涂膜外观	干燥成型后，颜色、集料颗粒分布应均匀，无裂纹、集料颗粒脱落等现象		
2	耐水性	在水中浸 24h 应无异常现象		
3	耐碱性	在氢氧化钙饱和溶液中浸 24h 无异常现象		
4	涂层低温抗裂性	−10℃保持 4h，室温放置 4h 为一个循环，连续做 3 个循环后应无裂纹		
5	抗滑性，BPN 值	普通防滑型	中防滑型	高防滑型
		45≤BPN<55	55≤BPN<70	BPN≥70

（3）中华人民共和国交通行业标准《路面标线涂料》（JT/T 280—2004）。

《路面标线涂料》（JT/T 280—2004）分别对溶剂型涂料、热熔型涂料、双组分涂料、水性涂料作出了性能指标方面的要求。对于不同类型的路面涂料，该标准主要从黏度、密度、施工性能、涂膜外观、不粘胎干燥时间、耐久性、冻融稳定性、附着性、固体含量等方面提出了指标性要求。其对溶剂型地面涂层材料部分技术要求和标准如表 1-3 所示。

溶剂型涂料性能要求　表 1-3

项　目	溶剂型	
	普通型	反光型
容器中状态	应无结块、结皮现象，易于搅匀	
黏度	≥100（涂 4 杯，s）	80～120（KU 值）
密度（g/cm^3）	≥1.2	≥1.3
施工性能	空气或无空气喷涂（或刮涂）施工性能良好	
涂膜外观	干燥后，应无发皱、泛花、起泡、开裂、粘胎等现象，涂膜颜色和外观应与标准板差异不大	
不粘胎干燥时间（min）	≤15	≤10
耐磨性（mg）（200r/1000g 后减重）	≤40（JM-100 橡胶砂轮）	
耐水性	在水中浸 24h 应无异常现象	
耐碱性	在氢氧化钙饱和溶液中浸 24h 应无异常现象	

（4）中华人民共和国交通行业标准《公路用防腐蚀粉末涂料及涂层》（JT/T 600—2004）。

《公路用防腐蚀粉末涂料及涂层》（JT/T 600—2004）对于涂料性能，主要从附着性能、耐冲击性、抗弯曲性、耐化学腐蚀性、耐低温脆化性能、耐湿热性能等方面提出了指标性要求。该标准适用于公路用防腐蚀涂层粉末涂料及其涂层，其对公路用防腐蚀粉末涂料及涂层性能部分要求如表 1-4 所示。

公路用防腐蚀粉末涂料及涂层性能要求 表 1-4

<table>
<tr><th rowspan="2">序号</th><th rowspan="2" colspan="2">项　　目</th><th colspan="2">技术要求</th></tr>
<tr><th>单涂 a</th><th>双涂 b</th></tr>
<tr><td rowspan="2">1</td><td rowspan="2">涂层附着性能</td><td>热塑性粉末涂料涂层</td><td colspan="2">一般不低于 2 级</td></tr>
<tr><td>热固性粉末涂料涂层</td><td colspan="2">0 级</td></tr>
<tr><td>2</td><td colspan="2">涂层耐冲击性</td><td colspan="2">试验后，除冲击部位外，无明显裂痕、皱纹及涂层脱落现象</td></tr>
<tr><td>3</td><td colspan="2">涂层抗弯曲性</td><td colspan="2">试验后，应无肉眼可见的皱纹及涂层脱落现象</td></tr>
<tr><td>4</td><td colspan="2">涂层耐化学腐蚀性</td><td colspan="2">试验后，涂层应无气泡、溶解、溶胀、软化、丧失黏结等现象，试件应无混浊、褪色及填料沉淀等现象</td></tr>
<tr><td>5</td><td colspan="2">涂层耐湿热性能</td><td colspan="2">经 8h 试验后，划痕部位任何一侧 0.5mm 外，涂层应无气泡、剥离等现象</td></tr>
</table>

通过对我国交通行业降温涂层方面标准的综合对比研究可知，现有标准对于降温涂层性能主要从涂膜外观、干燥时间、黏结性能、硬度、抗冲击性、耐久性、抗滑性等方面提出了数值性指标要求；对于降温涂料的耐水性、耐化学腐蚀性、耐温变性等性能指标，主要是从主观性方面提出要求；未对降温涂层的降温性能提出相关指标；未形成系统的耐久性评价体系。故针对现有涂层标准提出的性能要求，建议从涂膜外观、干燥时间、黏结性能、硬度、抗冲击性、耐久性、抗滑性等方面对降温涂层进行研究，为确立一套系统的降温涂层各项性能测试指标体系提供一定依据。

1.4 现有路面降温涂层存在的问题

现有路面降温研究成果绝大部分集中在"被动式"降温和阻隔型、反射型或辐射型降温涂层，这些方法虽能收获一定功效，但也存在许多问题。

(1)"被动式"路面降温措施降温效果有限。

"被动式"路面降温技术主要有保水降温半柔性路面、透水性路面和排水沥青路面等。"被动式"路面降温技术虽然能够提高路面使用质量、延长路面使用寿命和降低路面温度，但该方法降温效果有限，无法从根本上达到沥青路面的降温要求。

(2)现有降温涂层成本较高,耐久性差。

国内对应用于沥青路面的降温涂层还处于材料研发与测试阶段,大多出自科研机构和各大高校的科研成果,尚未有成熟产品投入大规模生产以满足实际应用需求。现有路面降温涂层使用寿命基本维持在1年左右,使用耐久性差,无法满足路面3～5年的基本寿命需求。

(3)现有路面降温涂层易受污染而影响其原有的降温效果。

现有路面降温涂层的施工基本是将降温材料涂铺在路面表面,涂铺在路面表面的涂层直接与车辆轮胎、周围不良环境等相接触,容易受到污染,进而影响到涂层原有的降温效果。

(4)缺乏系统的耐久性评价指标体系。

对于路面降温涂层,耐久性评价方法多采用耐磨性能、耐水性能等单一耐久性指标,并未形成完备、系统的评价指标体系,无法对路面降温涂层复合工况条件下耐久性能进行系统研究和评价。

(5)缺乏完备的施工工艺及质量控制措施。

现有降温涂层施工工艺复杂,相关施工设备不成熟,施工周期较长,施工工艺及质量控制措施不完善,没有形成成熟的施工工法,无法在高等级公路大面积推广应用。

(6)缺乏预防性养护封层材料技术的研发。

现有路面降温涂层多为阻隔型、热反射型或热辐射型降温涂层,存在使用耐久性差、耐磨性差及降温效果有限等诸多缺点,尤其在提高路面使用寿命方面的研究相对薄弱,而且无法作为道路封层材料使用,缺乏针对长寿命预防性养护降温封层材料(微表处及稀浆封层)的研发。

(7)缺乏环保性,功能性单一。

阻隔型、热反射型或热辐射型降温涂层多为化学材料,寿命终结后易对环境产生污染,缺乏环保性;多数降温涂层只能满足路面降温方面的要求,并无其他环保方面的特殊功能,功能性过于单一。

2 道路用绿色环保型降温涂层制备

现有路面降温材料主要是热反射涂料和辐射涂料，该类材料普遍存在成本高、降温效果有限以及降温性能易受路表污染物影响等缺点，无法满足我国路面降温材料应用需求。基于此，本章在对比分析现有规范及技术标准对涂层性能要求的基础上，提出降温涂层材料的基本性能指标，优选多种降温功能性材料及辅助材料，制备环保型路用降温涂层材料，确定五种环保型路用降温涂层最佳配比，为后续降温涂层降温功效及路用性能研究奠定基础。

2.1 道路用绿色环保型降温涂层基础材料优选

2.1.1 实现功能属性的基本原理

环保型路用降温涂层的作用是改善沥青路面高温条件下的温度工作状态、提高路面高温稳定性，避免夏季高温条件下沥青混凝土路面车辙、拥包、泛油等高温病害的出现，故环保型路用降温涂层首先应具备良好的降温功效。《国家中长期科技发展规划纲要(2006—2020年)》明确指出，要促进交通行业向节能、环保和安全的方向发展，环保型路用降温涂层在满足其降温功效的同时具备一定的污染物净化和吸附效果，将大幅降低对大气的污染程度，取得显著的社会、经济和环境效益。

1)实现降温功效的基本原理

(1)热反射(或热辐射)降温原理。

热反射是利用材料自身对可见光区和红外光区的反射能力，实现对太阳辐射的反射，从而减少载体材料对太阳辐射能量的吸收，减少热量在载体材料内部的集结，达到降低载体材料温度的作用。热反射材料主要依靠其自身的太阳热反射实现降温效果，属于物理类降温材料；热反射材料具有良好的耐候性及热稳定性，在日光暴晒及水热循环条件下具有良好的抗变色、抗失光及抗粉化能力。因此，在外界自然环境的应用过程中，若降温材料能够保持良好的使用性能及表面状况，热反射材料就能够持续发挥其良好的降温功效。

热反射材料中反射能力较好、最常用的降温材料为红外反射材料，现有的红外反射材料主要为金属氧化物、硝酸盐、醋酸盐或氧化物混合后经1000℃以上高温煅烧、反应，原料中的金属离子和氧离子重新排列，形成更稳定的类似于尖晶石结构或金红石型结构，这些材料里通常含有镍、锰、铬、钛、铁、钴等金属离子。现今，热反射降温原理主要应用于降温涂料、建材、塑料、玻璃、陶瓷、油墨领域，红外反射材料添加到聚合物制品中可使成品不易变形，同时在耐候性试验中亦表现出非同寻常的性能。

红外反射材料不仅具备热反射材料特性，还具有赋予不同类型材料或聚合物产品反射太阳光的能力，但将红外反射材料应用于道路工程时，作为其优点的良好的太阳光反射能力反而成了难以忽略的缺点，反射产生的反射光和衍射光会影响驾驶员的视觉功能进而产生炫目，严重时会造成交通事故，威胁道路使用者的人身安全。热反射材料的反射能力易因道路表面污染而受到影响，涂层材料处于道路结构的最表层，直接与大气环境相接触，过往的行车作用易使热反射材料受到污染，逐渐降低热反射材料反射太阳光的能力，进而影响降温效果，当热反射材料受污染程度较深时，甚至会失去其降温功效。同时，具有热反射降温功效的材料价格昂贵，应用到涂层中会增加公路建设的整体造价，不利于环保降温涂层在道路工程中的推广应用。鉴于热反射材料在道路工程运用中存在的缺点，本书将不再基于这一原理进行研究，而是试图寻找一种路用降温效果更加持久稳定且无任何副作用的路用降温原理。

(2)相变降温原理。

相变是指材料的物理性质发生转变，这一转变过程称为相变过程。在发生相变的过程中材料将吸收或释放大量的潜热，利用相变材料相变过程中吸收大量热能的性质可达到路面降温的功能。以固—液相变为例，相变材料在加热到熔化温度时，就产生从固态到液态的相变，而熔化的过程中，相变材料吸收并储存大量的潜热，这就为其发挥降温功效提供了可能性。

相变材料主要包括无机相变材料、有机相变材料和复合相变材料三类。其中，无机类相变材料主要有结晶水合盐类、熔融盐类、金属或合金类等，无机类相变材料的相变可逆性较差，相变过程中吸热能力不足，存在降温效果不稳定的问题；有机类相变材料主要包括石蜡、醋酸和其他有机物，其主要特点是熔点低、易燃、导电率低，其本身具有一定的腐蚀性且易于泄漏，需要较高的保存条件；复合相变储热材料，可以改善相变材料的应用效果并拓展其应用范围，但复合相变材料也可能会带来相变潜热下降，性能不稳定，在长期的相变过程中容易发生变性。

综上所述，在道路应用中，具有相变降温功效的相变材料存在降温效果稳定性差、安全隐患高、环保性差等缺陷，在道路工程领域应用可行性较差，同时，现有相变材料价格昂贵、施工程序复杂，其在道路工程中的应用会大幅提升成本，亦无法满足道路应用的经济性需要，故本书将不采用具有相变降温功效的降温类材料作为降温功能性材料。

(3)多孔隙降温原理。

典型的孔结构主要有两种，一种是由大量多边形孔在平面上聚集形成的二维结构，另一种则是由大量多面体形状的孔洞在空间聚集形成的三维结构。如果构成孔洞的固体只存在于孔洞的边界(即孔洞之间是相通的)，则称为开孔；如果孔洞表面也是实心的，即每个孔洞与周围孔洞完全隔开，则称为闭孔；而有些孔洞则是半开孔半闭孔的。

多孔隙降温是利用多孔矿物材料的多孔隙特征降低材料的导热率、提高材料本身的隔热属性。在夏季外界温度升高时，多孔隙材料能够将外界热量和紫外线隔绝在外，进而达到降低温度的功效。现有多孔隙材料主要为硅酸盐矿物，因其内部微结构的差异性，硅酸盐多孔隙材料主要分为岛状结构硅酸盐矿物、环状结构硅酸盐矿物、链状结构硅酸盐矿物、层状结构硅酸盐矿物和架状结构硅酸盐矿物。

多孔材料应用于涂层时，由于具有多孔隔热属性的矿物材料自身的多孔隙特征，在与涂层制备过程中会出现孔隙堵塞现象，影响多空隙降温功效的发挥。同时，现有多孔隙材料主要为硅酸盐矿物，其强度相对较差，在行车荷载的作用下易发生磨损，增加多孔材料自身的开孔孔隙率，在大气降雨等自然因素的影响下，孔隙内的含水率逐渐增大，引起多孔材料降温功效的下降，且不利于道路的长久使用。鉴于多孔隙材料在道路工程运用中存在的缺点，本书将不再基于这一原理进行研究，而是试图寻找一种路用降温效果更加持久稳定且无任何副作用的路用降温原理。

(4)能量转换降温原理。

能量转换降温原理是通过能量转化将夏季温度过高时沥青混凝土路面蓄积的热量转移出去或者转换成其他形式的能量体，从而降低路面温度、提高道路的高温稳定性。外界温度发生变化时，通过能量转换原理将热能直接转化成其他形式的能量，从而改变自身温度。此过程的实现不需要使用传动部件，工作时无噪声、无排弃物，对环境保护意义重大，诸如太阳能、地热能、风能、海洋能、生物能、氢能等都可通过能量转换为人类所用。同时，能量转换技术具有安全、清洁的优势，可就地取材，取之不尽、用之不竭，不仅能在一定程度上缓解国家能源供应紧张的局面，还可减少温室气体的排放，环保经济且不受化石能源价格的影响，是一种具有广泛应用前景的绿色能源开发技术。

近年来，能量转换原理的技术应用不断成熟，增加了能量转换技术的市场竞争力，一些新兴应用研究，诸如垃圾焚烧余热、炼钢厂的余热、利用汽车以及发动机尾气的余热进行发电，为汽车提供辅助电源的研究正在进行，而且日、美、欧等先进国家和地区的废热回收转为电能的技术也证明了能量转换技术在实际应用过程中的良好性能，体现了能量转换技术良好的环境和经济效益。

与热反射降温、相变降温、多孔隙降温相比，在道路工程实际应用过程中，能量转换原理具有明显的优势。能量转换的实现不会产生有毒有害物质且无其他副作用，对环境保护具有重大意义，同时，基于能量转换原理的降温具有良好的化学稳定性，能够保证路用降温功效的长期性发挥，保证在不同应用环境中能量转换功效的稳定持久。世界各国在推进能量转换技术应用的同时，也在不断地探索和研究具有更高转换能力的能量转换技术，如果将能量转换技术应用于道路工程中，那么我们的行车环境将大为改观。随着科学技术的进步，能量转换技术会不断得到提高，制约能量转换应用的一些难题也会得到逐步解决，其应用会越来越广泛，必将成为社会发展的新动力。鉴于能量转换原理在道路工程应用中具有其他降温原理所未有的优点，本书将基于能量转换原理进行涂层的研究。

2)实现空气净化功效的基本原理

从环保角度出发，实现路面空气净化功效最直接、有效的方式就是涂层直接吸附或还原污染气体中的有毒、有害物质，改善车辆运行过程中整个公路系统的工作环境，起到保护公路系统周边居民生活环境和动植物生存环境的作用。环保降温涂层的空气净化功效主要通过以下几个方面实现。

(1)物理吸附。

物理吸附是被吸附的流体分子与固体表面分子间的作用力为分子间吸引力，即所谓的范德华力(Van der waals)，因此物理吸附又称为范德华吸附。当固体表面分子与气体或液体分子间的引力大于气体或液体内部分子间的引力时，气体或液体的分子就被吸附在固体表面上，形成所谓的物理吸附现象。

物理吸附有以下特点。

①气体的物理吸附类似于气体的液化和蒸气的凝结，故物理吸附热较小，与相应气体的液化热相近。

②气体或蒸气的沸点越高或饱和蒸气压越低，越容易液化或凝结，物理吸附

量就越大。

③物理吸附一般不需要活化能,故吸附和脱附速率都较快;任何气体在任何固体上只要温度适宜都可以发生物理吸附,没有选择性。

④物理吸附可以是单分子层吸附,也可以是多分子层吸附。

物理吸附主要运用于化学工业、石油加工工业、农业、医药工业、环境保护等领域,最常用于从气体和液体介质中去除杂质。物理吸附在多相催化中有特殊的意义,它不仅是多相催化反应的先决条件,而且利用物理吸附原理可以测定催化剂的表面积和孔结构,而这些宏观性质在制备优良催化剂、比较催化活性、改进反应物和产物的扩散条件、选择催化剂的载体以及催化剂的再生等方面都有重要作用。

(2)化学吸附。

化学吸附是固体表面与被吸附物间的化学键力起作用的结果。这种类型的吸附需要一定的活化能,故又称"活化吸附"。这种化学键亲和力的大小差别很大,但它大大超过物理吸附的范德华力。吸附质分子与固体表面原子(或分子)发生电子的转移、交换或共有,形成吸附化学键的吸附。由于固体表面存在不均匀力场,当气体分子碰撞到固体表面上时便与表面原子间发生电子的交换、转移或共有,形成吸附化学键的吸附作用。化学吸附往往是不可逆的。化学吸附的速率较慢,吸附平衡也需要相当长时间才能达到,升高温度可以大大地增加吸附速率。

与物理吸附相比,化学吸附主要有以下特点。

①吸附所涉及的力与化学键力相当,比范德华力强得多。

②吸附热近似等于反应热。

③吸附是单分子层的。

④有选择性。

⑤对温度和压力具有不可逆性。

另外,化学吸附还常常需要活化能。

化学吸附机理可分为以下三种情况。

①气体分子失去电子成为正离子,固体得到电子,结果是正离子被吸附在带负电的固体表面上。

②固体失去电子而气体分子得到电子,结果是负离子被吸附在带正电的固体表面上。

③气体与固体共有电子成共价键或配位键。

在复相催化中,多数属于固体表面催化气相反应,它与固体表面吸附紧密相

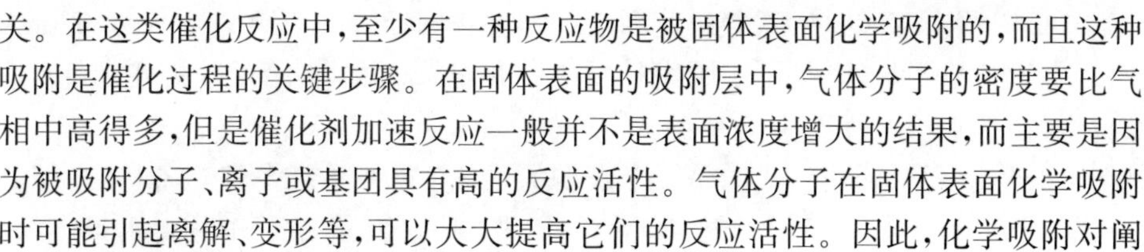

关。在这类催化反应中,至少有一种反应物是被固体表面化学吸附的,而且这种吸附是催化过程的关键步骤。在固体表面的吸附层中,气体分子的密度要比气相中高得多,但是催化剂加速反应一般并不是表面浓度增大的结果,而主要是因为被吸附分子、离子或基团具有高的反应活性。气体分子在固体表面化学吸附时可能引起离解、变形等,可以大大提高它们的反应活性。因此,化学吸附对阐明催化机理是十分重要的。

(3)还原降解。

污染气体通过发生物理、化学反应使污染气体中的污染物浓度逐渐降低,空气质量逐渐好转,这就是污染气体的降解过程。在这一过程中,大多数有毒污染气体经过各种物理、化学作用转化为低毒或无毒的化合物;一些不稳定污染物转变为稳定化合物;而一些复杂的有机物,逐步氧化分解为较简单的化合物。污染气体的降解过程是连续不断的,其浓度呈逐渐下降趋势,贯穿整个净化过程。还原降解机理类型主要有两种:电子转移反应和原子转移反应。

电子转移反应又称外界活化配合物机理,简称外层反应机理,可分为两类:

①有电子转移没有净化学反应,这类反应又称为电子交换反应(electron exchange reaction)或自交换反应(self exchange reaction)。电子交换反应适用于动力学和反应机理的理论研究。

②既有电子转移又有净化学反应,即常见的氧化还原反应。按外层反应机理电子转移时,两种配合物的配位界必须保持不变,电子必须通过两个配位界,电子转移反应方能产生。

原子转移反应或称成桥活化配合物机理,简称内层反应机理。按内层反应机理电子转移时,还原剂配合物先进行配位体取代,与氧化剂配合物形成双核的活化配合物,再进行电子转移。其必要条件是反应物中的氧化剂是取代惰性的,并至少具有一个可作桥联基的配位体(至少有两对孤对电子),而还原剂是取代活性的,内层反应机理的电子转移反应常伴随有桥联基配位体的定量转移。

2.1.2 基础材料优选

1)优选原则

基于可实现路面降温功效的能量转化降温原理和可实现空气净化的物理吸附原理、化学吸附原理、还原降解原理,综合考虑基础材料的性价比、改性剂制备的难易程度、基础材料性能稳定性及涂层载体与基础材料的相容性问题,主要从以下几个方面进行改性剂基础材料选择。

(1)资源丰富,储量大,分布范围广。随着我国经济的不断增长,一些资源人均占有量略显不足,满足不了国家日益增长的需求。因此,储存量大且分布较广的材料在基础材料优选时具有明显优势。

(2)易于开发利用。我国是一个资源大国,资源种类繁多且储备量大,但其中部分资源蕴藏丰富却仍不能满足使用需要,其原因是资源开发利用难度大。因此,在进行改性剂基础材料优选过程中,应选择易于开发、利用难度小的材料,为改性剂的制备及后期的应用提供便利。

(3)性价比高,成本低廉。一种新材料的研发若是建立在成本低廉的基础上,将大大提高其推广应用的可能性。因此,制备环保降温涂层的基础材料宜优选价格合适的原材料。

(4)生产设备简单,易于加工并能批量生产。在对比改性剂原材料成本的基础上,还应考虑改性剂的加工费用,改性剂生产过程中的设备制造和配套设施建立都会增加改性剂的额外费用,若此额外费用较高则限制了环保降温涂层的批量生产,不利于环保降温涂层的推广应用。

(5)使用过程中能够始终保持其原有的优良性能。在进行改性剂基础材料优选时,必须保证基础材料与涂层载体不会发生明显的化学反应,仅是物理意义上的共存共融,在较高的温度下能抵抗分解,均匀地分散、吸附于涂层载体中。

(6)环保无污染。环保降温涂层生产、施工过程中,施工人员会直接或间接地与之接触,选择改性剂材料时,应避免选择一些本身具有毒性、高温加热生成有毒物质或与涂层载体发生反应产生有毒害物质的材料和其他存在危害施工人员人身健康的材料。

(7)可持续使用,重复利用率高。在沥青路面热再生重复利用时,所选的改性剂基础材料亦可持续使用,保持其原有的基本性能不变,仍具有良好的降温和净化空气的功效,重复利用率高。

(8)与涂层载体具有良好的相容性。基础材料颗粒稳定、均匀地分散在涂层材料载体中,不产生分层、凝聚或离析等现象,基础材料的均匀分散是决定功能效果和环保降温涂层制作工艺的关键因素。

(9)基础材料的应用不会对涂层载体与原路面之间的黏结性能产生不良影响。

通过大量调查分析及试验研究,基于路面降温原理和空气净化原理,综合资源储备量、开发利用难易程度、成本大小、是否会污染环境,选择了20余种基础材料,同时考虑到材料的性能稳定性、与涂层载体的相容性、是否会影响涂层材料载体与路面的黏结性、生产加工条件和能否持续利用等因素,最后优选三种材料作为研发环保降温涂层材料的基础材料,其中基础材料A和基础材料B为主体基础材料，基础材料 C 为辅助基础材料。

2）主体基础材料

（1）基础材料 A。

①成因及矿床分布。

在岩浆岩中，基础材料 A 呈细小浸染状，为岩浆期后热液作用的产物。在接触交代矿床中，基础材料 A 常与其他硫化物共生，形成于热液作用后期阶段。在热液矿床中，基础材料 A 与其他硫化物、氧化物、石英等共生；有时形成基础材料 A 的巨大堆积。在沉积岩、煤系及沉积矿床中，基础材料 A 呈团块、结核。在变质岩中，基础材料 A 往往是变质作用的新生产物。在很多矿石和岩石中包括煤中都可以见到它们的影子。基础材料 A 在氧化带不稳定，易分解。世界著名的基础材料 A 产地有西班牙、捷克、斯洛伐克、美国和中国。我国的基础材料 A 在世界上的丰富程度居首位，遥遥领先于世界其他国家。我国基础材料 A 的探明资源储量居世界前列，著名产地有广东英德和云浮、安徽马鞍山、甘肃白银等。

②物化性能。

基础材料 A 属等轴晶系的复硫化物矿物，常含 Sb、Cu、Au、Ag 等细分散混入物，亦可有微量 Ge、In 等元素。Au 常以显微金、超显微金赋存于基础材料 A 的解理面或晶格中。

基础材料 A 晶体结构（图 2-1）为等轴晶系：T_h^6-Pa3；a_0＝0. 542nm；Z＝4。基础材料 A 是 NaCl 型结构的衍生结构，晶体结构与方铅矿相似。但由于哑铃状对离子的伸长方向在结构中交错配置，使各方向键力相近，因而基础材料 A 解理极不完全，而且硬度显著增大。

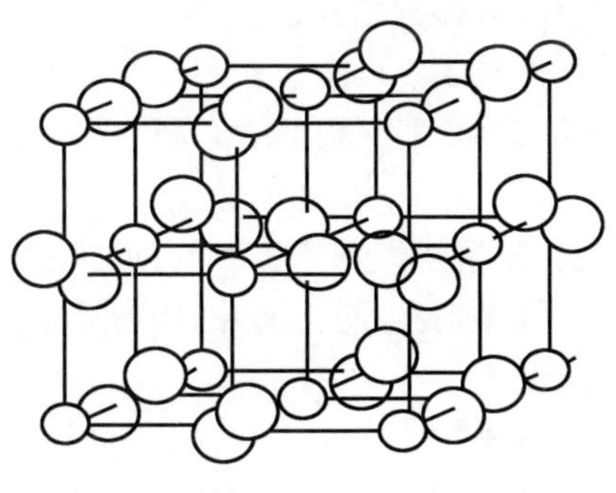

图 2-1 基础材料 A 晶体结构

基础材料A常见完好晶形，呈立方体{100}、五角十二面体{210}或八面体{111}。在立方体晶面上常能见到3组相互垂直的晶面条纹，这种条纹的方向在两相邻晶面上相互垂直，和所属对称型相符合。此外，还可形成穿插双晶，称铁十字集合体，常呈致密块状、分散粒状及结核状等。立方体晶面上有与晶棱平行的条纹，各晶面上的条纹相互垂直。集合体呈致密块状、粒状或结核状，呈浅黄（铜黄）色，条痕绿黑色，强金属光泽，不透明，无解理，参差状断口。

基础材料A一般呈浅黄铜色，表面常具黄褐色锖色，条痕绿黑或褐黑；具有强金属光泽，不透明，解理极不完全；分子量119.97，硬度6～6.5，相对密度4.9～5.2，熔点1171℃；难溶于水，溶于稀酸，在硝酸中分解；在木炭上灼烧时，火焰呈蓝色，并放出二氧化硫气体；可具检波性。

(2)基础材料B。

①成因及矿床分布。

基础材料B形成于各种地质作用之中，但以热液作用、沉积作用和沉积变质作用为主。从成因上看，含有基础材料B的矿床(点)以不同成因的热液型为主，陆相火山岩型及夕卡岩型次之，风化淋滤——铁帽型实际上也是热液型，只是与基础材料B共生的矿物是由其他硫化物氧化成而已。基础材料B的著名产地有中国的河北宣化、湖南宁乡、辽宁鞍山，意大利的厄尔巴岛、瑞士的圣哥达，英国的坎伯兰郡，巴西的米纳斯吉拉斯。

②物化性能。

基础材料B实质上是呈铁黑色、金属光泽的片状赤集合体，晶面光亮如镜，细小鳞片状、贝壳状的基础材料B集合体。基础材料B晶体结构为三方晶系，结晶特点：晶形由菱面体和底轴面构成薄板状，通常为粒状、鳞片状或致密块状、有时具平行菱形裂开。复三方偏三角面体晶类，常见单形有平行双面、六方柱、菱面体、六方双锥。

基础材料B条痕均为樱桃红色或红棕色，摩氏硬度为5.5～6.5，性脆，无解理，贝壳状断口，不透明，具有磁性，相对密度为5.0～5.3，大部分为鳞片状结构，化学性质稳定，耐研磨，不溶于酸和水。在石油、天然气钻探中，可作为钻井泥浆加重剂，起封闭井壁、平衡地压、防止油井自喷的作用。

(3)辅助基础材料C。

①成因及矿床分布。

基础材料C矿物形成于高温条件下，主要产于变质岩系的含基础材料C石英脉中和伟晶岩脉中。此外，在火成岩中作为副矿物出现，也常呈粒状见于片麻岩中；基础材料C矿物由于其化学稳定性好，在岩石风化后常转入砂矿。我国

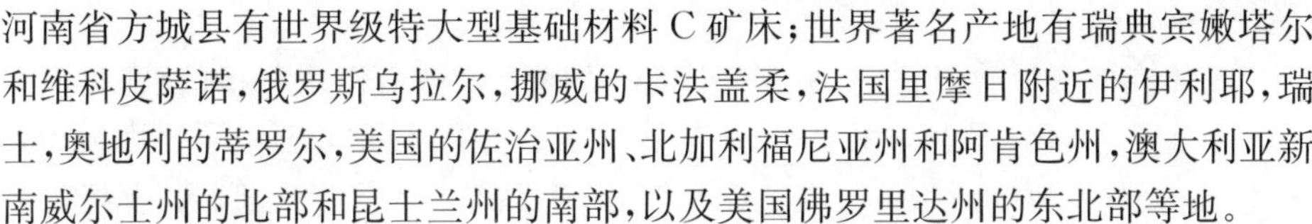

河南省方城县有世界级特大型基础材料C矿床;世界著名产地有瑞典宾嫩塔尔和维科皮萨诺,俄罗斯乌拉尔,挪威的卡法盖柔,法国里摩日附近的伊利耶,瑞士,奥地利的蒂罗尔,美国的佐治亚州、北加利福尼亚州和阿肯色州,澳大利亚新南威尔士州的北部和昆士兰州的南部,以及美国佛罗里达州的东北部等地。

②物化性能。

基础材料C是一种多晶化合物,其质点呈规则排列,具有格子构造。基础材料C单位晶格由两个基础材料C分子组成,故其单位晶格较小且紧密,所以具有较好的稳定性和相对密度,因此具有较高的折射率和介电常数。基础材料C结晶形态稳定,结构致密,具有较高的硬度、密度、介电常数与折光率。属于四方晶系,衍射角位于27.5°,晶体细长,呈棱形,通常是孪晶。

基础材料C相对密度较小,表面积较大,莫氏硬度为6～6.5,熔点为1850℃,其空气中的熔点为(1830±15)℃,富氧中的熔点为1879℃,沸点为(3200±300)℃,属于热稳定性好的物质。基础材料C的介电常数较高,具有优良的电学性能。基础材料C对缺氧也非常敏感,虽有亲水性,但其吸湿性不强。基础材料C的化学性质极为稳定,是一种偏酸性的两性氧化物。常温下几乎不与其他元素和化合物反应,对氧、氨、氮、硫化氢、二氧化碳、二氧化硫都不起作用,不溶于水、脂肪,也不溶于稀酸及无机酸、碱,只溶于氢氟酸。但在光作用下,基础材料C可发生连续的氧化还原反应,具有光化学活性。

2.2 环保型降温功能性材料制备

2.2.1 基于机械活化效应的基础材料处理

机械活化是指固体物质在摩擦、碰撞、冲击、剪切等机械力作用下,晶体结构及物化性能发生改变,部分机械能转变成物质的内能,引起固体化学活性增加的效应,通常又称为机械化学。所谓粉碎是指采用机械能使固体物料克服黏聚力,由大颗粒变成细小颗粒,比表面积增大的过程。1962年,奥地利学者Peters首次详细阐述了粉碎工程与机械化学的关系,人们在研究中发现超细粉碎时机械力会引起机械能与化学能的转换,致使材料发生结构变化、化学变化及物理化学变化。这种因机械能导致的粉体物料晶体结构、化学组成以及物理化学性质的变化统称为超细粉碎机械活化。机械活化后粉体主要发生以下变化。

1)表面结构的变化

粉体在机械活化过程中,在剧烈碰撞、研磨等机械力作用下,颗粒和晶粒尺寸减小,不断细化,比表面积增大,不断形成表面缺陷,导致表面电子受力被激发产生等离子,表面键断裂引起表面能量变化,表面结构趋于无定形化,直接对超细粉体的吸附、润湿、表面能及其他表面行为产生影响,使其表面性质更加活跃、表面活性更强。

2)晶体结构的变化

机械活化过程中,在机械冲击和剪切力的持续作用下表面无定形化层加厚,晶体产生位错、变形、畸变等晶格缺陷,导致晶体结构发生整体改变,如晶型转变和晶粒非晶化等,加剧了晶体结构的无序化程度。

3)机械活化反应

机械活化反应是指粉体在机械力作用下诱发的化学反应。目前,研究证实能发生的化学反应有分解反应、氧化还原反应、合成反应、晶型转化、溶解反应、金属和有机化合物的聚合反应、固溶化和固相反应等。

4)物理化学性质的变化

由于机械活化的作用,使粉体比表面积和晶体结构发生较大的变化,相应的粉体物理化学性质也随之发生明显的变化,比如:溶点降低、密度减小、溶解度和溶解速率升高、分解和烧结温度降低、表面能增加、离子交换能力提高、导电性能提高、表面吸附及反应活性增加等。

基础材料 A、基础材料 B、基础材料 C 在超细粉碎过程中,在机械力作用下,尺寸减小,比表面积增大,表面性质更加活跃,表面活性更强,相应的粉体物理化学性质也会有明显变化,表面能增加,离子交换能力提高,理论上将具有更加明显的降温性能和净化空气功效。

2.2.2 优化处理剂优选

考虑到基础材料 A、基础材料 B 和基础材料 C 三种基础材料在试验中所用粒径较小,比表面积很大,表面能高,处于非热力学稳定状态,极容易产生团聚现象,这种团聚的现象会影响三种降温功能性材料性能的发挥,使其在荷载或温度变化时产生电荷的数量大幅度减少。此外,由于基础材料 A、基础材料 B 和基础材料 C 本身具有的强极性结构及颗粒的细微化,其具有较好的亲水性,在涂层中的分散性和浸润性有可能较差。因此,为使基础材料 A、基础材料 B 和基础材料 C 三种基础材料性能更好地发挥,应对三种基础材料进行一定的表面改性和分散处理,以解决可能出现的凝聚、分散以及与非极性物质的相容性问题。

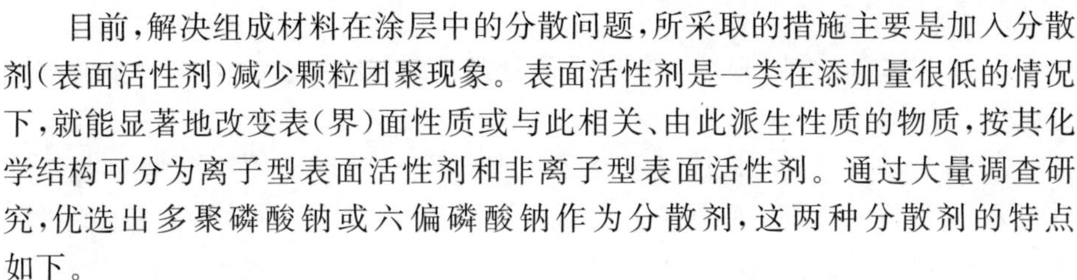

目前，解决组成材料在涂层中的分散问题，所采取的措施主要是加入分散剂（表面活性剂）减少颗粒团聚现象。表面活性剂是一类在添加量很低的情况下，就能显著地改变表（界）面性质或与此相关、由此派生性质的物质，按其化学结构可分为离子型表面活性剂和非离子型表面活性剂。通过大量调查研究，优选出多聚磷酸钠或六偏磷酸钠作为分散剂，这两种分散剂的特点如下。

1）多聚磷酸钠

多聚磷酸钠是一种组织改进剂，被广泛用作表面改性剂。其主要成分为二聚、三聚等不同链长的缩聚磷酸盐，为直接聚合而成的多种聚磷酸盐的化学混合物，溶解性极佳，可以在低温盐水中溶解，保持水分，常用于调节 pH 值。

2）六偏磷酸钠

六偏磷酸钠（Na_2O/P_2O_5）为分子比近于 1 的玻璃状磷酸盐，过去称为“格兰汉姆”盐，于 1832 年由格兰汉姆发现。其易溶于水，不溶于有机溶剂；呈无色透明玻璃片状或白色粒状结晶；吸湿性很强，露置于空气中能逐渐吸收水分而呈黏胶状物；与钙、镁等金属离子能生成可溶性络合物。在食品行业其主要用作品质改良剂、螯合剂、发酵膨松剂、pH 值调节剂等，在工业上主要用于锅炉用水和工业用水的软水剂，还可用作缓蚀剂、浮选剂、分散剂。

选取多聚磷酸钠和六偏磷酸钠作为分散剂主要是因为二者均为无机电解质，它们在颗粒表面具有吸附作用，此吸附作用能显著地提高颗粒表面电位的绝对值，从而产生强大的双电层静电排斥作用，减少基础材料之间的团聚现象。

2.2.3 降温功能性材料制备

采用一种或多种分散剂和（或）偶联剂对优选出的三种基础材料 A、基础材料 B、基础材料 C 及其复配制得的材料进行活化处理，研发环保降温功能性材料。具体制备过程如下。

（1）机械活化基础材料 A、B、C。基础材料 A、B、C 在机械活化过程中，经摩擦、碰撞、冲击、剪切等机械力作用，固体物料克服内聚力，由大颗粒变成细小颗粒，表面积增大，表面活性更强，相应的粉体晶体结构及物化性能也会有明显变化，表面能增加，离子交换能力提高，将具有更加明显的降温性能和净化空气效果。

（2）对基础材料 A、B、C 进行除杂，提高材料纯净度，避免功能性基础材料中存在的杂质阻碍反应的进行，在一定程度上加快了反应速率，提高了环保降温功效。

(3)单一基础材料分散性检测。干燥处理基础材料 A、B、C,使其易于分散,之后检测基础材料 A、B、C 的分散性。

(4)确定基础材料的最佳优化处理剂。采用一种或多种优化处理剂与基础材料 A、基础材料 B 和基础材料 C 进行预混,先均匀搅拌 5min,再开动搅拌机对预混好的改性剂进行搅拌,速度由慢到快,先以 1000r/min 转速搅拌 10min,再以 4000r/min 的转速搅拌 30min,使分散剂最大限度地调节基础材料微粉间的团聚和分散行为,置于 160～170℃干燥箱内干燥 2～3h,进行分散性检测,结果表明:多聚磷酸钠和六偏磷酸钠共同作用后,基础材料 A 的分散性最优,基础材料 B 和基础材料 C 的最佳分散剂都是六偏磷酸钠,且两者的分散效果相差甚微。

(5)基础材料初始阶段选择是从实现降温功效和净化空气的功能性原理出发,但基础材料 A、B、C 仅能满足路面降温功效和空气净化功效的单一或两方面功能属性,难以充分发挥基础材料的功能性,经过复配之后,两种材料或多种材料的协同作用可更大限度地发挥所选基础材料的功能效果,但考虑到基础材料 A 和基础材料 B 属性类似,在环保型降温功能性材料制备过程中不再考虑基础材料 A、B 之间的复配,将基础材料 A、B 分别与基础材料 C 进行复配,得到复配材料 AC、BC,进行分散性检测。

(6)采用步骤(4)中得到的各材料的最优处理剂分别对步骤(5)中得到的复配材料 AC 和 BC 进行优化处理,经搅拌、干燥进行分散性检测。

(7)对比步骤(3)、(4)、(5)、(6)中的分散性检测结果发现:经优化处理剂处理的材料分散性比未经优化处理的材料分散性好,其中,经最优处理剂优化后的复配材料 AC 的分散性最优,复配材料 BC 的分散性次之,经最优处理剂优化的基础材料 A、B、C 的分散性差别不大,但三者的分散性都不如经优化处理的复配材料。

机械活化、除杂提纯、干燥分散、复配加工、最优处理剂等加工处理方法不仅改善了材料本身的分散性,同时还激发了功能性材料的功能效果,使基础材料本身的功能性得到提高。综合考虑生产加工条件、成本大小、分散性和功能效果等因素,选择经过加工处理的复配材料 AC、BC 和经加工处理的基础材料 A、B、C 作为后续试验研究的环保型降温功能性材料。将处理后的复配材料 AC 命名为 HTB、复配材料 BC 命名为 JTB、基础材料 A 命名为 HT、基础材料 B 命名为 JT、基础材料 C 命名为 TB。

2.3 道路用绿色环保型降温涂层配比

2.3.1 道路用绿色环保型降温涂层原材料

1)黏结原材料选择

降温涂料涂布于沥青路面表面,需要与沥青路面有较高的黏结强度,防止其在抗车辆荷载及自然作用下与路面发生脱落。目前,涂层黏结材料主要有有机硅—丙烯酸树脂、有机硅—醇酸、环氧树脂、聚氨酯树脂等。本节通过拉拔试验研究不同黏结原材料的黏附性能,对黏结材料进行优选。

在成型的车辙板上分别涂刷不同类型及用量的涂层黏结材料(0.6kg/m^2、0.8kg/m^2、1.0kg/m^2、1.2kg/m^2)进行拉拔试验,黏结性能试验结果见表 2-1。

不同黏结原材料黏结性能测试　　表 2-1

黏结原材料	涂抹量(kg/m^2)	有机硅—丙烯酸树脂	有机硅—醇酸	环氧树脂	聚氨酯树脂
黏结强度(MPa)	0.6	0.21	0.15	0.68	1.49
	0.8	0.28	0.19	0.71	1.54
	1.0	0.33	0.23	0.73	1.58
	1.2	0.36	0.29	0.74	1.61

由不同黏结原材料性能测试结果可知,有机硅—丙烯酸树脂、有机硅—醇酸作为黏结材料其黏附力太小,无法作为降温涂层的黏结材料;环氧树脂、聚氨酯树脂的黏附力较强,可满足黏结载体材料的要求,但考虑到聚氨酯固化剂大多属于异氰酸酯类,活性较高,对人的肾脏有较大危害,故将环氧树脂选定为涂层的主要黏结原材料和载体。后续研究中将环氧树脂简称为固化剂 H,并采用聚酰胺(固化剂 J)进行固化。

2)热反射辅助降温材料选择

在优选性能优良的降温功能性材料的基础上,本书选择性能良好的热反射材料增强涂层表面的太阳光反射能力,发挥辅助降温功效,热反射材料可与降温功能性材料组成复合降温体系。根据选定的热反射辅助材料进行折光指数试验,分析不同类型热反射材料的折光及反射性能,结果如表 2-2 所示。

根据折光指数试验,优选的热反射材料氧化铁和 R 型二氧化钛的折光系数最高,折光及反射性能优良。但 R 型二氧化钛的价格较高,会大大提高成本,而氧化铁价格较低，且储量丰富，综合考虑经济性和折光性能，选择氧化铁作为主要的降温辅助性材料。对优选的氧化铁进行基本物化性能试验，结果见表2-3。

不同热反射材料的折光性能　　表2-2

热反射辅助材料	R型二氧化钛	A型二氧化钛	硫化锌	氧化锌	陶土	氧化铝	氧化铁
折光指数	2.8	2.55	2.37	2.2	1.65	1.7	2.8

氧化铁基本物化性能　　表2-3

热反射辅助材料	颜色	状态	耐碱性能	溶解性	耐光性能	热稳定性
氧化铁	红色	粉末状	可在任何浓度的碱类物质中保持稳定	不溶解于水、各种有机溶剂，可溶解于强酸中	在强烈的日光暴晒下色泽不变	100℃以下均可保持稳定

由物化性能试验结果可知，优选的热反射材料氧化铁的耐腐蚀性能、耐光性能、热稳定性等性能优良，故将该种热反射材料选定为辅助降温材料。由于氧化铁的掺加量过大会使涂层的强度下降，现有氧化铁颜料用量一般限定在5%～8%，同时氧化铁颜料会在一定程度上对凝固时间和凝固强度产生不利影响。因此，为保证合理的凝结时间和强度，选择下限值5%作为最佳掺量。

3）着色材料选择

涂层颜色过分显白，会产生眩光，不利于行车安全；涂层颜色过分显黄，驾驶员保持在紧张状态下驾驶，容易引发驾驶疲劳等。因此，在涂层的调配过程中，本书根据配制的降温涂层材料的色泽，初选涂层颜料为陶土，以改善涂层的颜色。为将降温涂层材料的色泽调配至合理的状态，分别在降温涂层中添加2%～6%掺量的陶土，涂抹在车辙板试件表面，观察车辙板色泽变化，确定合理的掺量。试验结果见表2-4、图2-2、图2-3。

陶土对涂层色泽的影响　　表2-4

降温涂层类型	陶土着色材料掺量（%）			
	0	2	4	6
HT降温涂层	颜色无变化，为深黑色	颜色发生变化，深纯黑色变浅	颜色变为灰色	颜色变为浅灰色
JT降温涂层	颜色无变化，为黑色	颜色发生变化，黑色变浅	颜色变为灰色	颜色变为浅灰色

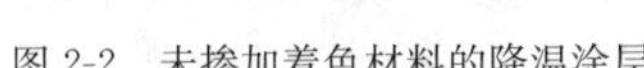

图 2-2 未掺加着色材料的降温涂层

图 2-3 掺加着色材料的降温涂层

在降温涂层中掺加陶土材料后，降温涂层色泽明显变浅，降低了太阳辐射吸收率。当陶土材料掺加过多时，降温涂层颜色过浅，产生反光效果。为满足降温涂层降低太阳辐射率和反光效应的综合需要，将陶土着色材料掺量定为 4%。

4)助剂选择

在施工过程中，需添加适当的助剂降低降温涂层黏度，减小施工难度，同时，适量助剂也起到清洗路面作用，有利于黏结材料硬化和路面保持较好的黏结。现有的涂层助剂(稀释剂)主要有活性和非活性两种类型，活性助剂存在价格高、挥发性大、毒性大等缺点，同时部分活性助剂中含有环氧基团，需要与环氧树脂发生化学反应，在一定程度上改变了环氧树脂的自身化学组成和机构。在非活性助剂中，乙醇作为最为常用的助剂，材料本身无毒，能够促进环氧树脂与胺的反应，同时，还能够提高固化物的韧性。因此，本书选用工业乙醇作为主要的助剂，其质量指标见表 2-5。

工业乙醇质量指标 表 2-5

技术指标	质量指标	
	优等品	一等品
乙醇含量(%,V/V)	96.0	96.0
酸含量(%,以乙酸计)	0.0020	0.0025
醛含量(%,以乙醛计)	0.0020	0.0040
甲醇含量(%,V/V)	0.02	0.03
蒸发残渣(%)	0.0025	0.0030
水溶性试验	无乳色	无乳色

为确定助剂的最佳掺量范围，在室温条件下取一定质量环氧树脂和聚酰胺固化材料，按 1∶1 的组成比例配制成涂层载体材料置于 6 个烧杯中，分别加入涂层材料质量的 10%、15%、20%、25%、30%、35%和 40%的工业乙醇，根据涂层材料的拌和难易度，确定辅助制备及涂抹的助剂的最佳掺量范围。涂层的拌和难易度试验结果见表 2-6。

降温涂层的拌和试验结果　　表 2-6

试验指标	工业乙醇掺量						
	10%	15%	20%	25%	30%	35%	40%
拌和难易度	搅拌阻力极大，拌和困难	搅拌阻力较大，仍有拌和难度	搅拌阻力小，基本无拌和难度	搅拌阻力小，容易拌和	搅拌阻力小，容易拌和	搅拌阻力小，容易拌和	搅拌阻力小，容易拌和
黏稠度	黏稠度大	黏稠度大	黏稠度适中	黏稠度适中	黏稠度适中	黏稠度过小	黏稠度过小

分析涂层的拌和试验结果可知，当助剂工业乙醇的掺量范围在 20%～30%时，涂层的搅拌阻力小，更加容易拌和，涂层黏稠度适中，不会产生流淌和涂布不均匀现象。考虑经济性原则，将助剂的最佳掺量定为 20%。

2.3.2 道路用绿色环保型降温涂层材料配比设计

根据上节涂层原材料选择结果，采用优选的路面降温涂层原材料，设计不同降温涂层配比，制备不同类型的路用降温涂层材料，供后续基本性能、降温性能、路用性能等相关性能测试使用。配比设计方案如表 2-7、表 2-8 所示。

环保型路用降温涂层配比设计方案　　表 2-7

环保型路用降温涂层配比	降温功能材料		热反射材料掺量(%)	着色材料掺量(%)
	类型	掺量(%)		
配比 1	HT	10	5	4
		20		
		30		
		40		

续上表

环保型路用降温涂层配比	降温功能材料		热反射材料掺量(%)	着色材料掺量(%)
	类型	掺量(%)		
配比 2	JT	20	5	4
		40		
配比 3	TB	10	5	4
		20		
		30		
		40		
配比 4	HTB	20	5	4
		40		
配比 5	JTB	20	5	4
		40		

环保型路用降温涂层性能试验方案 表 2-8

环保型路用降温涂层配比	涂抹量(kg/m^2)		
配比 1	0.6	0.8	1.0
配比 2	0.6	0.8	1.0
配比 3	0.6	0.8	1.0
配比 4	0.6	0.8	1.0
配比 5	0.6	0.8	1.0

2.3.3 道路用绿色环保型降温涂层材料制备方法

室内试验降温涂层材料用量有限，故采用 AM90L-P 型电动搅拌机(小型搅拌设备)进行路面降温涂层材料的制备。降温涂层材料制备方法：首先称取适当数量的树脂黏结材料及助剂加注到搅拌机内，采用低速搅拌均匀，在混合物中分次添加预先称量并混合均匀的降温功能性材料及着色材料，开动搅拌机先低速搅拌 5～10min，然后逐渐调高搅拌速度保持至搅拌均匀；调低转速，分次添加辅助降温材料，低速搅拌可防止搅拌速度过快造成的辅助降温材料的内部结构破坏；搅拌均匀后即可得到路面降温涂层材料，具体工艺流程如图 2-4 所示。

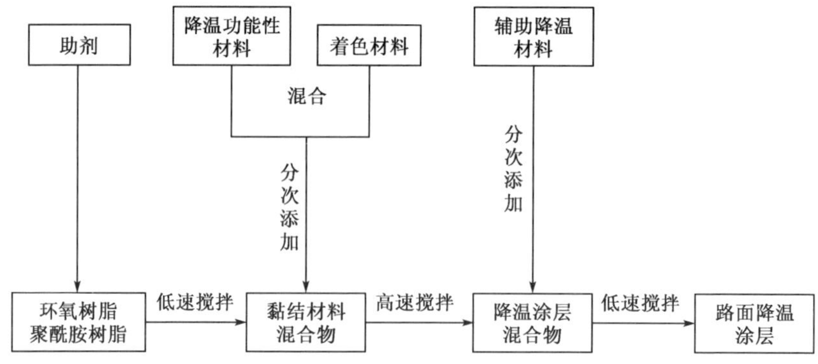

图 2-4　环保型路用降温涂层材料制备工艺流程

2.4　道路用绿色环保型降温涂层基本性能

本节借助成膜性能试验、黏结性能试验、抗冲击性能试验、硬度试验等一系列涂层基本性能试验，确定路用降温涂层的配比及最佳涂抹量，为后续涂层降温效果研究奠定基础。

2.4.1　道路用绿色环保型降温涂层干燥时间

1)成膜物配比及涂抹量对降温涂层干燥时间的影响

合理的干燥时间，不但能够保证降温涂层的施工质量，而且可减少对道路交通的影响。因此，保证合理的干燥时间就显得尤为重要。本节参照《环氧树脂地面涂层材料》(JC/T 1015—2006)，分别在试板表面涂刷不同类型的基础涂层，模拟不同季节的施工环境，在 10℃、20℃和 30℃恒温通风条件下分别进行基础涂层干燥时间测试，确定满足施工中道路开放交通时间的基础涂层成膜物配比和最佳施工温度范围，试验结果如表 2-9 所示。

环保型路用降温涂层干燥时间试验结果　　表 2-9

基础涂层类型	涂抹量(kg/m^2)	干燥时间(h)					
		表干时间(不粘胎时间)			实干时间(初步开放交通时间)		
		10℃	20℃	30℃	10℃	20℃	30℃
树脂 H∶固化剂 J(1∶1)	0.6	5.5	4.5	3	20	18.5	17
	0.8	5.5	5	4	20	19	17.5
	1.0	6	5	4.5	21	19.5	18.5

续上表

基础涂层类型	涂抹量 (kg/m²)	干燥时间(h)					
		表干时间(不粘胎时间)			实干时间(初步开放交通时间)		
		10℃	20℃	30℃	10℃	20℃	30℃
树脂 H∶固化剂 J(2∶1)	0.6	9	8	7.5	25	23.5	21
	0.8	9.5	9	8	26	25	23.5
	1.0	9.5	9	8.5	28	26.5	24
树脂 H∶固化剂 J(3∶2)	0.6	7	6.5	6	22	20.5	19.5
	1.0	7.5	7.5	7	23	22	20.5
树脂 H∶固化剂 J(4∶3)	0.6	5.5	5	4	21	19.5	18
	1.0	6	5.5	5	22	20.5	19
规范要求 (JC/T 1015—2006)		≤8			≤24		

注:基础涂层指未掺加任何降温功能性材料或辅助降温材料的涂层,基础涂层成膜物配比是指树脂H和固化剂J的质量比。

根据表2-10绘制表干时间、实干时间试验结果图,如图2-5所示。

由表2-9的数据及图2-5分析可知:

基础涂层表干时间受单位涂抹量的影响较小,单位涂抹量从0.6kg/m²增加到1.0kg/m²,基础涂层的表干时间最高仅增加了0.5h。

实干时间受单位涂抹量的影响较大,单位涂抹量从0.6kg/m²增加到1.0kg/m²,基础涂层的实干时间最多增加3h,主要是由于随着单位涂抹量的增大,涂层表面易于干燥,但内部干燥时间会逐渐增长,从而造成实干时间逐渐变长。

单位涂抹量固定时,涂层的干燥时间随固化剂所占比重的增加逐渐缩短,固化剂占成膜物的40%时,干燥时间即可满足规范要求。综合考虑涂层合理的干燥时间及经济性,将涂膜物配比定为3∶2,成膜物涂抹量初选为0.8kg/m²。

施工环境温度的升高能够缩短涂层的干燥时间,环境温度在10℃时,涂层干燥时间最长,30℃环境下的干燥时间最短。为了保证涂层强度的形成,应当选用适中的干燥时间,将涂层的涂刷环境温度设定在20℃左右。

2)功能性材料掺量对降温涂层干燥时间的影响研究

测定掺加不同掺量降温功能性材料的环保型路用降温涂层的干燥时间,确定功能性材料掺量对环保型路用降温涂层干燥时间的影响规律。测试结果见表2-10。

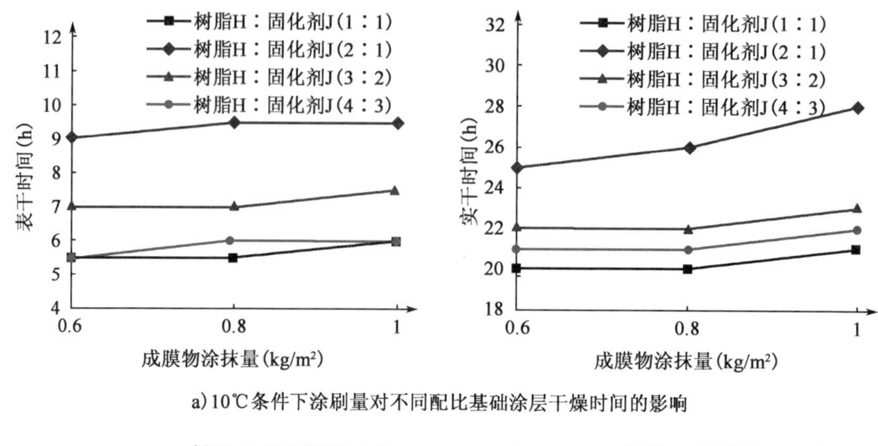

a) 10℃条件下涂刷量对不同配比基础涂层干燥时间的影响

b) 20℃条件下涂刷量对不同配比基础涂层干燥时间的影响

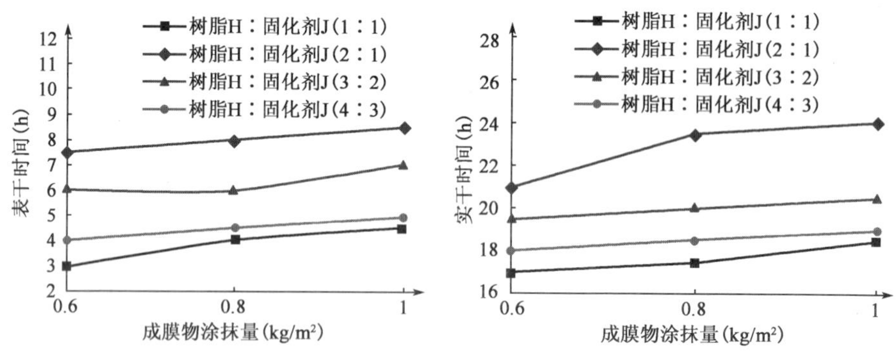

c) 30℃条件下涂刷量对不同配比基础涂层干燥时间的影响

图 2-5　成膜物配比及涂抹量对干燥时间的影响

不同功能性材料掺量条件下的降温涂层干燥时间试验结果　　表 2-10

降温涂层类型	功能性材料掺量(%)	干燥时间(h)					
		表干时间(不粘胎时间)			实干时间(初步开放交通时间)		
		10℃	20℃	30℃	10℃	20℃	30℃
HT 降温涂层	10	7.5	6.5	4.5	23	20.5	17
	20	7	6.5	4	22	19	15.5
	30	7	6	4	21.5	18.5	15
	40	6.5	5.5	3.5	21.5	18	14.5
JT 降温涂层	20	6.5	5.5	4	21	19	17
	40	6.5	5	4	20	17.5	15.5
TB 降温涂层	10	7	5.5	4.5	21	18	16
	20	6.5	5	4.5	20	17	16
	30	6	4.5	4	19	16.5	15
	40	6	4	3.5	17.5	16	14.5
HTB 降温涂层	20	6.5	5	4.5	20	18.5	16.5
	40	6	5	4	19	17.5	15.5
JTB 降温涂层	20	6.5	5.5	4.5	19.5	18	16
	40	6	5	3.5	17.5	16.5	15
规范要求(JC/T 1015—2006)		≤8			≤24		

注:恒温条件由人工气候培养箱提供;不同类型环保型路用降温涂层的成膜物配比为 3∶2(树脂 H∶固化剂 J),涂抹量为 0.8kg/m²。

不同功能性材料掺量条件下的降温涂层干燥时间变化规律,如图 2-6 所示。

分析表 2-10 和图 2-6 可知,随着降温功能性材料掺量的增加,环保型路用降温涂层的干燥时间逐渐缩短,掺量从 10%增加到 20%时,干燥时间的降低幅度较为显著,掺量从 20%上升到 40%,干燥时间增加幅度逐步减小,功能性材料的掺加对于干燥时间的作用逐步趋于平缓,初步确定功能性材料的掺量为 20%。

3)外界环境因素对降温涂层干燥时间的影响

为了确定不同环境因素对降温涂层开放交通时间的影响规律,本节将风、湿度、光照强度等作为主要环境影响因素,全面研究环境因素对环保型路用降温涂层干燥时间的影响规律,确定降温涂层最佳施工环境。试验方法主要如下。

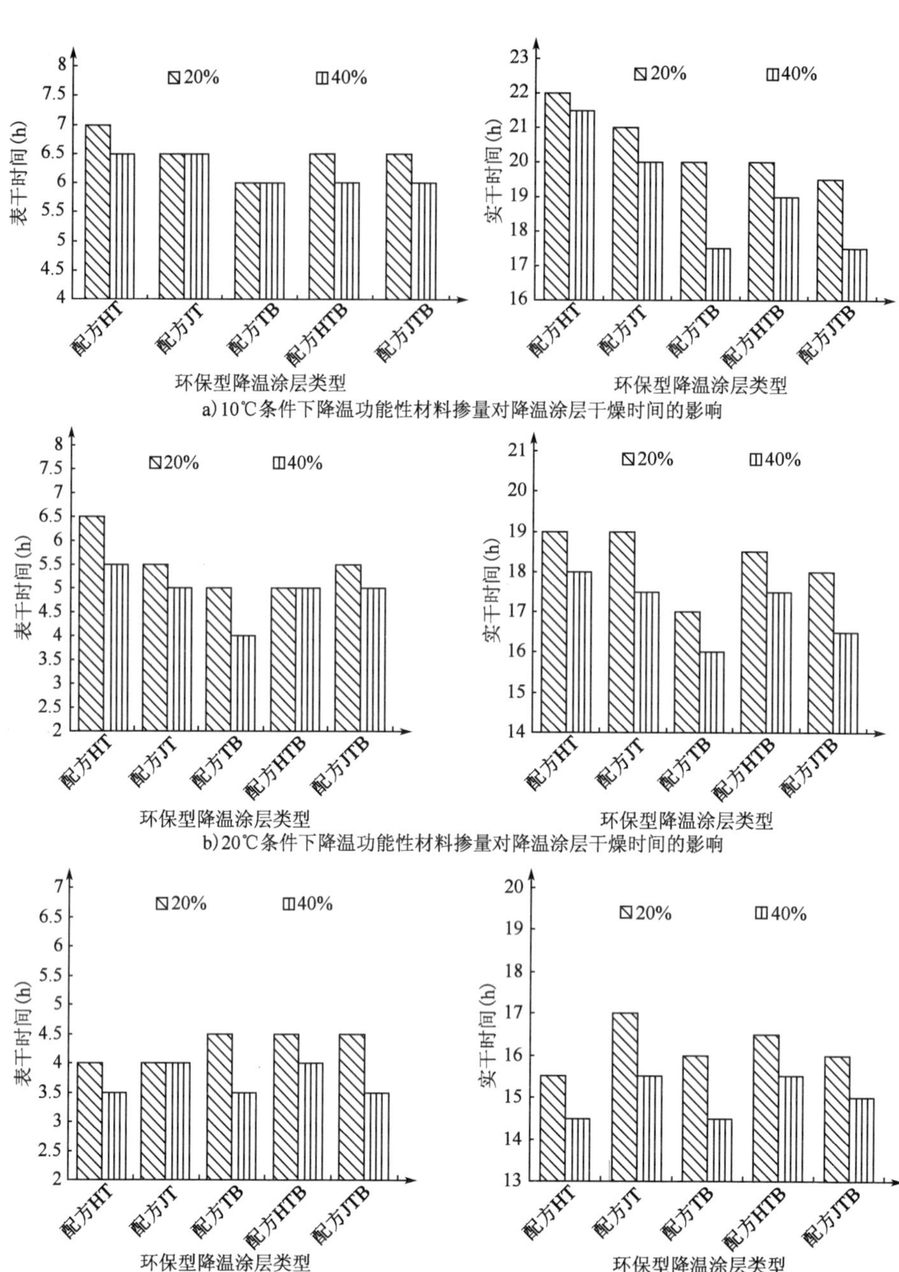

a) 10℃条件下降温功能性材料掺量对降温涂层干燥时间的影响

b) 20℃条件下降温功能性材料掺量对降温涂层干燥时间的影响

c) 30℃条件下降温功能性材料掺量对降温涂层干燥时间的影响

图 2-6 降温功能性材料的掺加对干燥时间的影响

(1)基于风速变化的干燥时间试验:室温条件下,将车辙板试件等分切割成四份,在每个试件表面均匀涂刷环保型路用降温涂层,在 1.25m/s、2.75m/s 和 3.50m/s风速条件下,分别对环保型路用降温涂层干燥时间进行测试,研究风速对环保型路用降温涂层开放交通时间的影响规律,如图 2-7 所示。

a)

b)

图 2-7 基于风速变化的干燥时间试验

(2)基于光照强度变化的干燥时间试验:将车辙板试件等分切割成四份,在每个试件表面均匀涂刷环保型路用降温涂层,并将试件放入人工气候培养箱中,在不同光照条件下分别测试降温涂层的干燥时间,研究光照强度对环保型路用降温涂层开放交通时间的影响规律,如图 2-8 所示。

a)

b)

图 2-8 基于光照强度变化的干燥时间试验

(3)基于湿度变化的干燥时间试验:室温条件下,将车辙板试件等分切割成四份,在每个试件表面均匀涂刷环保型路用降温涂层,并将试件放入可程式恒温恒湿试验机中,分别测试在不同湿度条件下降温涂层的干燥时间,研究湿度对环保型路用降温涂层开放交通时间的影响规律,如图 2-9 所示。

a)

b)

图 2-9　基于湿度变化的干燥时间试验

基于环境因素的干燥时间试验结果,如表 2-11～表 2-13 所示。

基于风速变化的干燥时间试验结果　　表 2-11

降温涂层类型	风　速 (m/s)	表干时间 (不粘胎时间,h)	实干时间 (初步开放交通时间,h)
HT 降温涂层	0	6.5	19
	1.25	5	17
	2.75	4	16
	3.50	4	16
JT 降温涂层	0	5.5	19
	1.25	4.5	15
	2.75	4	14
	3.50	3.5	14
TB 降温涂层	0	5	17
	1.25	4	14
	2.75	3.5	13
	3.50	3	12.5
HTB 降温涂层	0	5	18.5
	1.25	4	15
	2.75	3.5	14.5
	3.50	3.5	14

续上表

降温涂层类型	风　速 (m/s)	表干时间 (不粘胎时间,h)	实干时间 (初步开放交通时间,h)
JTB 降温涂层	0	5.5	18
	1.25	4.5	15
	2.75	4	14
	3.50	3.5	13.5
规范要求(JC/T 1015—2006)		≤8	≤24

注:环保型路用降温涂层涂抹量为 0.8kg/m²,功能性材料掺量为 20%。

基于光照强度变化的干燥时间试验结果　　表 2-12

降温涂层类型	光照强度 (W)	表干时间 (不粘胎时间,h)	实干时间 (初步开放交通时间,h)
HT 降温涂层	0	6.5	19
	400	2.5	8
	800	1.5	5
JT 降温涂层	0	5.5	19
	400	2	7.5
	800	1	4
TB 降温涂层	0	5	17
	400	2.5	7
	800	1.5	3
HTB 降温涂层	0	5	18.5
	400	3	6
	800	1.5	3
JTB 降温涂层	0	5.5	18
	400	3	6.5
	800	2	4
规范要求(JC/T 1015—2006)		≤8	≤24

注:环保型路用降温涂层涂抹量为 0.8kg/m²,功能性材料掺量为 20%。

由表 2-11 分析可知,在不同风速条件下,环保型路用降温涂层干燥时间均明显缩短,其中表干时间缩短幅度均保持在 2h 左右,最大可达 2.5h;实干时间缩短幅度均保持在 4h 左右,最大可达 5h。

基于湿度变化的干燥时间试验结果　　表 2-13

降温涂层类型	湿　度（%）	表干时间（不粘胎时间，h）	实干时间（初步开放交通时间，h）
HT 降温涂层	0	6.5	19
	50	7	18
	100	8.5	17.5
JT 降温涂层	0	5.5	19
	50	7	18
	100	8	17.5
TB 降温涂层	0	5	17
	50	6	17
	100	7	17
HTB 降温涂层	0	5	18.5
	50	6	18
	100	7.5	17.5
JTB 降温涂层	0	5.5	18
	50	6.5	17
	100	7.5	17
规范要求（JC/T 1015—2006）		≤8	≤24

注：环保型路用降温涂层涂抹量为 0.8kg/m^2，功能性材料掺量为 20%。

由表 2-12 分析可知，随着光照强度的增强，降温涂层干燥时间大幅缩短，其中，表干时间缩短至 3h 以内，最大缩短幅度为 80%；实干时间缩短至 8h 以内，最大缩短幅度约为 78%。

虽然光照强度增强能够大幅缩短降温涂层干燥时间，但在完全干燥后，降温涂层表面会出现大量的气泡（图 2-8b），无法满足相关规范的要求，这是由于当将降温涂层涂刷至沥青路面表面时，会将路面孔隙中的空气封存在降温涂层内部，在常规干燥过程中内部封存气体会随着降温涂层的流动和渗透而逐渐排出，当降温涂层受到强光照时，降温涂层干燥硬化时间显著缩短，阻止了降温涂层内部气体的排出，导致降温涂层在气体尚未完全排出时发生硬化，造成了降温涂层表面及内部出现大量气泡，严重影响了降温涂层的使用性能。因此，应尽量避免在夏季强光照和高温天气进行降温涂层施工工作。

由表 2-13 分析可知，随着湿度的增大，环保型路用降温涂层表面干燥时间明显延长，干燥时间延长幅度均保持在 2h 左右，但对实干时间影响不大，这是由于在湿度较大的环境中，环保型路用降温涂层中的助剂挥发速度减缓，使降温涂层始终处于流动溶解状态，大幅度延长了降温涂层表面干燥时间，但当表面干燥后，降温涂层的表面形成致密薄膜，缓解了湿度对其干燥时间的影响。

2.4.2　道路用绿色环保型降温涂层涂膜外观

良好的涂膜外观是实现路用降温涂层稳定工作性能的前提。本节参照《环氧树脂地面涂层材料》(JC/T 1015—2006)，将涂有降温涂层的车辙板在标准条件下放置48h，于散射日光下目视检查涂膜表面状态，从有无橘皮、开裂、剥落和涂层表面粗糙度等方面对涂膜外观进行评价。环保型路用降温涂层涂膜外观与试验结果见图2-10、表2-14。

a)

b)

图2-10　环保型路用降温涂层涂膜外观

不同类型降温涂层的涂膜外观测试结果　　表2-14

降温涂层类型	涂 膜 外 观
基础涂层	平整，无刷痕、褶皱，有轻微针孔、气泡，无开裂、剥落等缺陷
HT降温涂层	平整，无刷痕、褶皱、针孔、气泡、橘皮、开裂、剥落等缺陷
JT降温涂层	平整，无刷痕、褶皱、针孔、气泡、橘皮、开裂、剥落等缺陷
TB降温涂层	平整，无刷痕、褶皱、针孔、气泡、橘皮、开裂、剥落等缺陷
HTB降温涂层	平整，无刷痕、褶皱、针孔、气泡、橘皮、开裂、剥落等缺陷
JTB降温涂层	平整，无刷痕、褶皱、针孔、气泡、橘皮、开裂、剥落等缺陷
规范要求(JC/T 1015—2006)	平整，无刷痕、褶皱、针孔、气泡等缺陷

注：基础涂层是指未掺加任何功能性材料的涂层，且树脂H∶固化剂J为3∶2(质量比)，不同类型环保型路用降温涂层的成膜物配比为3∶2(树脂H∶固化剂J)，涂抹量为0.8kg/m^2，功能性材料掺量为20%。

由表2-14分析可知，不同类型环保型路用降温涂层表面状况良好，在环保型路用降温涂层完全干燥后，涂膜外观平整，无明显涂刷痕迹，表面无气泡及针孔状况出现，也无橘皮、开裂、剥落等缺陷出现。这表明环保型路用降温涂层的涂膜外观优良，无明显表面缺陷，满足规范要求。对于不同类型的环保型路用降温涂层，HTB和JTB降温涂层涂膜外观相对较佳。

2.4.3 道路用绿色环保型降温涂层黏结性能

采用黏结强度试验对降温涂层与路面之间的黏结性进行测试，评价降温涂层的黏结性能。在成型车辙板分别涂刷不同涂抹量及配比的基础涂层，待涂层完全干燥后，采用黏结剂将拉拔仪拉头与试件表面黏结养生24h，待涂层完全固化强度形成后进行黏结强度试验。

1)成膜物配比及涂抹量对涂层黏结性的影响

试验试件破坏状况见图2-11，试验结果见表2-15。

a) b) c) d)

图2-11 降温涂层黏结性试验

不同成膜物配比及涂抹量条件下基础涂层黏结性试验结果　　表 2-15

基础涂层类型	涂抹量(kg/m²)	附着力(kN)	黏结强度(MPa)
树脂 H∶固化剂 J (1∶1)	0.6	13.97	0.79
	0.8	14.85	0.84
	1.0	15.19	0.86
树脂 H∶固化剂 J (2∶1)	0.6	13.25	0.75
	0.8	14.48	0.82
	1.0	14.84	0.84
树脂 H∶固化剂 J (3∶2)	0.6	13.35	0.76
	0.8	14.77	0.84
	1.0	15.31	0.87
树脂 H∶固化剂 J (4∶3)	0.6	14.11	0.80
	0.8	14.56	0.83
	1.0	14.98	0.85
规范要求 (JTG F80/1—2004)	—	—	≥0.5(常温) ≥0.3(35℃以上)

不同成膜物配比及涂抹量条件下降温涂层黏结性能变化规律如图 2-12 所示。

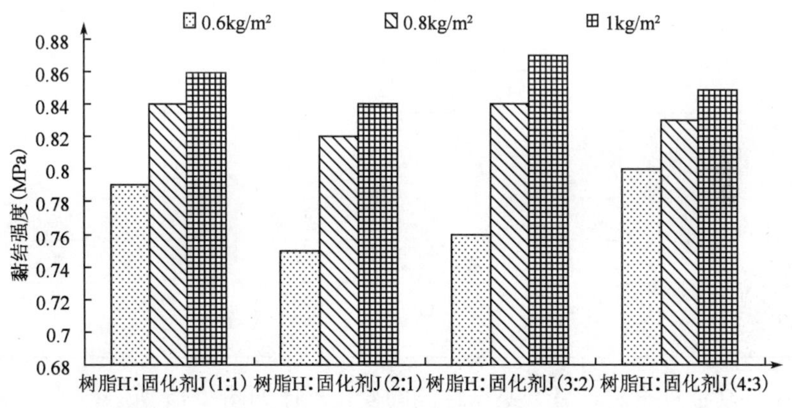

图 2-12　不同成膜物配比及涂抹量对涂层黏结强度的影响

由表 2-15 和图 2-12 分析可知，黏结强度随涂抹量的增加逐渐增大，当涂抹量大于 0.8kg/m² 后，黏结强度趋于稳定，基本保持在 0.83MPa，基于黏结性能，将基础涂层的涂抹量确定为 0.8kg/m²。

涂抹量相同时，黏结强度随成膜物配比的不同而变化，成膜物配比为 3∶2 时，黏结强度最高，基于黏结性能将基础涂层成膜物配比确定为 3∶2。

由图 2-13 分析可知，黏结强度试验造成的拉裂面为沥青与集料的结合面，这表明基础涂层与沥青路面具有良好的黏附性。该基础涂层采用的环氧树脂与其固化剂相互作用时放热量较低，最大放热量低于沥青软化点，对沥青膜不会造成破坏，相比之下具有较好的黏结强度。综合考虑涂层合理干燥时间以及黏结强度，将基础涂层的成膜物配比定为 3∶2，涂抹量确定为 0.8kg/m^2。

2）功能性材料掺量对降温涂层黏结性的影响

不同功能性材料掺量的降温涂层黏结性试验结果见表 2-16。

不同功能性材料掺量的降温涂层黏结性试验结果 表 2-16

降温涂层类型	功能性材料掺量（%）	附着力（kN）	黏结强度（MPa）
HT 降温涂层	10	13.94	0.79
	20	14.53	0.83
	30	14.38	0.82
	40	14.72	0.84
JT 降温涂层	20	14.86	0.84
	40	15.47	0.88
TB 降温涂层	10	13.98	0.80
	20	14.13	0.80
	30	14.41	0.82
	40	14.65	0.83
HTB 降温涂层	20	14.23	0.81
	40	15.12	0.85
JTB 降温涂层	20	14.98	0.84
	40	15.11	0.85
规范要求（JTG F80/1—2004）	—	≥0.5（常温） ≥0.3（35℃以上）	

不同功能性材料掺量下黏结性能的变化规律如图 2-15 所示。

由表 2-16 及图 2-13 分析可得：不同功能性材料掺量下降温涂层的附着力基本保持在 14～15kN，黏结强度基本在 0.84MPa 上下浮动，涂层黏结性能受功能性材料掺量的影响不大。试验后，试件的拉裂面为沥青与石料的结合面，表明降温涂层与沥青路面具有良好的黏附性。

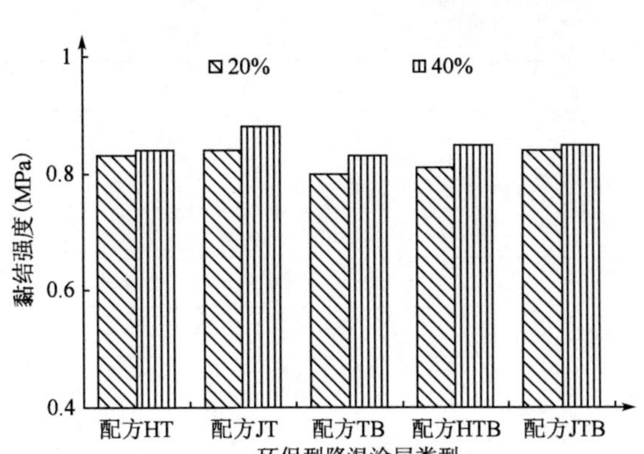

图 2-13 不同功能性材料掺量对环保型路用降温涂层黏结强度的影响

2.4.4 道路用绿色环保型降温涂层硬度

降温涂层完全干燥后会形成一定的硬度,该硬度可用于表征在受到连续荷载时涂层表面的抗变形能力。本节参照《环氧树脂地面涂层材料》(JC/T 1015—2006),采用铅笔硬度法对环保型路用降温涂层的硬度进行测试,评价其抗变形能力,如图 2-14 所示。基础涂层铅笔硬度试验结果见表 2-17。

a)

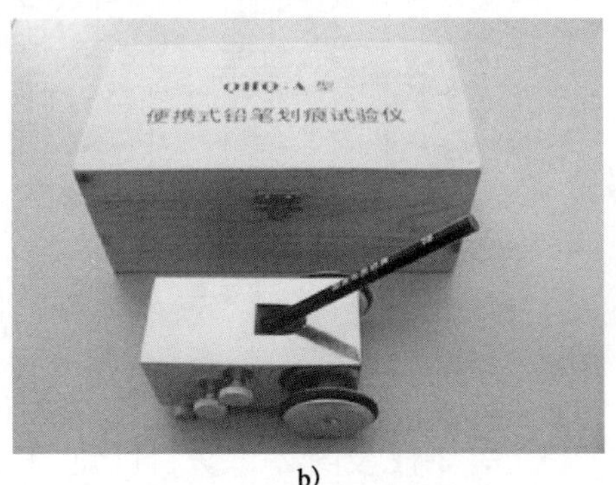

b)

图 2-14 降温涂层的铅笔硬度试验

不同类型基础涂层铅笔硬度试验结果 表 2-17

基础涂层类型	涂抹量(kg/m²)	铅笔硬度(H)
树脂 H∶固化剂 J(1∶1)	0.6	5
	0.8	5
	1.0	5

续上表

基础涂层类型	涂抹量(kg/m²)	铅笔硬度(H)
树脂 H∶固化剂 J(2∶1)	0.6	5
	0.8	5
	1.0	6
树脂 H∶固化剂 J(3∶2)	0.6	4
	0.8	5
	1.0	5
树脂 H∶固化剂 J(4∶3)	0.6	4
	0.8	4
	1.0	5
规范要求(JC/T 1015—2006)	≥3H	

不同类型基础涂层铅笔硬度随涂抹量的变化规律如图 2-15 所示。

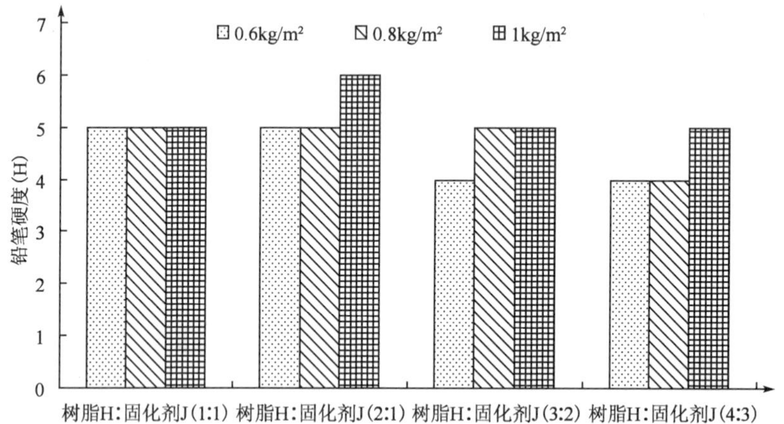

图 2-15　不同涂抹量对基础涂层铅笔硬度的影响

由表 2-17 及图 2-15 分析可知,不同类型涂层材料的铅笔硬度均满足标准要求(≥3H)。成膜物试验组的铅笔硬度可以达到 5H,远大于标准要求;随着涂层涂抹量的增加,涂层硬度有所增加,当涂抹量大于 0.8kg/m² 时,涂层硬度趋于稳定。

功能性材料掺量对降温涂层铅笔硬度的影响研究:

测定掺加不同掺量降温功能性材料环保型路用降温涂层的铅笔硬度,确定环保型路用降温涂层在受到连续荷载时涂层表面的抗变形能力。测试结果见表 2-18。

不同功能性材料掺量条件下环保型路用降温涂层铅笔硬度试验结果

表 2-18

降温涂层类型	功能性材料掺量(%)	铅笔硬度(H)
HT 降温涂层	10	4
	20	5
	30	5
	40	5
JT 降温涂层	20	6
	40	6
TB 降温涂层	10	5
	20	6
	30	6
	40	6
HTB 降温涂层	20	5
	40	5
JTB 降温涂层	20	5
	40	6
规范要求(JC/T 1015—2006)	≥3H	

不同类型降温涂层铅笔硬度随涂抹量的变化规律如图 2-16 所示。

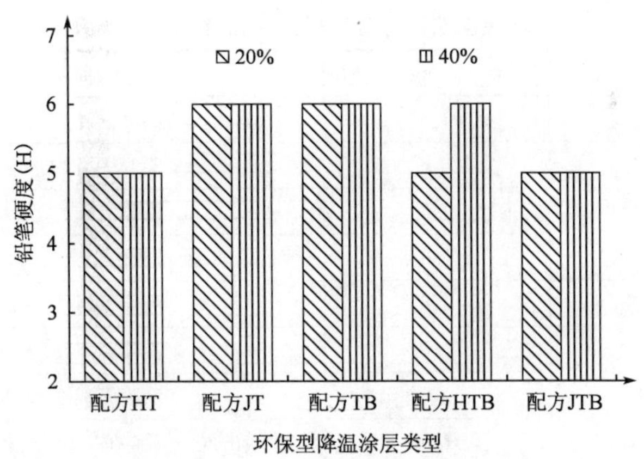

图 2-16 不同功能性材料掺量对环保型路用降温涂层铅笔硬度的影响

由表 2-18 及图 2-16 分析可知,不同类型降温涂层材料的铅笔硬度均满足标准要求(≥3H),随着掺量的增加,降温涂层的铅笔硬度会有略微提高。

2.4.5 道路用绿色环保型降温涂层抗冲击性能

抗冲击性主要用于评价涂层的柔韧性、对路面的附着力以及抵御冲击破坏的能力。本节参照《环氧树脂地面涂层材料》(JC/T 1015—2006),采用抗冲击性试验评价当路面涂层受到轮胎冲击力以及重物撞击等瞬时荷载时表面的强度及抗变形能力。

降温涂层抗冲击试验采用500g钢球,在位于降温涂层上方1m位置处自由下落,对降温涂层表面状况进行观测,评价其抗冲击性能,如图2-17所示。分别在6处不同位置进行抗冲击性试验。抗冲击试验结果见表2-19。

a)

b)

图2-17 环保型路用降温涂层抗冲击试验

环保型路用降温涂层抗冲击性测试结果 表2-19

降温涂层类型	涂抹量(kg/m²)	表面状况
基础涂层	0.8	涂膜轻微裂纹、无剥落
HT降温涂层	0.6	涂膜无裂纹、无剥落
	0.8	涂膜无裂纹、无剥落
	1.0	涂膜出现小范围的轻微裂纹、无明显剥落出现
JT降温涂层	0.8	涂膜无裂纹、无剥落
TB降温涂层	0.6	涂膜无裂纹、无剥落
	0.8	涂膜无裂纹、无剥落
	1.0	涂膜出现小范围的轻微裂纹、无明显剥落出现
HTB降温涂层	0.8	涂膜无裂纹、无剥落
JTB降温涂层	0.8	涂膜无裂纹、无剥落
规范要求(JC/T 1015—2006)		涂膜无裂纹、无剥落

由表 2-19 分析可知，经过 500g 钢球冲击后，涂膜表面状况良好，三个不同冲击位置基本可以保持无裂纹、无剥落，表明功能性材料配比不同的降温涂层抗冲击性能良好，所以，可忽略功能性材料的配比对降温涂层抗冲击性能的影响。

涂抹量为 0.8kg/m^2时，不同类型涂层在经过 500g 钢球位于 1m 位置的冲击后，涂膜表面状况良好，涂抹量为 1.0kg/m^2 时，涂层涂膜出现小范围的轻微裂纹，但无明显剥落，降温涂层抗冲击性能有所降低，但仍然能满足规范要求。因此，为了保证降温涂层的抗冲击性能，应适当减少路用降温涂层的单位涂抹量。

3 道路用绿色环保型降温涂层降温性能

现有降温涂层室内外降温效果测试方法较为简单，无法保证降温性能评价的准确性。同时，现有降温涂层规范及标准中尚未对降温效果评价作出统一的规定，缺乏合理的降温涂层降温性能评价方法。因此，本章研发路面材料成型试件室外隔温测温的保温装置和路面材料自温控性能测试装置，提出环保型路用降温涂层室内外降温效果测试方法，建立基于格拉布斯数据法和回归分析的降温效果测试数据优化处理方法，全面评价环保型路用降温涂层降温效果。

3.1 室外降温效果测试方法

全面分析测温设备、隔热方式、测温点选择等因素对降温涂层降温测试结果的影响，确定降温效果试验的最佳隔热方式、测温点等试验条件，制定合理完善的降温涂层降温效果测试方法，为降温效果的测试奠定基础。

3.1.1 降温效果测试设备选择

本书主要选用三种温度测试设备进行路面温度测试，具体如图 3-1 所示。

对试件进行测温选点时采用数字式测温仪，数字式测温仪利用感热传热原理，能精确测试沥青路表温度。路表以下温度采用数字温度计进行测定。红外测温仪可快速测出路面温度，对不同的掺量及配比进行对比时操作更加方便。

3.1.2 路面材料成型试件室外隔温测温的保温装置开发

在目前的隔热试验研究中，采取了不同的措施对路面材料成型试件进行隔温观测，但是均存在如下一些不足。

(1)土颗粒保温方式，这种方式模拟现实路面路肩材料，可起到一定的隔温保温效果，但存在以下缺点。

①土颗粒堆在一起孔隙率较大，隔温保温效果不明显。

a)数字温度计

b)数字式测温仪

c)红外测温仪

图 3-1 路面测温温度计

②在沥青混凝土板周围堆积土颗粒时,易使土颗粒撒到试件板面上,从而污染板面,而且土颗粒容易反射太阳辐射,进而影响到试件内部的温度变化。

(2)泡沫保温方式,这种方式效果尚佳但也存在诸多不足。主要缺点如下。

①泡沫质量小,难以固定牢固,易产生空隙导致保温效果不佳,同时室外观测时容易受大风等天气原因影响,需要采取一定形式进行加固处理。

②在实验室环境下易产生安全隐患,泡沫塑料是石油的次级加工品,是塑料的同类物质,易燃烧,且燃烧后产生烷、烯、炔、二氧化碳、焦油等很多有害物质,易损伤上呼吸道和黏膜,且为强致癌致畸物质,对人体损害极大。

针对现有温度隔热技术存在的不足,自主开发了一种路面材料成型试件室外隔温测温的保温装置,该装置可使观测地点不受外界条件限制,同时可随太阳移动而自由移动,通过外侧安装的数字温度计可准确清晰地读取观测温度,减少误差,而且避免污染试件,隔温保温效果较好,保证了试验研究的准确度,如图 3-2所示。

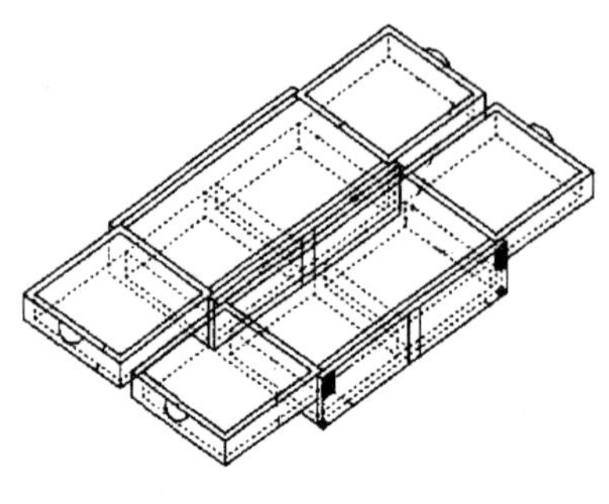

a)

b)

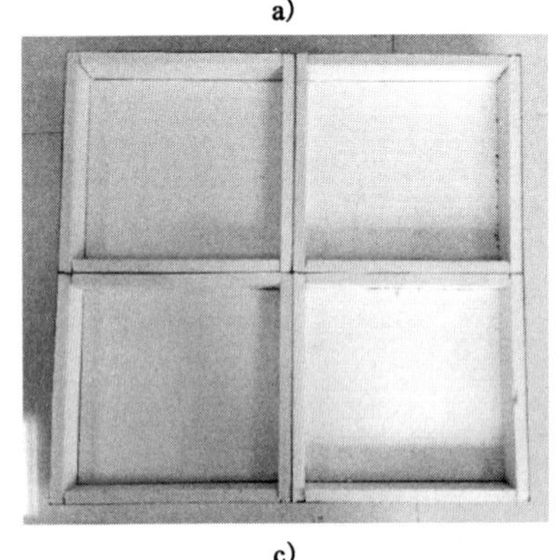

c)

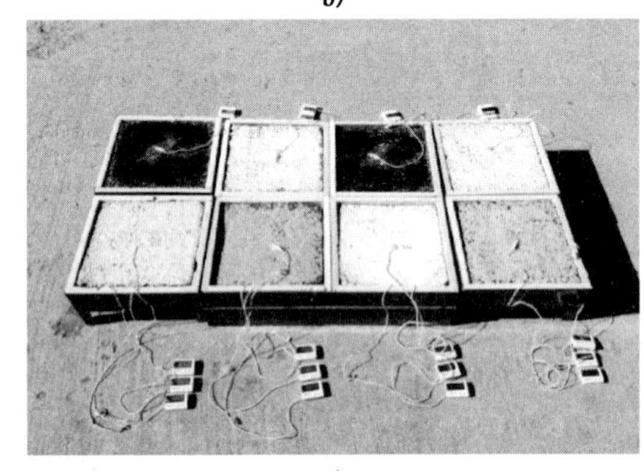

d)

图 3-2 路面材料成型试件室外隔温测温的保温装置

自主研发的路面材料成型试件室外隔温测温的保温装置包括多个长方壳体状的基础保温模内壁通过高黏性材料黏结 2cm 厚的纳米气凝胶板组成整体结构，性能稳定，使用寿命长，而且防火性能优异，耐火焰，具有良好的抗机械破坏性能，能够满足试验所要求的强度和保温性能。

3.1.3 室外降温效果试验步骤

(1)参照《公路工程沥青及沥青混合料试验规程》(JTG E20—2011)制备沥青混合料车辙板，将温度传感器埋设于车辙板中心处和底部，如图 3-3 所示。

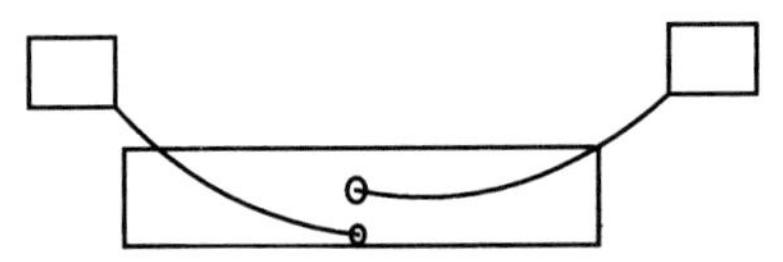

图 3-3 温度传感器布设示意图

(2)根据不同降温涂层配比，采用降温添加剂、助剂、黏结剂等原材料制备环保型降温涂层材料。

(3)称取不同质量的路面降温涂抹材料，均匀涂布于沥青混合料车辙板表面，平放于通风处，晾置 24h。

(4)选择一处透视、通风条件较好、阳光充足的地方，清扫干净，将涂刷环保型路用降温涂层的车辙板放置于路面材料成型试件室外隔温测温的保温装置中，此装置具有良好的隔热保温作用，保证车辙板底部及四周传热不影响车辙板温度变化，模拟真实路面布置。

(5)选择 10:00～15:00 为测试时间，每隔半小时读取表面、中部、下部温度，整理汇总数据。

3.2　室内降温效果测试方法

3.2.1　路面材料自温控性能测试装置开发

目前，针对自控温材料降温性能的研究设备主要有两种：一是将试件放在恒温箱内，研究在相同供给热量的情况下材料的降温性能；二是将降温材料铺筑到室外道路中，采用普通的测温设备进行温度对比，分析材料的降温性能。针对自控温材料储热性能的研究设备还处于空白状态，大多数研究者采用有限元软件模拟，分析评价自控温材料的储热性能。因此，在道路工程行业，自控温材料研究领域迫切需要解决的一个技术问题是，提供一种能对自控温材料在高温环境下降低路面温度、在低温环境下沥青路面储热性能进行研究的设备。

针对以上缺点和不足，本书作者自主开发了一种路面材料自温控性能测试装置，能对自控温材料在高温环境下降低路面温度、低温环境下路面储热性能进行系统的研究。路面材料自温控性能测试装置的设计图，如图 3-4 所示。

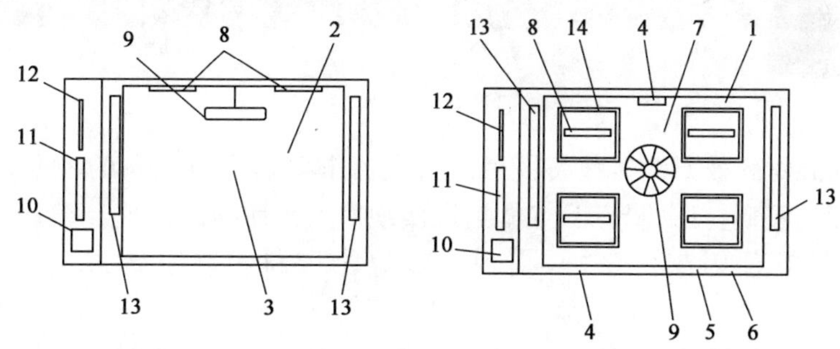

图 3-4　路面材料自温控性能测试装置的设计图

1-隔热箱体；2-密封门；3-透明的观察窗；4-可视温度计；5-灯控开关；6-制冷开关；7-风扇自动控制开关；8-高能紫外线辐射灯管；9-风扇 ；10-压缩机；11-冷凝器；12-节流元件；13-蒸发器；14-试件模具

自主研发的路面材料自温控性能测试装置，主要包括以下组成部分：隔热箱体、密封门、透明的观察窗、可视温度计、灯控开关、制冷开关、风扇自动控制开关、高能紫外线辐射灯管、风扇、风扇、压缩机、冷凝器、节流元件、蒸发器、试件模具。

依据路面材料自温控性能测试装置的设计图，在隔热箱体内顶面中心位置安装有风扇，风扇通过风控开关控制启停，风扇周围的隔热箱体内顶面对称分布有高能紫外线辐射灯管，高能紫外线辐射灯管通过灯控开关控制启停；在隔热箱体内与密封门相邻的两个侧壁上均安装有一个蒸发器，两个蒸发器与安装在其中一个侧壁上的节流元件、冷凝器以及压缩机依次相连形成制冷系统，压缩机通过制冷开关控制启停；在隔热箱体内与密封门相对的一个侧壁上安装有温度计；在隔热箱体内底面上安装有试件模具，最终完成对自控温性能研究装置的开发和制作。自控温性能研究实体装置见图 3-5。

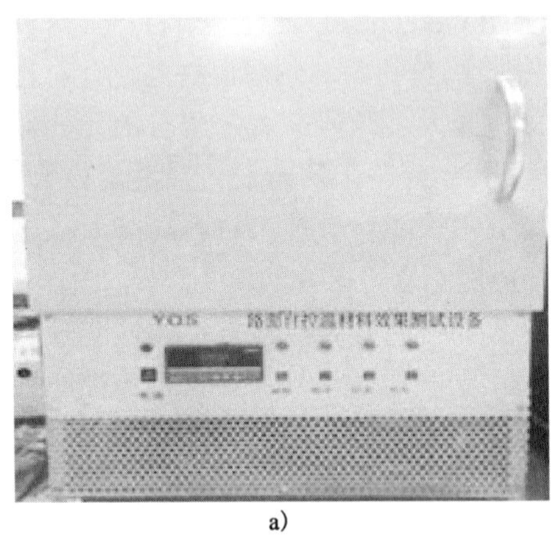

a)

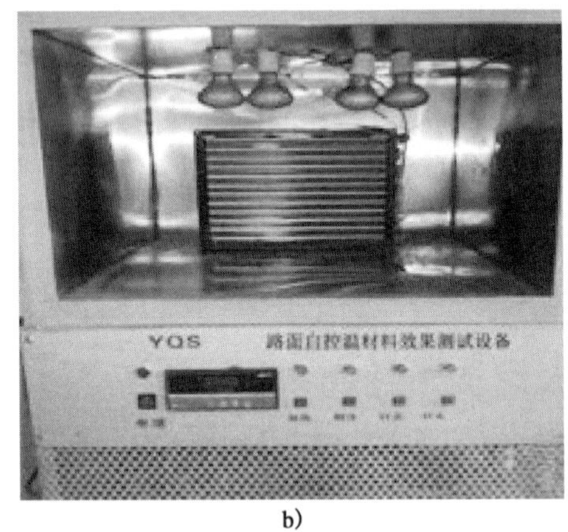

b)

图 3-5　自控温材料效果测试设备

自控温材料效果测试设备能够通过电磁继电器和电磁阀的配合，实现对测试温度的精确控制；借助日光辐射灯实现对太阳照射的模拟，从而可以排除风、湿度等其他因素的影响，实现对降温涂层材料降温效果更加精确的评价。

按照车辙板试件模型成型待测沥青混合料试件，碾压成型前在试件的底、中、上部埋设温度传感器检测探头。将成型的车辙板试件放置在模具 14 中，将一端埋入车辙板内部的温度传感器引到箱体 1 外部，关闭密封门 2，开启风控开关 7，并开启灯控开关 5（用于模拟高温环境）或制冷开关 6（用于模拟低温环

境），每隔半小时记录箱体内部环境温度以及每个试件上、中、下部温度，以供分析。

3.2.2 室内降温效果测试步骤

（1）参照《公路工程沥青及沥青混合料试验规程》（JTG E20—2011）制备沥青混合料车辙板，将温度传感器埋设于车辙板中心处和底部。

（2）根据不同的降温涂层配比，采用降温添加剂、助剂、黏结剂等原材料制备环保型路用降温涂层材料。

（3）称取不同质量的路面降温涂层材料，均匀涂布于沥青混合料车辙板表面，平放于通风处，晾置24h。

（4）将人工气候培养箱的温度调节至初始温度20℃，以10℃为一个温度梯度进行升温，当达到温度梯度节点时，保持该温度5min后再继续升温至下一温度节点，最终达到70℃温度节点。

（5）在每个温度节点保温5min后进行试件表、中、下部温度的记录。

3.3 道路用绿色环保型降温涂层室外降温效果

3.3.1 基于格拉布斯法的室外测温数据处理

由于室外测试受温度、湿度、风速、阳光辐射强度及时间、测试仪器精密度等一系列不可抗因素的影响，环保型路用降温涂层室外温度测试数据存在一定异常性。判断异常值的统计检验法包括拉依达法、肖维勒法、狄克逊法、罗马诺夫斯基准则法等，以上方法均可对异常数据进行判定和剔除，但判别精度差，符合率相对较低。格拉布斯法具有简便、判别精度高、符合率高等诸多优点，理论上较严谨。因此，本书采用格拉布斯法对异常数据进行判定和剔除。

格拉布斯法利用数据残余误差绝对值与格拉布斯临界值之间的关系进行异常数据处理，用格拉布斯法进行异常数据处理的数据必须符合正态分布。基于此，本节首先分析数据是否服从正态分布，然后采用格拉布斯法对室外降温效果试验数据进行异常数据判定和剔除。

1）基于SPSS 22.0的室外测温数据正态分布验证

SPSS功能强大、针对性强，能够满足不同类型数据的处理和验证。本节基于 SPSS 22.0 的描述统计和单一样本 Kolmogorov-Smirnov 检定功能对不同类型环保型路用降温涂层试件表面、中部、下部温度进行正态分布验证，为后续格拉布斯法数据判定和剔除奠定基础。

(1)基于 SPSS 的室外测温数据描述统计。

对不同类型环保型路用降温涂层试件表面、中部及下部测试温度进行分析，系统研究各位置测温数据符合的统计分布类型。

图 3-6～图 3-11 中的曲线是单峰且呈钟形分布，可以直观判定出此曲线是正态分布曲线，但尚不能全面充分地证明测温数据的数据分布是正态分布，充分证明测温数据的数据分布符合正态分布尚需用 SPSS 的单一样本 Kolmogorov-Smirnov 检定来验证不同类型环保型路用降温涂层试件表面、中部及下部的测温数据是否符合正态分布。

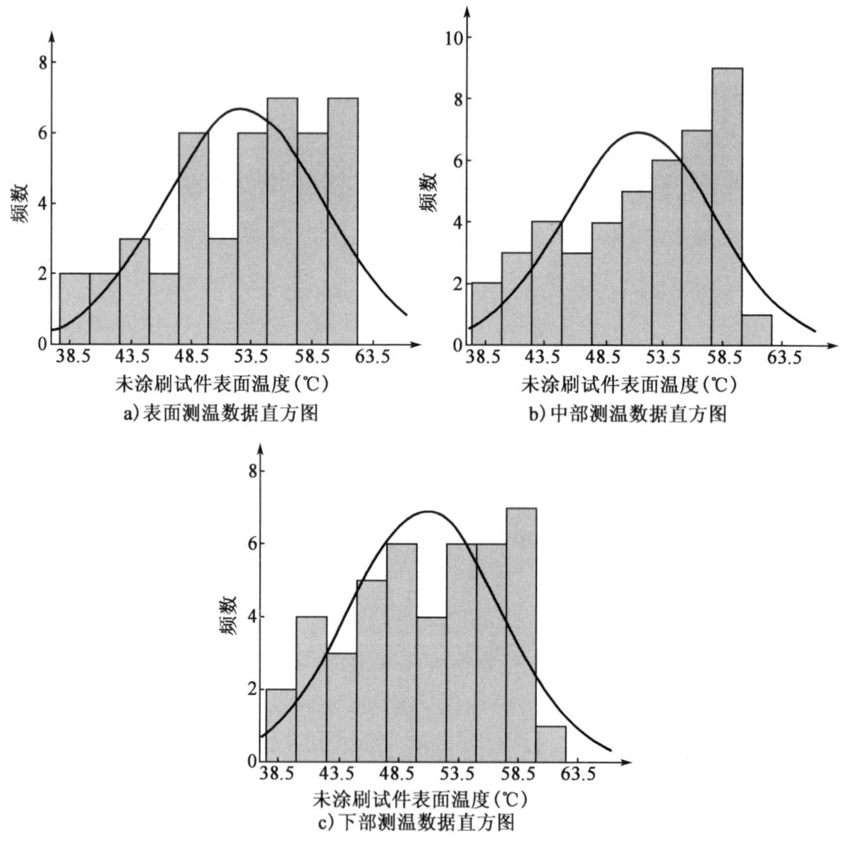

图 3-6　未涂刷环保型路用降温涂层试件测温数据直方图

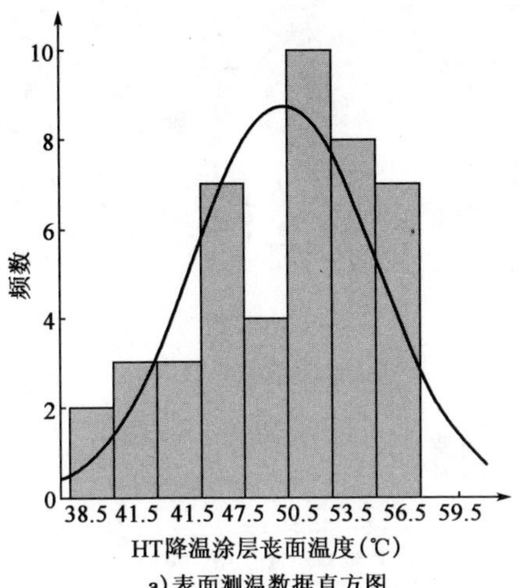

a)表面测温数据直方图

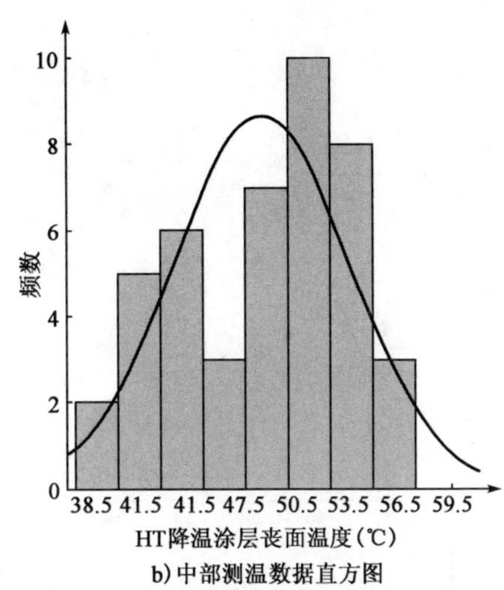

b)中部测温数据直方图

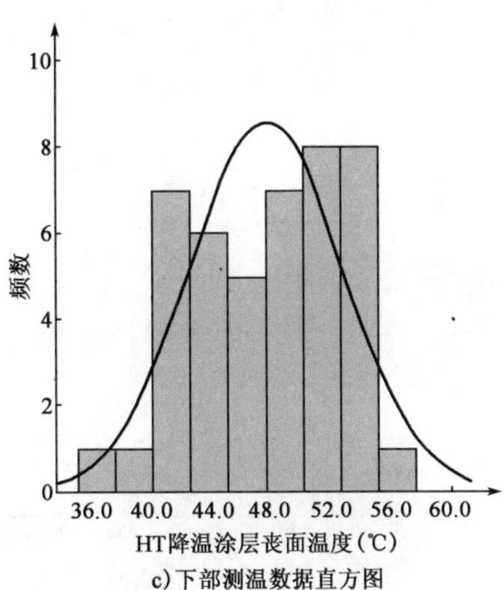

c)下部测温数据直方图

图 3-7 HT 降温涂层试件测温数据直方图

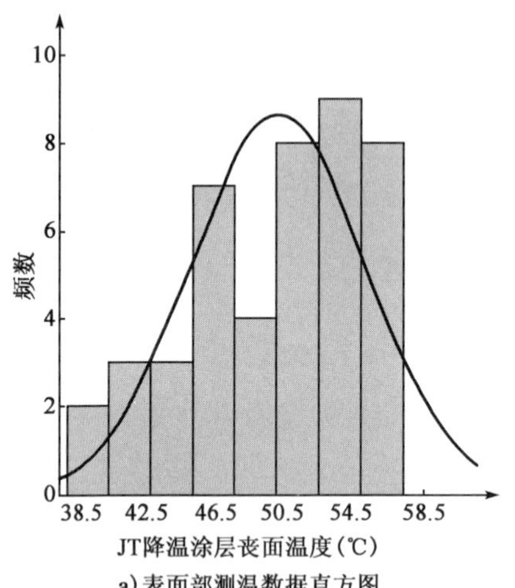

a)表面部测温数据直方图

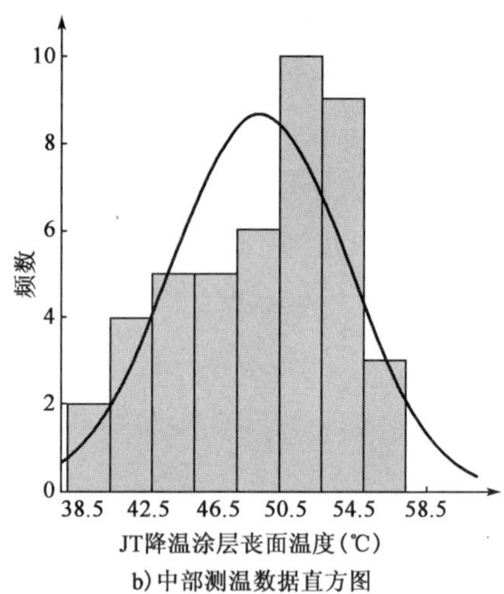

b)中部测温数据直方图

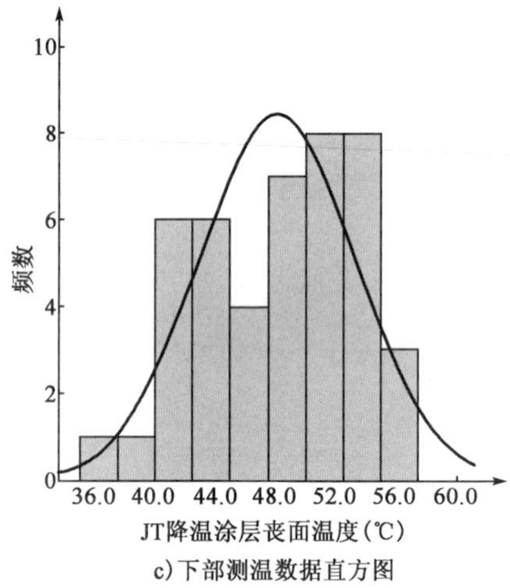

c)下部测温数据直方图

图 3-8　JT 降温涂层试件测温数据直方图

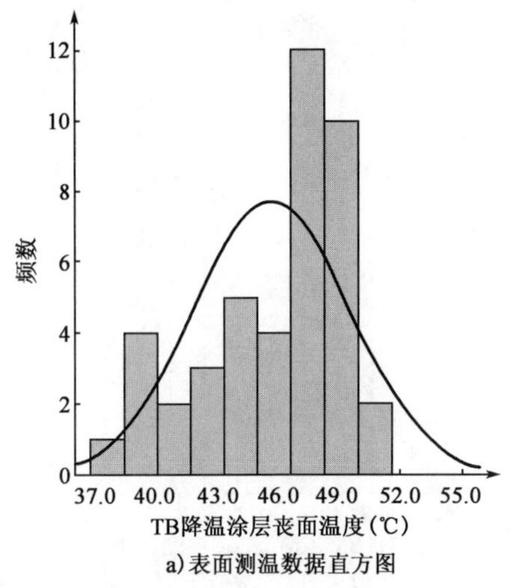

a)表面测温数据直方图

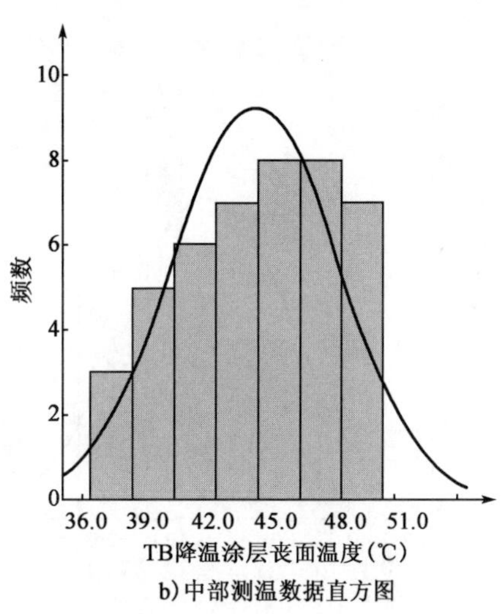

b)中部测温数据直方图

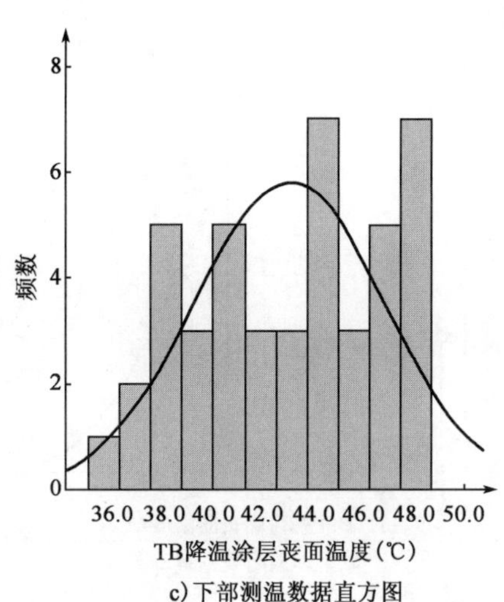

c)下部测温数据直方图

图 3-9 TB 降温涂层试件测温数据直方图

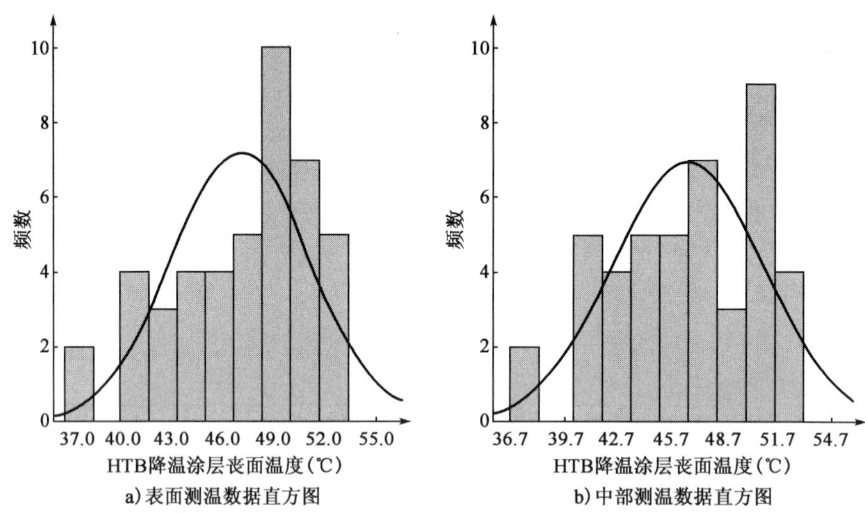

a)表面测温数据直方图

b)中部测温数据直方图

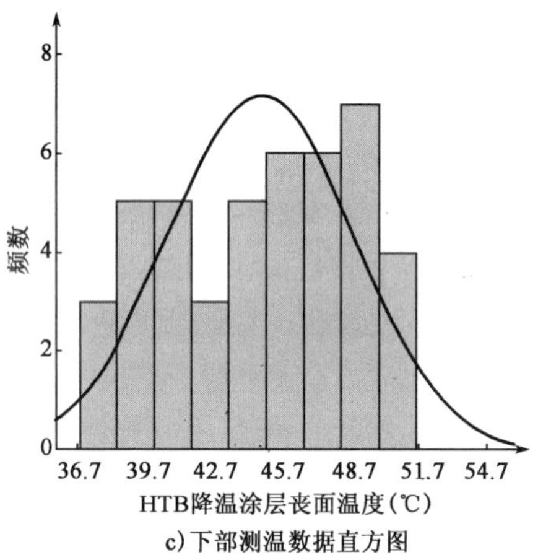

c)下部测温数据直方图

图 3-10　HTB降温涂层试件测温数据直方图

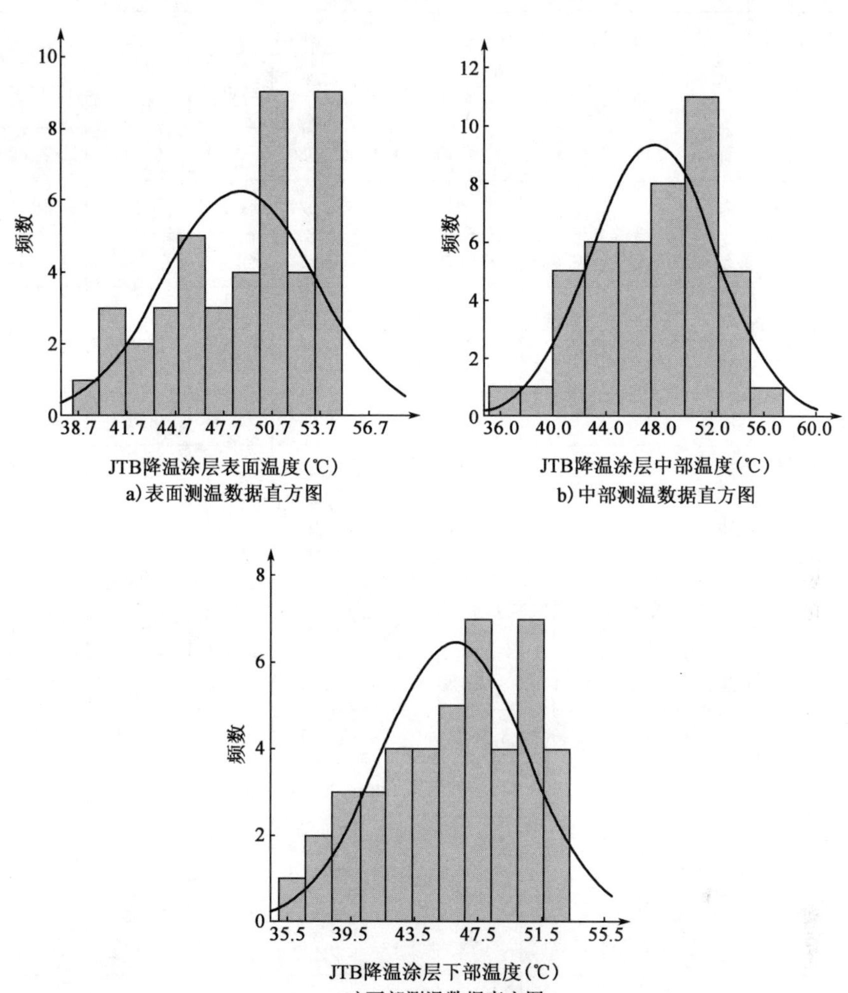

图 3-11 JTB 降温涂层试件测温数据直方图

(2)室外测温数据单一样本 Kolmogorov-Smirnov 检定。

单一样本 Kolmogorov-Smirnov 检定的原假设是数据服从指定的分布，当渐进显著性(双尾)值大于 0.05 时就说明数据服从指定的分布，渐进显著性(双尾)值越大越能说明数据服从指定的分布，当渐进显著性(双尾)值大于 0.05 时就可以认为结论成立，若渐进显著性(双尾)值小于 0.05，则表示拒绝接受原假设，数据分布不服从指定分布。环保型路用降温涂层测温数据单一样本 Kolmogorov-Smirnov 检定结果如表 3-1 所示。

测温数据单一样本 Kolmogorov-Smirnov 检定 表 3-1

降温涂层类型		测量次数 N	常态参数①,②		最极端差异			测试统计资料	渐进显著性(双尾)
			温度平均数(℃)	标准偏差	绝对	正	负		
未涂刷	表面	44	52.848	6.5676	0.111	0.089	−0.111	0.111	0.200③
	中部	44	51.534	6.3558	0.117	0.077	−0.117	0.117	0.151③
	下部	44	50.666	6.3518	0.103	0.082	−0.103	0.103	0.200③
HT	表面	44	49.798	4.9934	0.126	0.083	−0.126	0.126	0.079③
	中部	44	48.414	5.0605	0.122	0.074	−0.122	0.122	0.100③
	下部	44	47.673	5.1171	0.083	0.068	−0.083	0.083	0.200③
JT	表面	44	50.1	5.0964	0.123	0.082	−0.123	0.123	0.094③
	中部	44	48.866	5.0632	0.125	0.077	−0.125	0.125	0.082③
	下部	44	48.13	5.2069	0.094	0.07	−0.094	0.094	0.200③
TB	表面	44	45.693	3.7764	0.151	0.099	−0.151	0.151	0.14③
	中部	44	43.968	3.7912	0.088	0.073	−0.088	0.088	0.200③
	下部	44	43.052	3.7858	0.098	0.071	−0.098	0.098	0.200③
HTB	表面	44	47.098	4.0737	0.159	0.097	−0.159	0.159	0.07③
	中部	44	46.593	4.2178	0.099	0.074	−0.099	0.099	0.200③
	下部	44	44.727	4.0823	0.089	0.086	−0.089	0.089	0.200③
JTB	表面	44	48.714	4.6733	0.135	0.096	−0.135	0.135	0.43③
	中部	44	47.684	4.7071	0.112	0.085	−0.112	0.112	0.200③
	下部	44	46.05	4.5401	0.094	0.067	−0.094	0.094	0.200③

注:①检定分配是常态的。
②从资料计算。
③Lilliefors 显著更正。

分析表 3-1 可知,不同类型环保型路用降温涂层试件的表面测温数据、中部测温数据及下部测温数据的渐进显著性(双尾)值均大于显著性水平 0.05,即接受原假设(数据服从正态分布),故不同类型降温涂层试件的表面测温数据、中部测温数据及下部测温数据均符合正态分布。

综上所述，由 SPSS 描述统计和单一样本 Kolmogorov-Smirnov 检定充分确定了不同类型环保型路用降温涂层试件的表面测温数据、中部测温数据及下部测温数据符合正态分布，故可以采用格拉布斯法进行异常数据剔除。

2)基于格拉布斯法的异常数据剔除

(1)格拉布斯法概述。

一组测量数据中，如果个别数据偏离平均值很远，那么这些数据称作“可疑值”。如果用统计方法——格拉布斯法判断，能将“可疑值”从此组测量数据中剔除而不参与平均值的计算，那么该“可疑值”就称作“异常值(粗大误差)”。本小节介绍如何用格拉布斯法判断“可疑值”是否为“异常值”。

①测量数据，记下具体数值及数据数量 N。

②排列数据：将上述测量数据按从小到大的顺序排列，可以肯定，可疑值不是最小值就是最大值。

③计算平均值和标准差 S，计算时必须将所有数据全部包含在内。

④计算偏离值，包括平均值与最小值之差和最大值与平均值之差。

⑤确定一个可疑值：比较最大值与平均值之差和最小值与平均值之差，将与平均值差值大的那一个确定为可疑值。

⑥计算 G_i 值：$G_i=(X_i-\overline{x})/S$；其中 i 是可疑值的排列序号。

⑦把计算值 G_i 与格拉布斯表给出的临界值 $G_P(n)$ 比较，如果计算的 G_i 值大于表中的临界值 $G_P(n)$，则能判断该测量数据是异常值，可以剔除。但是要注意，临界值 $G_P(n)$ 与两个参数有关：检出水平 α（与置信概率 P 有关）和测量次数 n（与自由度 f 有关）。

⑧确定检出水平 α：如果要求严格，检出水平 α 可以定得小一些，例如定 $\alpha=0.01$，那么置信概率 $P=1-\alpha=0.99$；如果要求不严格，α 可以定得大一些，例如定 $\alpha=0.10$，即 $P=0.90$；通常定 $\alpha=0.05$，$P=0.95$。

⑨查格拉布斯表获得临界值：根据选定的 P 值(此处为 0.95)和测量次数 n(此处为 44)，查格拉布斯表，横竖相交得临界值 $G_{95}(44)=2.905$。

⑩比较计算值 G_i 和临界值 $G_{95}(44)$，判断是否为异常值，若为异常值，则将它从 44 个测量数据中剔除。

余下数据考虑：剩余的 43 个数据再按以上步骤计算，如果计算的 $G_i>G_{95}(43)$，仍然为异常值，剔除；如果 $G_i<G_{95}(43)$，则非异常值，不剔除。那么，余下的 43 个数据中无异常值。

(2)测温异常数据剔除。

采用格拉布斯法对不同类型环保型路用降温涂层试件测温数据进行异常数

据判定处理，结果见表 3-2。

环保型路用降温涂层测温数据异常数据剔除　　表 3-2

降温涂层类型		数据总数 N	温度平均值 X(℃)	标准差 S	最小值 min (℃)	最大值 max (℃)	$a=X-\min$ (℃)	$b=\max-X$ (℃)	max (a,b)	G_i	G_{95} (44)
未涂刷	表面	44	52.8	6.6	38.6	61.7	14.2	8.9	14.2	2.2	2.905
	中部	44	51.5	6.4	38.1	60.6	13.4	9.1	13.4	2.1	2.905
	下部	44	50.7	6.4	37.6	60.1	13.1	9.4	13.1	2.1	2.905
HT	表面	44	49.8	5.0	38.3	56.7	11.5	6.9	11.5	2.3	2.905
	中部	44	48.4	5.1	37.6	55.9	10.8	7.5	10.8	2.1	2.905
	下部	44	47.7	5.1	37.1	55.3	10.6	7.6	10.6	2.1	2.905
JT	表面	44	50.1	5.1	38.3	57.2	11.8	7.1	11.8	2.3	2.905
	中部	44	48.9	5.1	37.7	56.1	11.2	7.2	11.2	2.2	2.905
	下部	44	48.1	5.2	37.3	56.2	10.8	8.1	10.8	2.1	2.905
TB	表面	44	45.7	3.8	36.6	50.7	9.1	5.0	9.1	2.4	2.905
	中部	44	44.0	3.8	36.1	49.7	7.9	5.7	7.9	2.1	2.905
	下部	44	43.1	3.8	35.8	48.6	7.3	5.5	7.3	1.9	2.905
HTB	表面	44	47.1	4.1	37.2	52.4	9.9	5.3	9.9	2.4	2.905
	中部	44	46.6	4.2	37.4	52.7	9.2	6.1	9.2	2.2	2.905
	下部	44	44.7	4.1	36.8	51.2	7.9	6.5	7.9	1.9	2.905
JTB	表面	44	48.7	4.7	37.8	54.8	10.9	6.1	10.9	2.3	2.905
	中部	44	47.7	4.7	37.3	55.3	10.4	7.6	10.4	2.2	2.905
	下部	44	46.1	4.5	36.5	53.1	9.6	7.1	9.6	2.1	2.905

分析表 3-2 可知，不同类型环保型路用降温涂层测温数据最小值与其平均值的偏离值最大，利用此偏离值得到 G_i 值，并且得到 $G_{95}(44)=2.905$，两值比较得出 $G_i< G_{95}(44)$，故不同类型环保型路用降温涂层测温数据中与平均值的偏离值最大的数据不是异常数据，即其他测温数据不用再进行异常数据剔除，故不同类型环保型路用降温涂层试件的测温数据正常，无异常测温数据需要剔除。

3.3.2　测温数据拟合变量选择

为更好地对降温涂层材料降温效果进行研究，提高拟合曲线的精确性，对不同影响因素进行拟合分析，评价不同因素与降温效果的相关性，确定最佳拟合因素,为环保型路用降温涂层试件降温效果评价和预测提供依据。

1)环保型路用降温涂层降温幅度与大气温度拟合分析

大气温度作为重要的因素,是环境温度变化的直接体现。选定大气温度作为线性拟合自变量,对环保型路用降温涂层降温幅度进行线性拟合。拟合曲线见图 3-12。

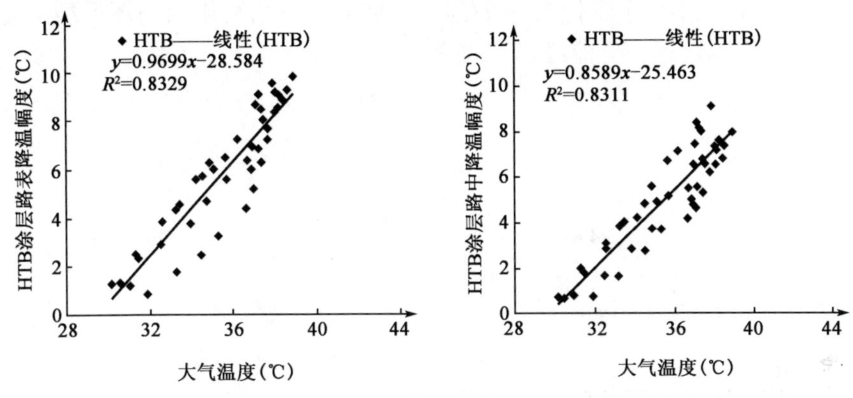

图 3-12 HTB 降温涂层试件降温幅度与大气温度拟合分析

由图 3-12 分析可知,环保型路用降温涂层试件表面、中部降温幅度与大气温度回归曲线相关系数 R^2 分别为 0.8329、0.8311,表明自变量和因变量二者相关性不好,根据自变量对因变量进行估计和预测精确度较差,无法直接通过大气温度预测环保型路用降温涂层的降温效果。

2)环保型路用降温涂层测温数据与大气温度拟合分析

环保型路用降温涂层表面、中部测温数据与大气温度拟合曲线,见图 3-13。

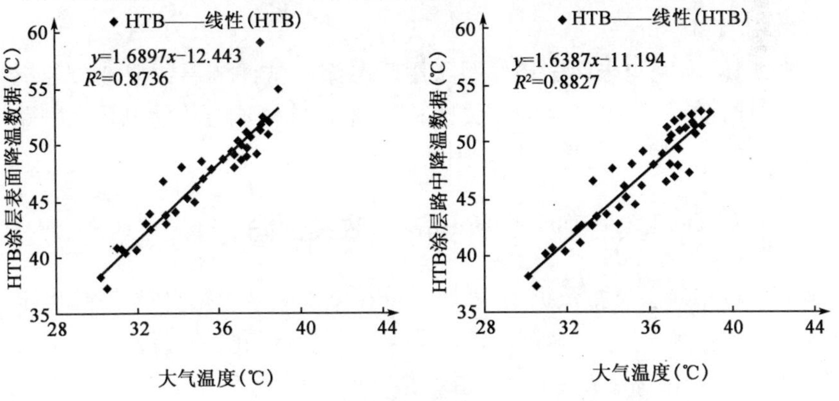

图 3-13 涂刷 HTB 涂层试件测温数据与大气温度拟合分析

对环保型路用降温涂层表面、中部测温数据分别与大气温度进行回归分析，回归曲线相关系数 R^2 分别为 0.8736、0.8827，表明因变量与自变量之间存在一定程度的相关性，但不能精确地根据自变量对因变量进行很好的估计和预测，无法满足降温效果评价和预测的精确度要求。

3)涂刷与未涂刷环保型路用降温涂层试件测温数据拟合分析

涂刷环保型路用降温涂层试件表面、中部测温数据与未涂刷环保型路用降温涂层试件测温数据拟合曲线，见图 3-14。

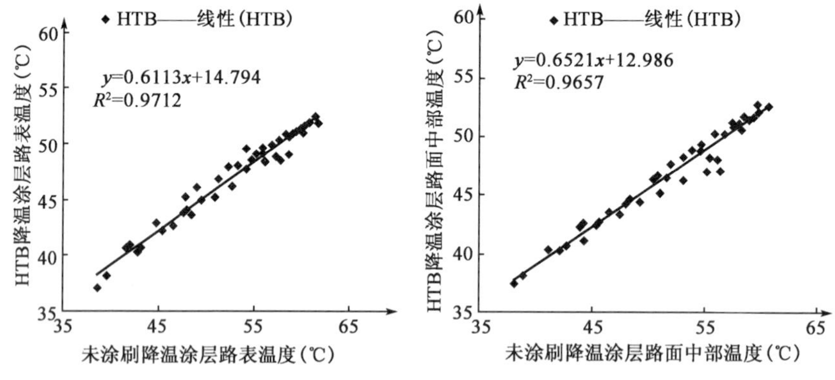

图 3-14　涂刷与未涂刷 HTB 涂层试件测温数据拟合分析

由图 3-14 拟合曲线分析可知，涂刷环保型路用降温涂层试件表面、中部测温数据与未涂刷环保型路用降温涂层试件测温数据的回归曲线相关系数 R^2 分别达到了 0.9712、0.9657，表明涂刷环保型路用降温涂层试件测温数据与未涂刷环保型路用降温涂层试件的测温数据之间存在极高的相关性，可以根据未涂刷环保型路用降温涂层试件的测温数据对涂刷环保型路用降温涂层试件温度进行良好的预测和评价。

综上所述，涂刷与未涂刷环保型路用降温涂层试件测温数据拟合分析稳定可靠，为了保证测温数据拟合的相关性和精确性，将涂刷与未涂刷环保型路用降温涂层试件测温数据作为主要拟合因素。

3.3.3　室外测温数据回归分析与降温效果预估

根据格拉布斯法异常数据剔除结果，分析降温测试数据自身特点，确定基于线性回归的数据拟合方法，对降温涂层降温效果进行预测和评价。

1)环保型路用降温涂层室外测温数据回归分析

对环保型路用降温涂层试件的测温数据进行系统的拟合分析，全面评价不同类型环保型路用降温涂层的降温性能。

(1)环保型路用降温涂层表面测温数据回归分析。

环保型路用降温涂层试件表面温度拟合关系,如图 3-15～图 3-19 所示。

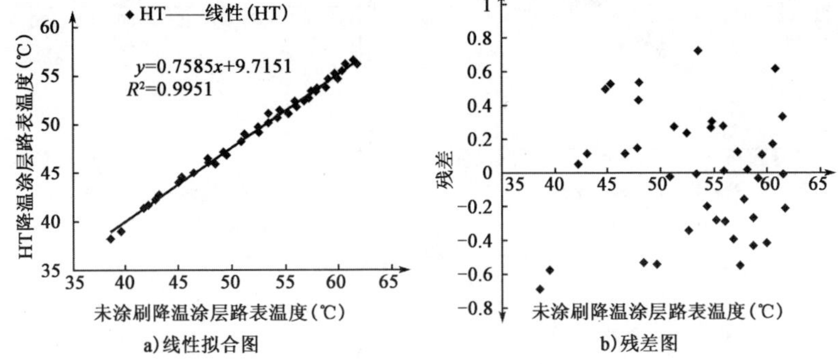

图 3-15 HT 降温涂层试件表面测温数据分析

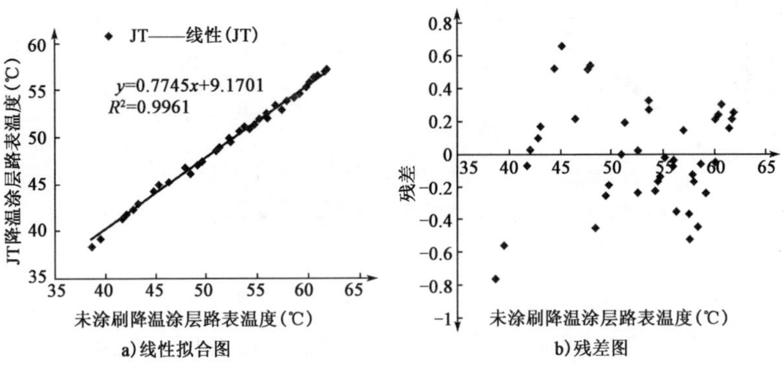

图 3-16 涂刷 JT 降温涂层试件表面测温数据分析

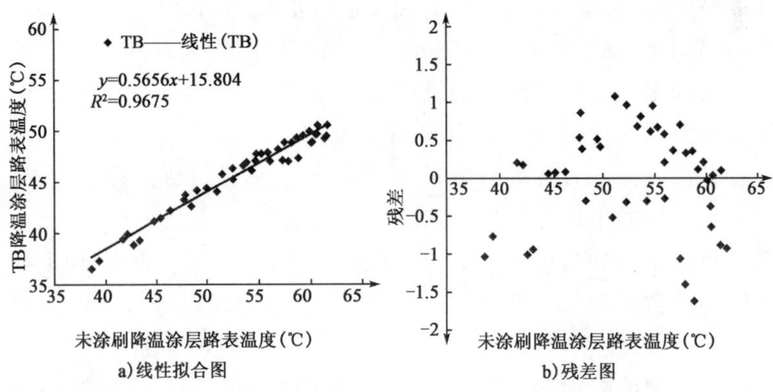

图 3-17 TB 降温涂层试件表面测温数据分析

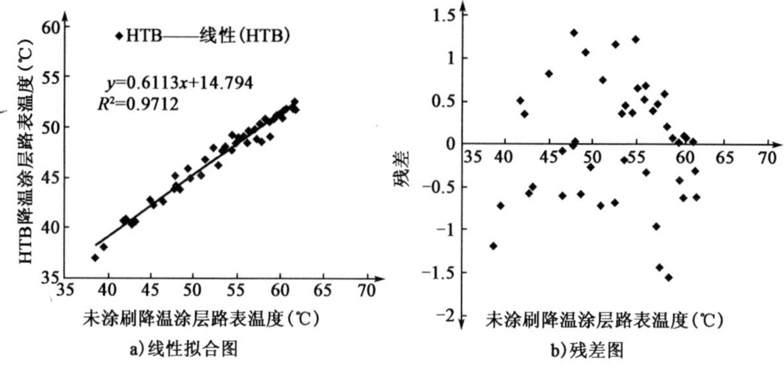

a)线性拟合图　b)残差图

图 3-18　HTB 降温涂层试件表面测温数据分析

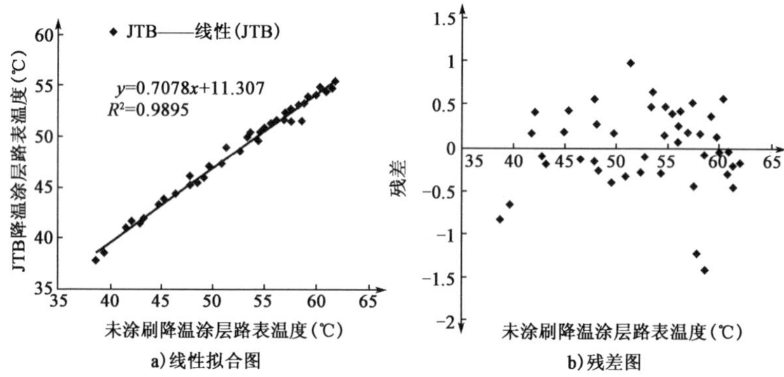

a)线性拟合图　b)残差图

图 3-19　JTB 降温涂层试件表面测温数据分析

分析图 3-15～图 3-19 可知,环保型路用降温涂层试件表面测温数据回归曲线相关系数均在 0.96 以上,能够根据未涂刷环保型路用降温涂层试件表面测温数据对环保型路用降温涂层试件表面温度进行很好的估计和预测。由回归曲线的趋势及降温幅度预测可知,环保型路用降温涂层试件表面降温幅度随着未涂刷环保型路用降温涂层试件路表温度的升高逐渐增大,当未涂刷环保型路用降温涂层试件表面温度达到 60℃,其降温幅度均在 5℃以上。

"残差图"是以回归方程的自变量为横坐标,以残差为纵坐标,将每个自变量的残差描绘在该平面坐标上所形成的图形。当描绘的点围绕残差等于 0 的直线上下随机散布,说明回归直线对原观测值的拟合情况良好。否则,说明回归直线对原观测值的拟合不理想。从图 3-20～图 3-24 中的残差分析可以直观地看出残差的绝对数值都比较小,所描绘的点都在以 0 为横轴的直线上下随机散布,回归直线对各个观测值的拟合情况是良好的,表明自变量与因变量之间有显著的线性相关关系。

(2)环保型路用降温涂层中部测温数据回归分析。

环保型路用降温涂层试件中部温度拟合关系,如图 3-20～图 3-24 所示。

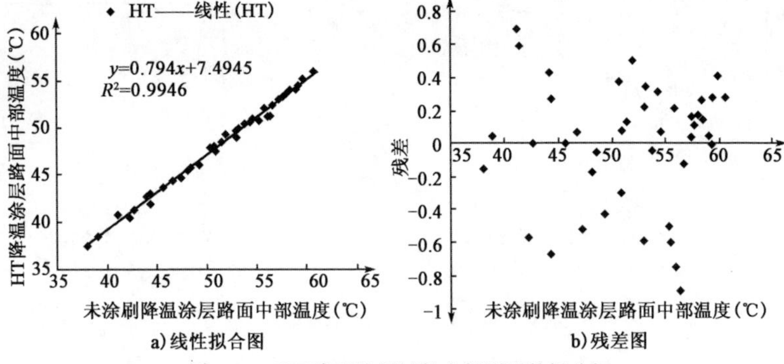

图 3-20 HT 降温涂层试件中部测温数据分析

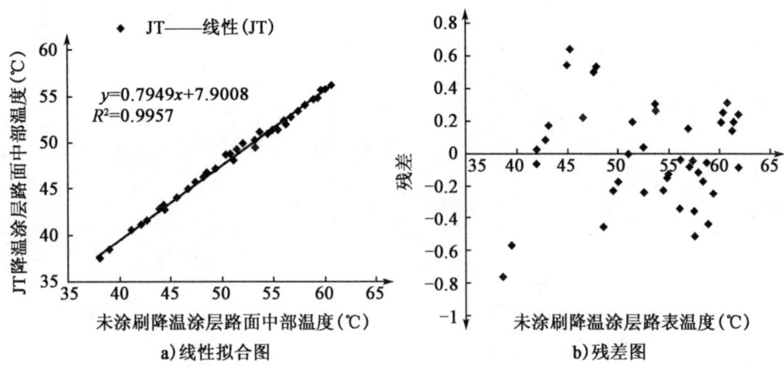

图 3-21 JT 降温涂层试件中部测温数据分析

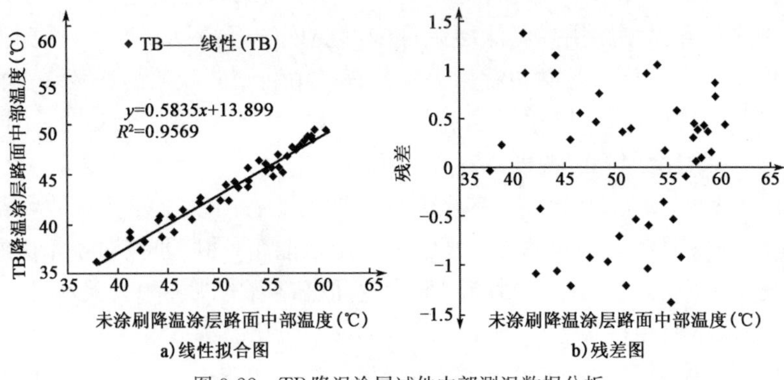

图 3-22 TB 降温涂层试件中部测温数据分析

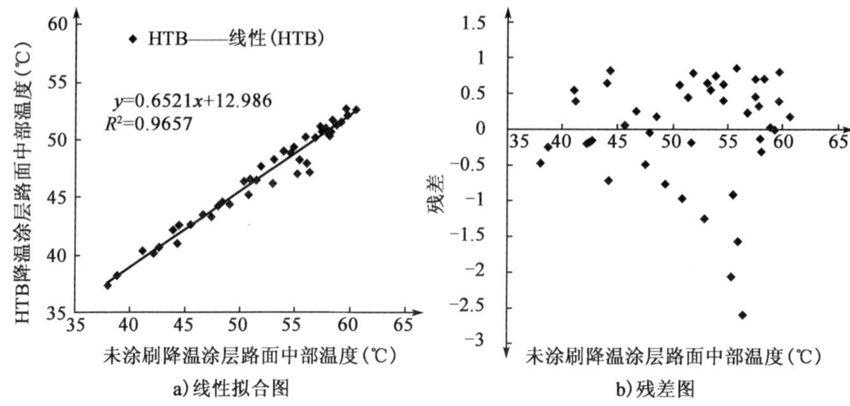

图 3-23 HTB 降温涂层试件测温数据分析

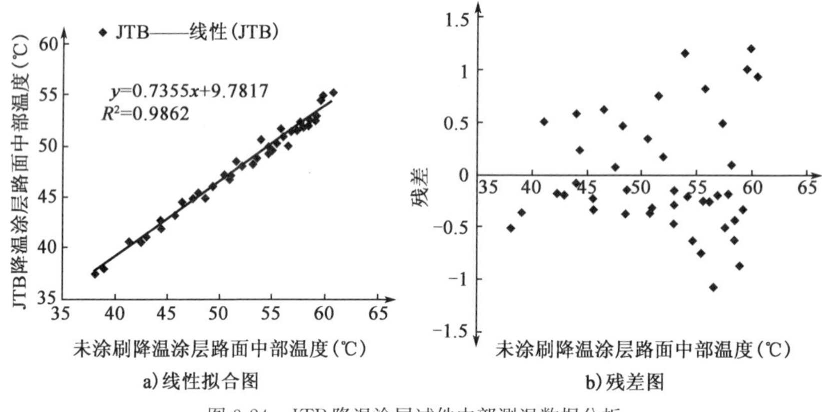

图 3-24 JTB 降温涂层试件中部测温数据分析

分析图 3-20～图 3-24 可知，不同类型环保型路用降温涂层试件中部降温幅度随着未涂刷环保型路用降温涂层试件中部温度的升高逐渐增大，回归曲线相关系数均在 0.95 以上，表明两者相关性良好。由回归曲线的趋势及降温幅度预测可知，当未涂刷环保型路用降温涂层试件的中部温度达到 60℃时，不同类型环保型路用降温涂层降温幅度均在 5℃以上。

从图 3-20～图 3-24 中的残差分析可以直观地看出残差的绝对数值都比较小，所描绘的点都在以 0 为横轴的直线上下随机散布，回归直线对各个观测值的拟合情况是良好的，表明自变量与因变量之间有显著的线性相关关系。

(3)环保型路用降温涂层下部测温数据回归分析。

环保型路用降温涂层试件下部温度拟合关系，如图 3-25～图 3-29 所示。

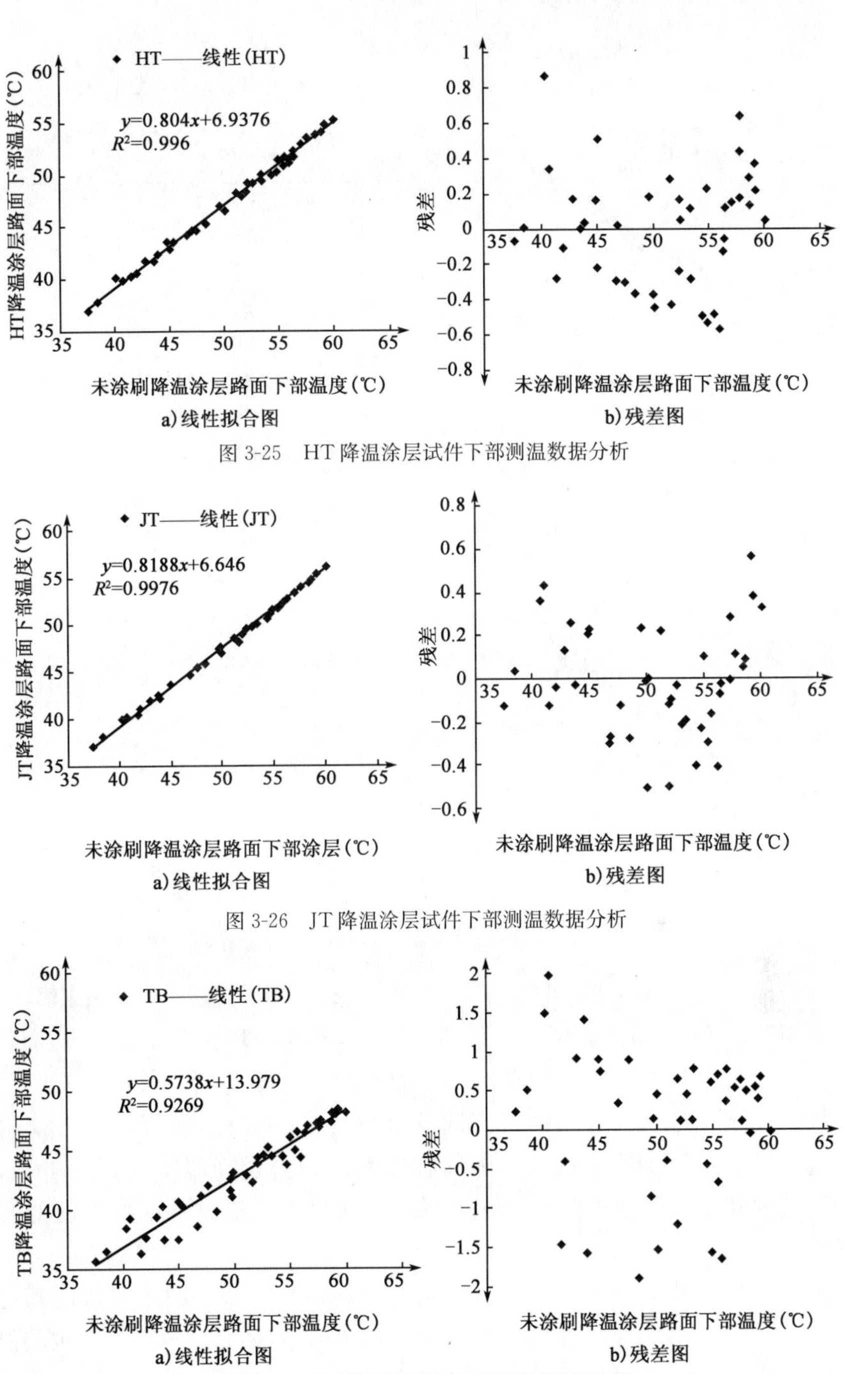

图 3-25　HT 降温涂层试件下部测温数据分析

图 3-26　JT 降温涂层试件下部测温数据分析

图 3-27　TB 降温涂层试件下部测温数据分析

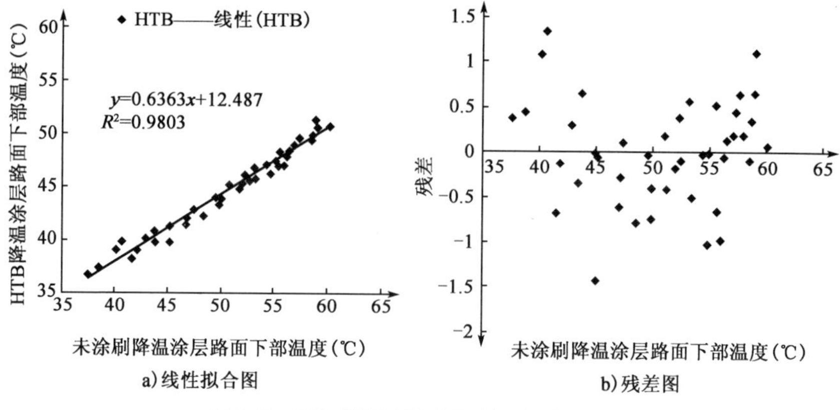

图 3-28 HTB 降温涂层试件下部测温数据分析

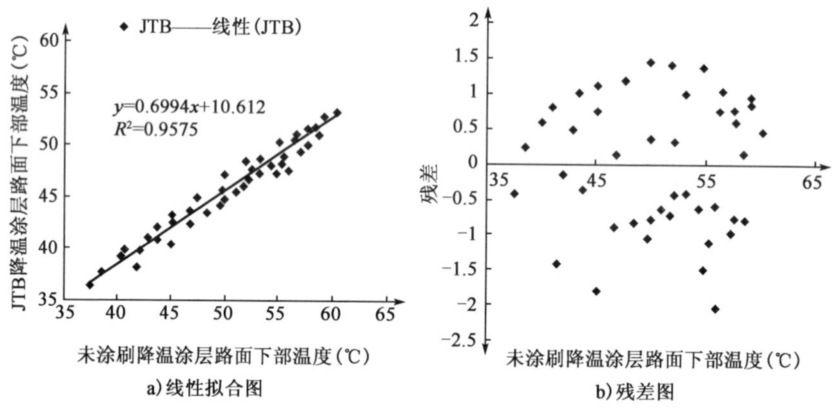

图 3-29 JTB 降温涂层试件下部测温数据分析

分析图 3-25～图 3-29 可知，不同类型环保型路用降温涂层线性拟合图中各点集中分布于直线两侧，线性趋势明显。不同类型环保型路用降温涂层试件下部测温数据与未涂刷环保型路用降温涂层试件下部测温数据回归曲线相关系数均在 0.92 以上，表明两者之间具有良好的相关性，可以根据自变量对因变量进行很好的估计和预测。由回归曲线的趋势及降温幅度预测可知，降温涂层试件底部降温幅度随未涂刷环保型路用降温涂层试件底部温度的升高逐渐增大。

从图 3-25～图 3-29 中的残差分析可以直观地看出残差的绝对数值都比较小，所描绘的点都在以 0 为横轴的直线上下随机散布，回归直线对各个观测值的拟合情况是良好的，表明自变量与因变量之间有显著的线性相关关系。

2)环保型路用降温涂层室外降温效果预估

(1)环保型路用降温涂层降温幅度预估方程。

不同类型环保型路用降温涂层降温幅度预估方程,见表 3-3。

降温幅度预估方程汇总 表 3-3

位置 \ 项目类型	降温幅度预估方程	相关系数(R^2)
沥青路面表面位置	$\Delta T_{HT}=0.2415T_{未涂刷}-9.7151$	0.9951
	$\Delta T_{JT}=0.2255\ T_{未涂刷}-9.1701$	0.9961
	$\Delta T_{TB}=0.4344\ T_{未涂刷}-15.804$	0.9675
	$\Delta T_{HTB}=0.3887T_{未涂刷}-14.794$	0.9712
	$\Delta T_{JTB}=0.2922\ T_{未涂刷}-11.307$	0.9895
沥青路面中部位置	$\Delta T_{HT}=0.206\ T_{未涂刷}-7.4945$	0.9946
	$\Delta T_{JT}=0.2051\ T_{未涂刷}-7.9008$	0.9957
	$\Delta T_{TB}=0.4165\ T_{未涂刷}-13.899$	0.9569
	$\Delta T_{HTB}=0.34783\ T_{未涂刷}-12.986$	0.9657
	$\Delta T_{JTB}=0.2645\ T_{未涂刷}-9.7817$	0.9862
沥青路面下部位置	$\Delta T_{HT}=0.196\ T_{未涂刷}-6.9376$	0.996
	$\Delta T_{JT}=0.1812\ T_{未涂刷}-6.646$	0.9976
	$\Delta T_{TB}=0.4262\ T_{未涂刷}-13.979$	0.9269
	$\Delta T_{HTB}=0.3637\ T_{未涂刷}-12.487$	0.9803
	$\Delta T_{JTB}=0.3006\ T_{未涂刷}-10.612$	0.9575

注:ΔT 为环保型路用降温涂层的降温幅度。

根据表 3-3 的不同类型环保型路用降温涂层降温幅度预估方程,利用 MAT LAB R2013a得出其不同层位降温幅度预估方程图,环保型路用降温涂层降温幅度预估方程图如图 3-30 所示。

分析表 3-3 和图 3-30 可知,环保型路用降温涂层试件的表面、中部及下部降温幅度均呈线性增长,不同类型环保型路用降温涂层测温数据预估方程相关系数最高可达 0.99 以上,具有良好的相关性,可以准确预测环保型路用降温涂层的降温幅度。

(2)不同类型环保型路用降温涂层室外降温效果对比。

不同类型环保型路用降温涂层的降温效果对比,如图 3-31 所示。

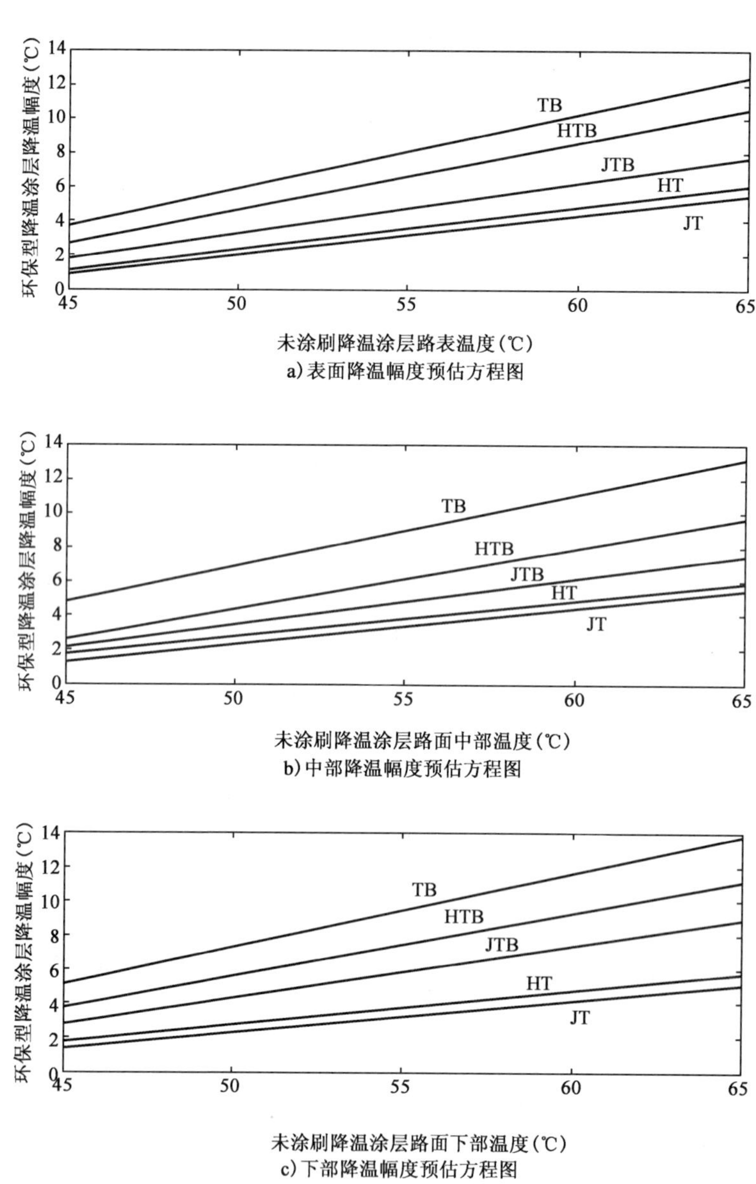

图 3-30　环保型路用降温涂层路面不同层位降温幅度预估方程图

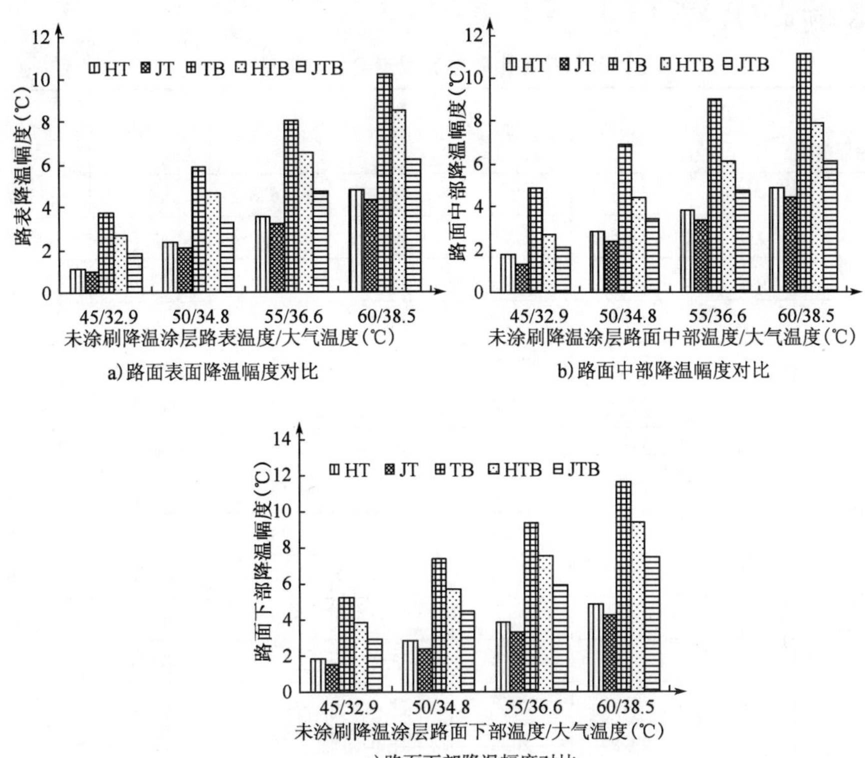

a)路面表面降温幅度对比

b)路面中部降温幅度对比

c)路面下部降温幅度对比

图 3-31　不同类型环保型路用降温涂层路面降温幅度对比

由图 3-31 分析可知，不同类型环保型路用降温涂层降温效果随路面温度的升高逐渐增大。在 60℃条件下，HT 降温涂层的表面降温幅度为 4.7℃，JT 降温涂层表面降温幅度为 4.3℃，TB 降温涂层表面降温幅度为 10.2℃，HTB 降温涂层表面降温幅度可达到 8.5℃，JTB 降温涂层表面降温幅度为 6.2℃；HT 降温涂层和 JT 降温涂层中部降温幅度在 4.5℃左右，TB 降温涂层和 HTB 降温涂层中部降温幅度可达到 7.5℃以上，JTB 降温涂层中部降温幅度为 6.0℃；HTB 和 JTB 降温涂层下部降温效果分别可达 9.3℃和 7.4℃，TB 降温涂层下部降温幅度为 11.5℃，HT 和 JT 降温涂层的降温效果也均在 4℃以上。

3.4　道路用绿色环保型降温涂层室内降温效果

根据室内环保型路用降温涂层降温效果测试方法，对环保型路用降温涂层的室内降温效果进行测试。环保型路用降温涂层室内试验效果的试验结果如

表 3-4所示。

室内环保型路用降温涂层测温数据汇总(℃) 表 3-4

涂层类型 \ 环境温度		20	30	40	50	60	70
未涂刷	表	25.4	32.1	38.7	46.3	55.4	65.3
	中	24.6	29	36.4	43.9	52.3	60.2
	下	23.2	28.1	34.5	42.3	49.8	57.9
HT 降温涂层	表	24.9	30.5	36.3	42.6	49.9	58.9
	中	24.3	27.6	33.1	39.7	47.2	54.3
	下	22.8	26.6	32.2	38.7	44.4	51.6
JT 降温涂层	表	25.1	30.7	36.6	43	50.7	60
	中	24.4	27.8	33.6	39.9	47.8	54.9
	下	23	26.9	32.4	38.9	45.3	52.6
TB 降温涂层	表	23.7	28.5	33.4	37.8	45.1	52.4
	中	23.1	25.6	31.3	35.6	42.2	47.8
	下	21.5	24.5	29.2	33.8	39.5	45
HTB 降温涂层	表	24.3	29.2	34.3	39.8	46.6	55
	中	23.8	26.3	31.9	36.9	43.7	50.4
	下	22.3	25.4	30.3	36	41.2	47.8
JTB 降温涂层	表	24.5	29.5	34.8	40.6	47.6	56.1
	中	23.9	26.5	31.8	38.4	44.7	51.3
	下	22.5	25.6	29.9	36.5	42.2	49

3.4.1 环保型路用降温涂层表面降温效果

分析图 3-32 及图 3-33 可知，在 20℃起始温度时，不同类型的环保型路用降温涂层试件表面温度变化趋势基本保持一致，随着自控温性能测试装置设定温度逐渐升高，不同类型环保型路用降温涂层的表面降温效果逐步增强，当自控温性能测试装置设定温度达到 70℃时，TB 降温涂层、HTB 降温涂层和 JTB 降温涂层表面温度要比未涂刷降温涂层试件的表面温度分别低 12.2℃、10.3℃和8.1℃，HT 降温涂层和 JT 降温涂层的表面降温效果分别为 5.4℃和 5.0℃。

3.4.2 环保型路用降温涂层中部降温效果

分析图3-34及图3-35可知，随着自控温性能测试装置设定温度的升高，不同类型环保型路用降温涂层的中部降温效果逐步增强，当自控温性能测试装置设定温度达到70℃时，TB降温涂层、HTB降温涂层和JTB降温涂层中部温度要比未涂刷降温涂层试件的中部温度分别低11.8℃、9.8℃和8.0℃，HT和JT降温涂层的中部降温效果分别为5.3℃和4.9℃。

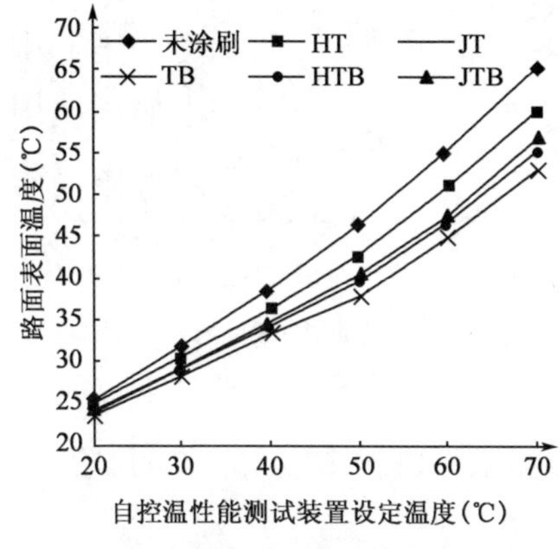

图3-32 不同类型降温涂层表面温度

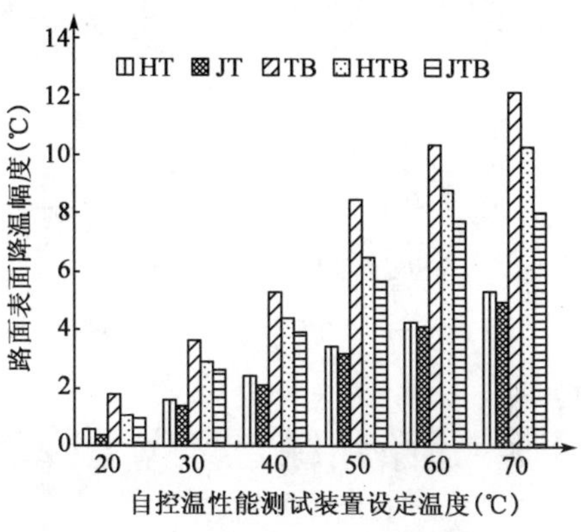

图3-33 不同类型降温涂层表面降温幅度

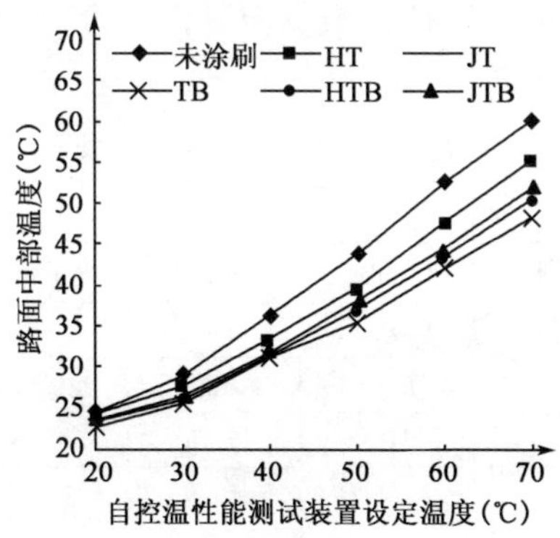

图3-34 不同类型降温涂层中部温度图

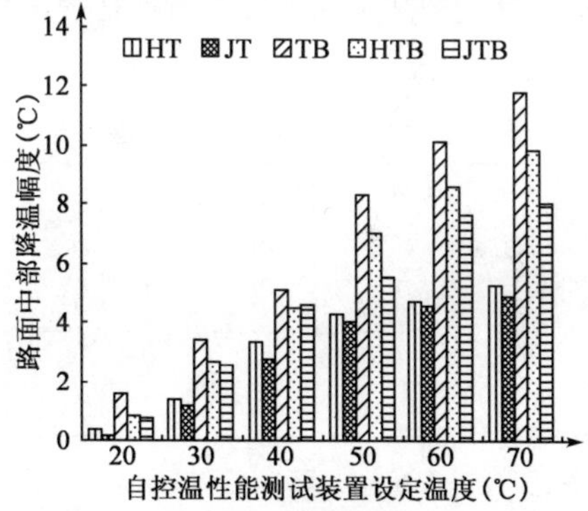

图3-35 不同类型降温涂层中部降温幅度

3.4.3 环保型路用降温涂层下部降温效果

分析图3-36及图3-37可知，随着自控温性能测试装置设定温度的升高，降温涂层降温效果逐步增强，当环境温度达到70℃，TB降温涂层、HTB降温涂层和JTB降温涂层下部温度要比未涂刷降温涂层试件的下部温度分别低11.3℃、

10.1℃和8.2℃，HT和JT降温涂层的下部降温效果分别为5.8℃和5.3℃，均保持在5℃以上，表明不同类型环保型路用降温涂层降温效果良好，能够在高温条件下明显降低路面温度。

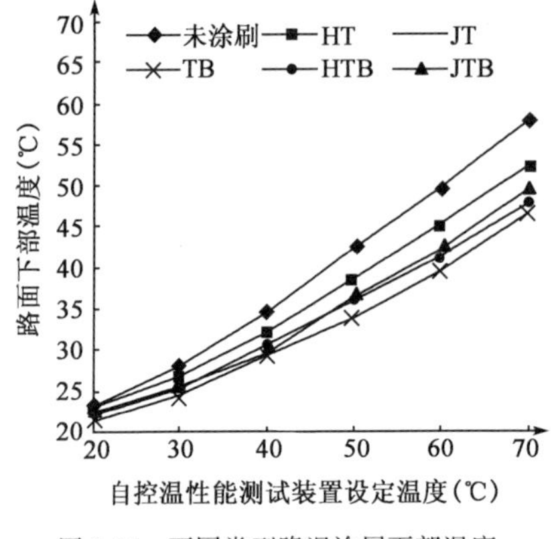

图3-36 不同类型降温涂层下部温度

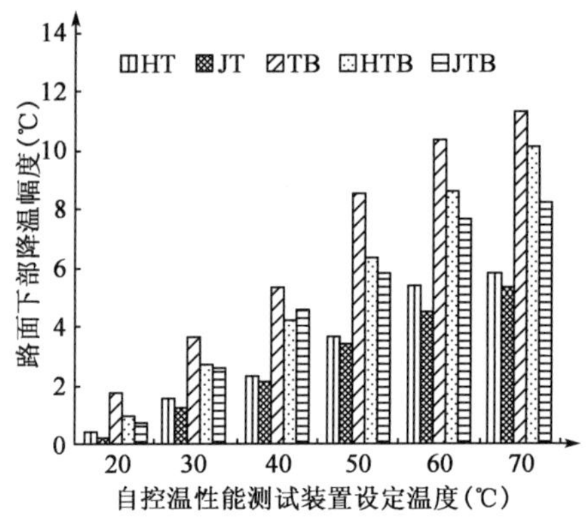

图3-37 不同类型降温涂层下部降温幅度

3.5 道路用绿色环保型降温涂层室内外降温效果对比

为深入研究不同类型环保型路用降温涂层室内外降温性能，对其室内外降温效果进行对比研究，室内外环保型路用降温涂层测温数据及降温幅度对比如表3-5所示。

环保型路用降温涂层室内外测温数据及降温幅度(℃)　　表3-5

条件 \ 类型		室内			室外		
		表面	中部	下部	表面	中部	下部
测温数据	未涂刷	55	60	50	55	60	50
	HT	51.1	54.9	45	51.4	55.1	47.2
	JT	51.3	55.3	45.2	51.8	55.6	47.6
	TB	45.1	48.4	39.5	46.9	48.9	43.1
	HTB	46.6	50.4	41	48.4	52.1	45.6
	JTB	47.6	52.2	41.9	50.2	53.9	46.6
降温幅度	HT	4.3	5.3	4.8	3.6	4.9	2.8
	JT	4.1	4.9	4.6	3.2	4.4	2.4
	TB	10.3	11.8	10.3	8.1	11.1	6.9
	HTB	8.8	9.8	8.8	6.6	7.9	4.4
	JTB	7.8	8.0	7.9	4.8	6.1	3.4

不同类型环保型路用降温涂层室内外对比，如图 3-38 所示。

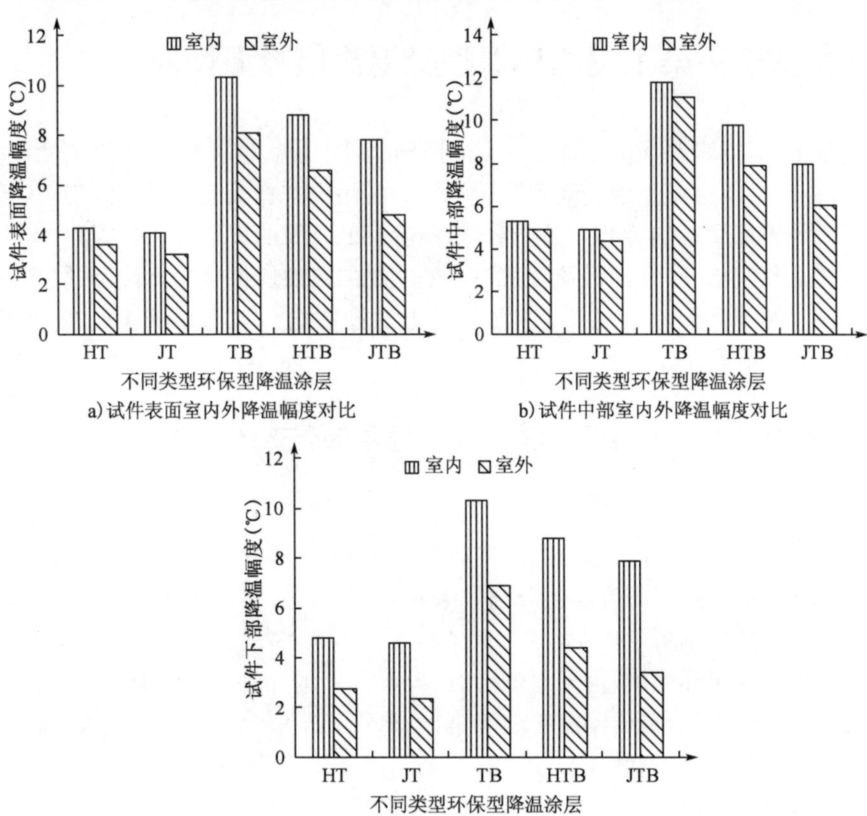

图 3-38 不同类型环保型路用降温涂层试件室内外降温幅度对比

分析表 3-12 和图 3-38 可知：

不同类型环保型路用降温涂层试件的表面、中部、下部的室内降温幅度均高于室外降温幅度，HT 和 JT 降温涂层室内降温幅度比室外降温幅度分别高 2℃和 2.2℃，TB 降温涂层室内降温幅度比室外降温幅度高 3.4℃，HTB 和 JTB 降温涂层的室内降温幅度比室外降温幅度分别高 4.4℃和 4.5℃。

掺加单一类型功能性材料的降温涂层室内外降温幅度差异较明显小于掺加复配类型功能性材料的降温涂层。HT 和 JT 降温涂层室内外降温幅度差异相对较小，HTB 和 JTB 降温涂层室内外降温幅度差异基本是两种单一类型降温涂层室内外降温幅度差异之和，说明功能性材料对室内外降温幅度差异有显著影响。同时，室外温度变化、风速等外界环境对降温涂层室内外降温幅度差异也有一定影响。

3.6 基于污染工况的环保型降温涂层降温性能

目前,对沥青路面降温涂层的应用研究多限于短期研究,在长期应用过程中,降温涂层不可避免地会受到路面污染物的污染。降温涂层受到污染后,会对其降温效果产生影响,而降温性能是降温涂层最重要的性能之一。因此,本章通过构建大气尘土、车辆油污及酸雨等污染工况的室内模拟试验环境,系统测试不同污染工况下降温涂层的降温效果,确定污染物对降温涂层降温性能的影响程度。

3.6.1 基于尘土污染工况的环保型涂层降温效果

现有路面降温材料的降温性能易受路表尘土污染物影响,导致降温效果降低,无法满足我国路面降温材料应用要求。基于此,本节系统研究尘土污染状况下的室外环保型路用降温涂层降温效果。

1)尘土材料制备及撒布方式

在道路使用环境中,由于车辆行驶、风等因素的作用,会将自然环境中的尘土转移到路面表面,造成路面表面污染,当降温涂层表面受到尘土污染后,可能对其降温功效造成不利影响。因此,需全面研究尘土污染对降温涂层降温功效的影响规律。

(1)尘土材料制备。

对覆盖在路面上的灰尘进行筛分试验,得出路面表面的灰尘粒径主要集中于0.15mm筛下,为了更好地模拟道路尘土污染状况,收集并采用粒径0.15mm筛下道路表面的尘土材料,保证尘土材料的组成合理性。制备方法主要如下:首先称取适量的尘土材料,将其放入0.15mm圆孔筛上,置于摇筛机上进行筛分,筛分结束后,将筛底上的尘土材料再次过筛后作为尘土污染测温试验的主要材料。

(2)尘土撒布方式确定。

在道路环境中,尘土会因风、汽车等因素作用而分布于路面表面。为更好地模拟该类状况,将一定质量的尘土盛放在带孔的容器中,并在车辙板试件上方均匀撒布尘土,使其均布于涂刷有降温涂层的车辙板试件表面,并将降温涂层表面完全遮盖。

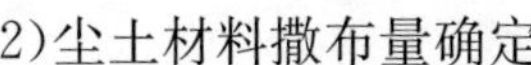

2)尘土材料撒布量确定

尘土撒布量根据尘土在路表实际分布情况确定，通过在车辙板试件表面撒布尘土，得出当尘土完全遮盖降温涂层表面时所用尘土的质量。采用 Matlab 区域填充功能确定撒布的尘土材料是否全面覆盖降温涂层表面。

(1)Matlab 区域填充原理。

区域填充以集合的膨胀、求补和交集为基础。设 A 表示一个包含子集的集合，其子集的元素均是区域的 8 连通边界点。区域填充的目的是从边界内的一个点开始，用 1 填充整个区域。按照惯例，所有非边界(背景)点标记为 0，则以将 1 赋给 p 开始。下列过程将整个区域用 1 填充。

$$X_k=(X_{k-1}+\mathrm{B})\cap Ac, k=1,2,3,\cdots$$

其中，$X_0=p$，采用 3×3 的十字形结构元素。如果 $X_k=X_{k-1}$，则算法在迭代的第 k 步结束。X_k 和 A 的并集包含被填充的集合和它的边界。

在 Matlab 的图像处理工具箱中提供了 imfill 函数用于对图像的区域进行填充。其调用格式为

BW2=imfill(BW)：对图像 BW 进行区域填充。

[BW2,locations]=imfill(BW)：对图像 BW 进行区域填充，并返回 imfill 函数填充所有像素点的线性索引 locations。

BW2=imfill(BW,locations)：根据 locations 里待定的点获取填充的起始坐标。

BW2=imfill(BW,'holes')：用来填充输入图像中的孔洞，即将这些像素点的值有 0 改为 1。

I2= imfill(I)：对灰度图像进行填充。

BW2= imfill(BW,locations,conn)：参数 conn 表示使用的连接规则，其取值如表 3-6 所示。

参数 conn 的取值　　表 3-6

维　　数	参 数 值	说　　明
二维	4	4 邻域
	8	8 邻域
三维	6	6 邻域
	18	18 邻域
	26	26 邻域

(2)降温涂层表面尘土材料覆盖率。

采用 Matlab 区域填充功能,对降温涂层表面尘土材料分别为 50g、100g 和 150g 时进行全面分析,确定尘土材料全面覆盖降温涂层表面时的质量。

分析图 3-39 和图 3-40 可知,降温涂层表面尘土材料为 50g 时,Matlab 处理后的图像中黑色区域依然占据较大比例,黑色区域代表未被尘土材料覆盖的区域;降温涂层表面尘土材料为 100g 时,Matlab 处理后的图像全部呈现白色,表明当所用尘土材料的质量为 100g 时,可以完全将降温涂层表面覆盖。故分别测试 50g、100g、150g 尘土材料撒布情况下对降温涂层降温效果的影响。

a)表面覆盖50g尘土材料

b)Matlab 处理后图像

图 3-39 表面覆盖 50g 尘土材料图像 Matlab 处理前后效果

a)表面覆盖100g尘土材料

b)Matlab 处理后图像

图 3-40 表面覆盖 100g 尘土材料图像 Matlab 处理前后效果

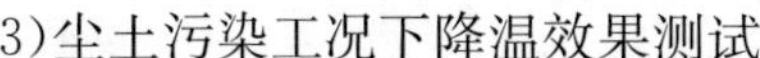

3)尘土污染工况下降温效果测试

将集料过筛，制备所需的尘土试样，根据撒布量方案，称取合适质量的尘土，装入带孔的容器中，在车辙试件上方均匀撒布尘土，使其均布于降温涂层试件表面。在此基础上，按照环保型路用降温涂层室外测试步骤进行降温效果测试。50g、100g、150g 尘土材料撒布情况下降温涂层表面覆盖状况如图 3-41 所示。

a)污染50g尘土

b)污染100g尘土

c)污染150g尘土

图 3-41 环保型路用降温涂层表面不同污染状况

4)尘土污染与未污染工况下降温涂层降温效果预估研究

根据测温数据回归拟合尘土污染与未污工况下不同类型环保型路用降温涂层降温效果预估方程，不同类型环保型路用降温涂层降温幅度预估方程见表3-7。

尘土污染与未污染状况下环保型路用降温涂层降温幅度预估方程汇总 表 3-7

项目类型 / 位置	降温幅度预估方程	相关系数
沥青路面表面位置	$\Delta T_{\text{HTB无污染}} = 0.3236\ T_{\text{未涂刷}} - 11.903$	0.9948
	$\Delta T_{\text{HT无污染}} = 0.2235\ T_{\text{未涂刷}} - 9.1537$	0.9982
	$\Delta T_{\text{TB无污染}} = 0.3732\ T_{\text{未涂刷}} - 13.294$	0.9953
	$\Delta T_{\text{HTB污染50g}} = 0.3272\ T_{\text{未涂刷}} - 12.381$	0.9963
	$\Delta T_{\text{HT污染50g}} = 0.2186\ T_{\text{未涂刷}} - 9.1622$	0.9989
	$\Delta T_{\text{TB污染50g}} = 0.2913\ T_{\text{未涂刷}} - 9.6945$	0.9912
	$\Delta T_{\text{HTB污染100g}} = 0.3142\ T_{\text{未涂刷}} - 12.175$	0.997
	$\Delta T_{\text{HT污染100g}} = 0.1981\ T_{\text{未涂刷}} - 8.4021$	0.9994
	$\Delta T_{\text{TB污染100g}} = 0.2923\ T_{\text{未涂刷}} - 10.264$	0.9937

续上表

位置 \ 项目类型	降温幅度预估方程	相关系数
沥青路面表面位置	$\Delta T_{HTB污染150g}=0.2977\ T_{未涂刷}-11.702$	0.9976
	$\Delta T_{HT污染150g}=0.1821\ T_{未涂刷}-7.8078$	0.9995
	$\Delta T_{TB污染150g}=0.2822\ T_{未涂刷}-10.428$	0.9965
沥青路面中部位置	$\Delta T_{HTB无污染}=0.364\ T_{未涂刷}-13.958$	0.995
	$\Delta T_{HT无污染}=0.1951\ T_{未涂刷}-7.0762$	0.9983
	$\Delta T_{TB无污染}=0.3843\ T_{未涂刷}-13.928$	0.9945
	$\Delta T_{HTB污染50g}=0.3229\ T_{未涂刷}-12.377$	0.9932
	$\Delta T_{HT污染50g}=0.1863\ T_{未涂刷}-6.8837$	0.9987
	$\Delta T_{TB污染50g}=0.2961\ T_{未涂刷}-10.465$	0.9943
	$\Delta T_{HTB污染100g}=0.3207\ T_{未涂刷}-12.579$	0.9962
	$\Delta T_{HT污染100g}=0.176\ T_{未涂刷}-6.6916$	0.9992
	$\Delta T_{TB污染100g}=0.2524\ T_{未涂刷}-9.1118$	0.997
	$\Delta T_{HTB污染150g}=0.2888\ T_{未涂刷}-11.455$	0.9978
	$\Delta T_{HT污染150g}=0.1729\ T_{未涂刷}-6.8406$	0.9994
	$\Delta T_{TB污染150g}=0.2443\ T_{未涂刷}-9.19$	0.9987
沥青路面下部位置	$\Delta T_{HTB无污染}=0.3494\ T_{未涂刷}-11.993$	0.9767
	$\Delta T_{HT无污染}=0.1934\ T_{未涂刷}-6.6308$	0.9969
	$\Delta T_{TB无污染}=0.413\ T_{未涂刷}-14.099$	0.9903
	$\Delta T_{HTB污染50g}=0.3515\ T_{未涂刷}-12.675$	0.9825
	$\Delta T_{HT污染50g}=0.1934\ T_{未涂刷}-6.8692$	0.9968
	$\Delta T_{TB污染50g}=0.3597\ T_{未涂刷}-12.85$	0.9969
	$\Delta T_{HTB污染100g}=0.3603\ T_{未涂刷}-13.583$	0.9923
	$\Delta T_{HT污染100g}=0.1861\ T_{未涂刷}-6.797$	0.9981
	$\Delta T_{TB污染100g}=0.2836\ T_{未涂刷}-10.007$	0.996
	$\Delta T_{HTB污染150g}=0.3253\ T_{未涂刷}-12.524$	0.9969
	$\Delta T_{HT污染150g}=0.1789\ T_{未涂刷}-6.7272$	0.9984
	$\Delta T_{TB污染150g}=0.2429\ T_{未涂刷}-8.7318$	0.9968

注：ΔT 为环保型路用降温涂层的降温幅度。

根据表 3-7 的不同类型环保型路用降温涂层降温幅度预估方程，利用 Matlab R2013a得出不同污染工况下环保型路用降温涂层降温幅度预估方程图。不同类型环保型路用降温涂层降温幅度预估方程图，如图 3-42 所示。

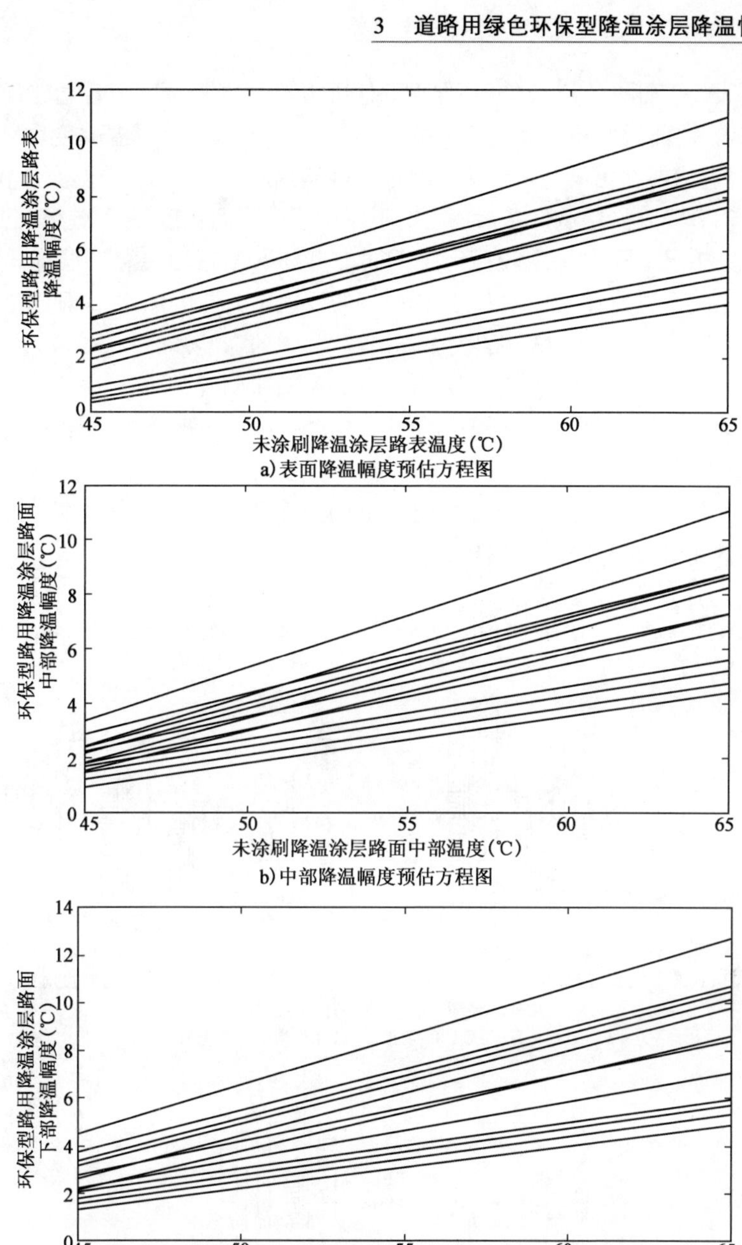

a)表面降温幅度预估方程图

b)中部降温幅度预估方程图

c)下部降温幅度预估方程图

图 3-42 环保型路用降温涂层路面不同层位降温幅度预估方程图

注:图中曲线由上到下依次为:TB 无污染,HTB 无污染,TB 污染 50g 尘土,HTB 污染 50g 尘土,HTB 污染 100g 尘土,HTB 污染 150g 尘土,TB 污染 100g 尘土,TB 污染 150g 尘土,HT 污染 50g 尘土,HT 污染 100g 尘土,HT 污染 150 尘土

分析表 3-7 和图 3-42 可知，环保型路用降温涂层降温幅度随普通路面温度的升高不断增大，环保型路用降温涂层试件的表面、中部及下部降温幅度均呈线性增长，HT 降温涂层在污染与未污染工况下的降温幅度均比 HTB 降温涂层和 TB 降温涂层低，TB 降温涂层试件在污染工况下不同层位降温幅度波动较大，HTB 降温涂层在污染工况下降温幅度较稳定。不同类型环保型路用降温涂层降温幅度预估方程的相关系数均在 0.9 以上，具有良好的线性相关性，可以准确预测涂刷不同类型环保型路用降温涂层试件的表面降温幅度、中部降温幅度及下部降温幅度。

5)尘土污染与未污染工况下降温涂层降温效果对比研究

根据表 3-7 拟合得到的环保型路用降温涂层污染工况下的降温幅度预估方程，计算出不同类型环保型路用降温涂层的降温幅度，全面评价不同类型环保型路用降温涂层污染工况下的降温性能。不同类型环保型路用降温涂层污染工况下的降温效果如图 3-43～图 3-45 所示。

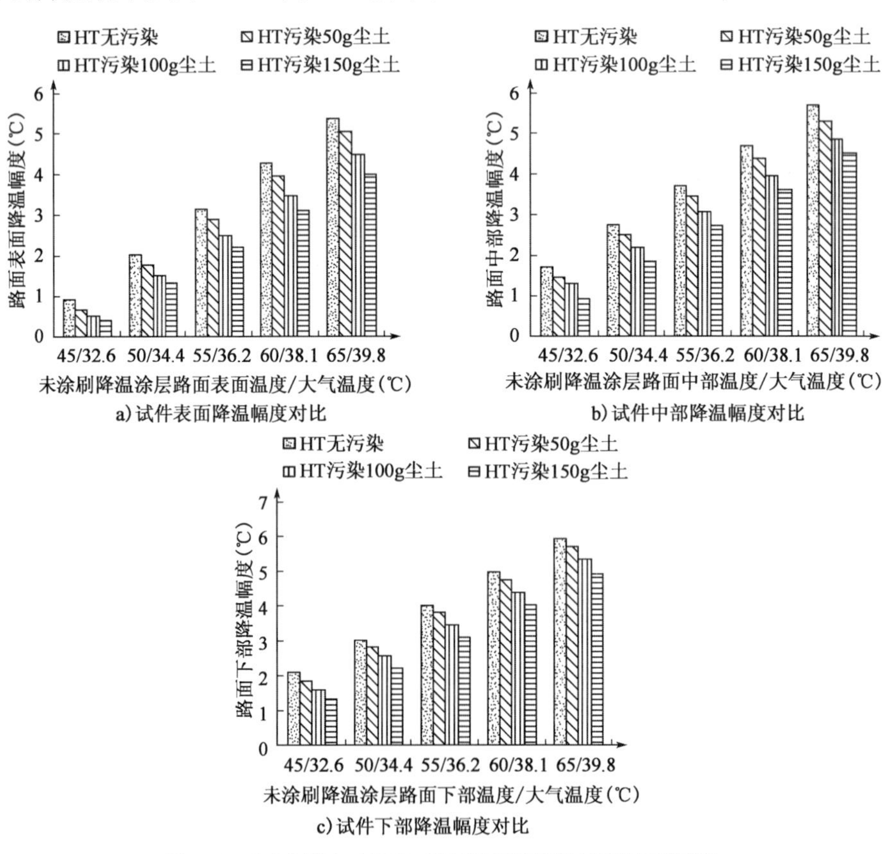

a) 试件表面降温幅度对比

b) 试件中部降温幅度对比

c) 试件下部降温幅度对比

图 3-43 尘土污染与未污染工况下 HT 降温涂层降温幅度对比

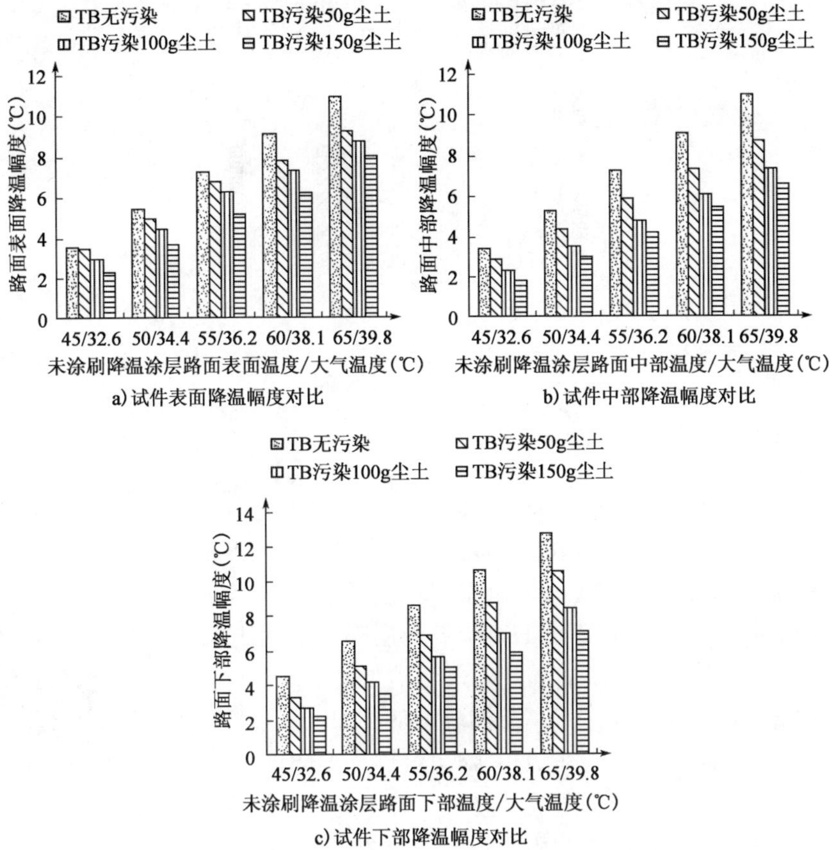

TB无污染 TB污染50g尘土
TB污染100g尘土 TB污染150g尘土
路面表面降温幅度(℃)
0 2 4 6 8 10 12
45/32.6 50/34.4 55/36.2 60/38.1 65/39.8
未涂刷降温涂层路面表面温度/大气温度(℃)

a)试件表面降温幅度对比

TB无污染 TB污染50g尘土
TB污染100g尘土 TB污染150g尘土
路面中部降温幅度(℃)
0 2 4 6 8 10 12
45/32.6 50/34.4 55/36.2 60/38.1 65/39.8
未涂刷降温涂层路面中部温度/大气温度(℃)

b)试件中部降温幅度对比

TB无污染 TB污染50g尘土
TB污染100g尘土 TB污染150g尘土
路面下部降温幅度(℃)
0 2 4 6 8 10 12 14
45/32.6 50/34.4 55/36.2 60/38.1 65/39.8
未涂刷降温涂层路面下部温度/大气温度(℃)

c)试件下部降温幅度对比

图 3-44 尘土污染与未污染工况下 TB 降温涂层降温幅度对比

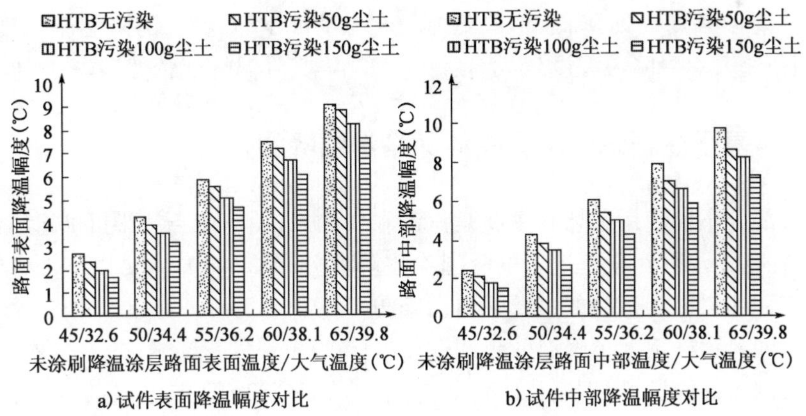

a)试件表面降温幅度对比 b)试件中部降温幅度对比

图 3-45

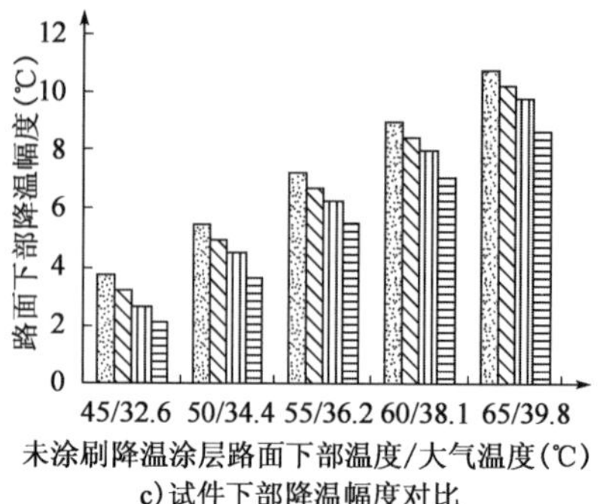

c)试件下部降温幅度对比

图 3-45　尘土污染与未污染工况下 HTB 降温涂层降温幅度对比

分析图 3-43～图 3-45 可知：

(1)在 50g 污染工况下,HT 降温涂层降温幅度比未污染工况下降温幅度低 0.4℃,TB 降温涂层降温幅度比未污染工况下降温幅度低 2.3℃,HTB 降温涂层降温幅度比未污染工况下降温幅度低 1.1℃。

(2)在 100g 污染工况下,HT 降温涂层降温幅度比未污染工况下降温幅度低 0.9℃,TB 降温涂层降温幅度比未污染工况下降温幅度低 4.3℃,HTB 降温涂层降温幅度比未污染工况下降温幅度低 1.4℃。

(3)在 150g 污染工况下,HT 降温涂层降温幅度比未污染工况下降温幅度低 1.3℃,TB 降温涂层降温幅度比未污染工况下降温幅度低 5.7℃,HTB 降温涂层降温幅度比未污染工况下降温幅度低 2.4℃。

(4)污染工况下 HTB 降温涂层和 HT 降温涂层降温幅度较未污染工况下的试件降温幅度有所降低,但降低幅度较小,TB 降温涂层的降温幅度变化较大,但由于其本身降温幅度较大,在污染工况下其降温性能依然良好。

3.6.2　基于油料污染工况的环保型涂层降温效果

大部分车辆使用的燃料主要是汽油和柴油,机动车还会使用机油进行润滑。因此,在基于油料污染工况下的降温涂层降温效果试验中,主要以汽油、柴油和机油三种油料作为试验的主要油料污染源。

1)油料污染工况下降温效果测试

将制备好的试件四周用蜡完全封闭,然后将涂有降温涂层的一面浸泡于 1cm 深的油料溶液中静置 60min,浸泡完成后取出,擦净试件周边污染溶液之后，按照室外降温效果测试步骤进行降温测试，如图 3-46 所示。

a)汽油污染工况

b)柴油污染工况

c)机油污染工况

图 3-46 环保型路用降温涂层表面不同油料污染工况

2)油料污染与未污染工况下降温涂层降温效果预估研究

根据测温数据回归拟合油料污染与未污染状况下不同类型环保型路用降温涂层降温效果预估方程，不同类型环保型路用降温涂层油料污染工况下降温幅度预估方程见表 3-8。

油料污染与未污染状况下环保型路用降温涂层降温幅度预估方程汇总 表 3-8

项目类型 / 位置	降温幅度预估方程	相关系数
沥青路面表面位置	$\Delta T_{HTB无污染}=0.2948\ T_{未涂刷}-9.6781$	0.9915
	$\Delta T_{HT无污染}=0.2054\ T_{未涂刷}-7.7113$	0.9981
	$\Delta T_{TB无污染}=0.3418\ T_{未涂刷}-10.825$	0.9925
	$\Delta T_{HTB汽油}=0.2992\ T_{未涂刷}-10.391$	0.9938

续上表

位置 \ 项目类型	降温幅度预估方程	相关系数
沥青路面表面位置	$\Delta T_{HT汽油}=0.1844\ T_{未涂刷}-7.2074$	0.9996
	$\Delta T_{TB汽油}=0.2646\ T_{未涂刷}-8.1497$	0.9889
	$\Delta T_{HTB机油}=0.2804\ T_{未涂刷}-10.78$	0.9969
	$\Delta T_{HT机油}=0.1321\ T_{未涂刷}-5.5421$	0.9992
	$\Delta T_{TB机油}=0.2603\ T_{未涂刷}-9.4191$	0.9931
	$\Delta T_{HTB柴油}=0.2578\ T_{未涂刷}-9.9899$	0.998
	$\Delta T_{HT柴油}=0.1151\ T_{未涂刷}-4.8338$	0.9983
	$\Delta T_{TB柴油}=0.756\ T_{未涂刷}-9.2478$	0.9972
沥青路面中部位置	$\Delta T_{HTB无污染}=0.329\ T_{未涂刷}-11.347$	0.9903
	$\Delta T_{HT无污染}=0.1758\ T_{未涂刷}-5.6482$	0.9972
	$\Delta T_{TB无污染}=0.3482\ T_{未涂刷}-11.217$	0.9903
	$\Delta T_{HTB汽油}=0.2791\ T_{未涂刷}-9.8687$	0.993
	$\Delta T_{HT汽油}=0.1542\ T_{未涂刷}-5.4752$	0.9994
	$\Delta T_{TB汽油}=0.2666\ T_{未涂刷}-9.1914$	0.9914
	$\Delta T_{HTB机油}=0.2663\ T_{未涂刷}-10.192$	0.9969
	$\Delta T_{HT机油}=0.1137\ T_{未涂刷}-4.4338$	0.9989
	$\Delta T_{TB机油}=0.1969\ T_{未涂刷}-7.4962$	0.9984
	$\Delta T_{HTB柴油}=0.2275\ T_{未涂刷}-8.7418$	0.9987
	$\Delta T_{HT柴油}=0.1039\ T_{未涂刷}-4.1159$	0.9982
	$\Delta T_{TB柴油}=0.1928\ T_{未涂刷}-7.4997$	0.9992
沥青路面下部位置	$\Delta T_{HTB无污染}=0.3098\ T_{未涂刷}-9.2023$	0.9721
	$\Delta T_{HT无污染}=0.1718\ T_{未涂刷}-5.1041$	0.9954
	$\Delta T_{TB无污染}=0.3706\ T_{未涂刷}-11.01$	0.9926
	$\Delta T_{HTB汽油}=0.3132\ T_{未涂刷}-10.44$	0.978
沥青路面下部位置	$\Delta T_{HT汽油}=0.1643\ T_{未涂刷}-5.6383$	0.9968
	$\Delta T_{TB汽油}=0.3249\ T_{未涂刷}-11.164$	0.9937
	$\Delta T_{HTB机油}=0.3063\ T_{未涂刷}-11.177$	0.9919
	$\Delta T_{HT机油}=0.1386\ T_{未涂刷}-5.2834$	0.9987
	$\Delta T_{TB机油}=0.2455\ T_{未涂刷}-9.0054$	0.9959

续上表

项目类型 / 位置	降温幅度预估方程	相关系数
沥青路面下部位置	$\Delta T_{HTB柴油}=0.269\ T_{未涂刷}-9.956$	0.998
	$\Delta T_{HT柴油}=0.125\ T_{未涂刷}-4.8834$	0.999
	$\Delta T_{TB柴油}=0.1732\ T_{未涂刷}-6.1058$	0.9973

注：ΔT 为环保型路用降温涂层的降温幅度。

分析表 3-8 可知，环保型路用降温涂层降温幅度随普通路面温度的升高不断增大，环保型路用降温涂层试件的表面、中部及下部降温幅度均呈线性增长，TB 和 HT 降温涂层试件在油料污染工况下不同层位降温幅度波动较大，HTB 降温涂层相对 TB 和 HT 降温涂层在污染工况下降温幅度较稳定。不同类型环保型路用降温涂层降温幅度预估方程的相关系数均在 0.9 以上，具有良好的线性相关性，可以准确预测不同类型环保型路用降温涂层试件的表面降温幅度、中部降温幅度及下部降温幅度。

3）油料污染与未污染工况下降温涂层降温效果对比研究

依据表 3-8 拟合得到的环保型路用降温涂层污染工况下的降温幅度预估方程，计算出不同类型环保型路用降温涂层的降温幅度，全面评价不同类型环保型路用降温涂层污染工况下的降温性能。不同类型环保型路用降温涂层污染工况下的降温效果，如图 3-47～图 3-49 所示。

分析图 3-47～图 3-49 可知：

（1）在汽油污染工况下，HT 降温涂层降温幅度下降 1.2℃，TB 降温涂层降温幅度下降 3.2℃，HTB 降温涂层降温幅度下降 1.7℃。

（2）在机油污染工况下，HT 降温涂层降温幅度下降 2.8℃，TB 降温涂层降温幅度下降 6.1℃，HTB 降温涂层降温幅度下降 2.9℃。

（3）在柴油污染工况下，HT 降温涂层降温幅度下降 3.1℃，TB 降温涂层降温幅度下降 7.9℃，HTB 降温涂层降温幅度下降 3.9℃。

（4）柴油对降温涂层降温性能的影响最大，其中 TB 降温涂层降温性能受污染影响最大，但由于其本身降温幅度较大，在油料污染工况下依然可以发挥一定的降温功效。在实际应用中应防止油料对降温涂层的污染，做到及时清理。

4）不同油料污染工况对环保型路用降温涂层表面性质的影响

鉴于油料污染对环保型路用降温涂层降温效果有较大影响，本节从油料污染对环保型路用降温涂层表面性质的影响方面，借助 Matlab 连通标注与选择功能，分析不同油料对环保型路用降温涂层降温效果影响的机理。

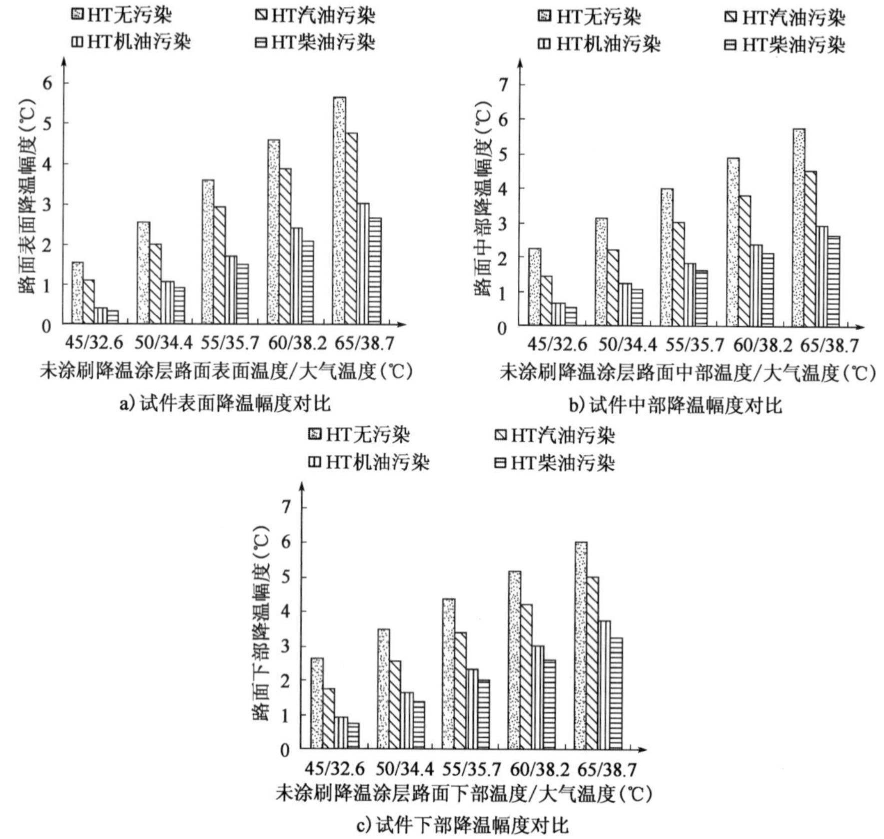

a) 试件表面降温幅度对比

b) 试件中部降温幅度对比

c) 试件下部降温幅度对比

图 3-47　油料污染与未污染工况下 HT 降温涂层降温幅度对比

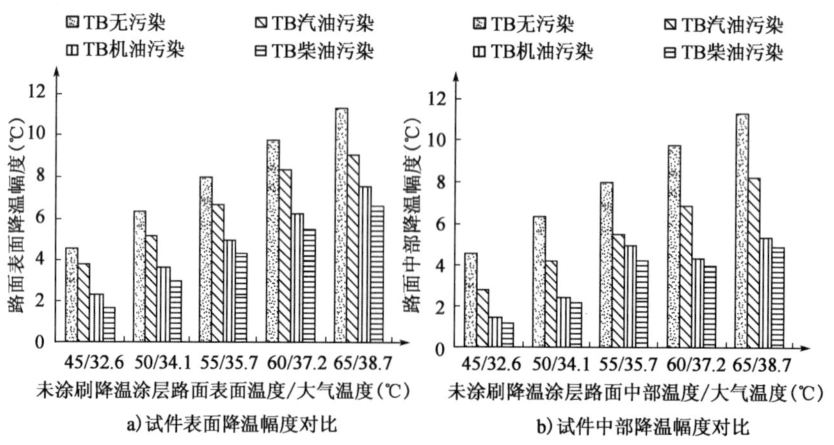

a) 试件表面降温幅度对比

b) 试件中部降温幅度对比

图 3-48

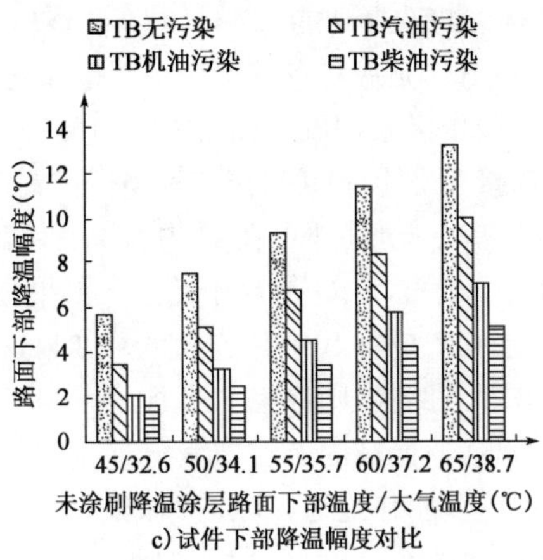

c)试件下部降温幅度对比

图 3-48 油料污染与未污染工况下 TB 降温涂层降温幅度对比

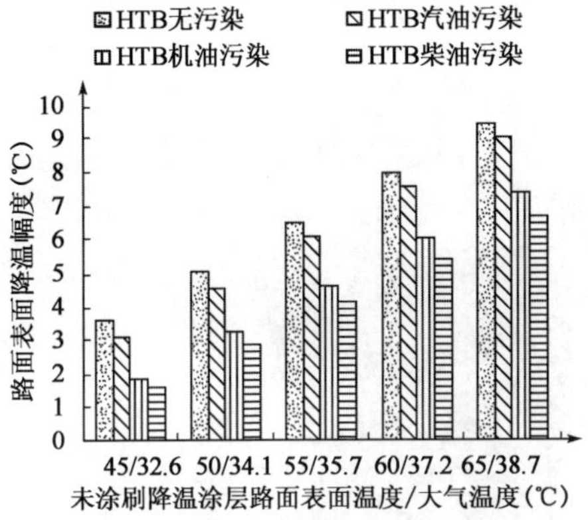

a)试件表面降温幅度对比

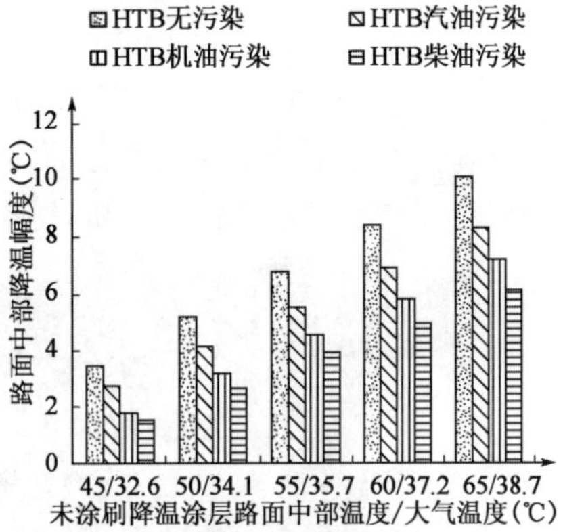

b)试件中部降温幅度对比

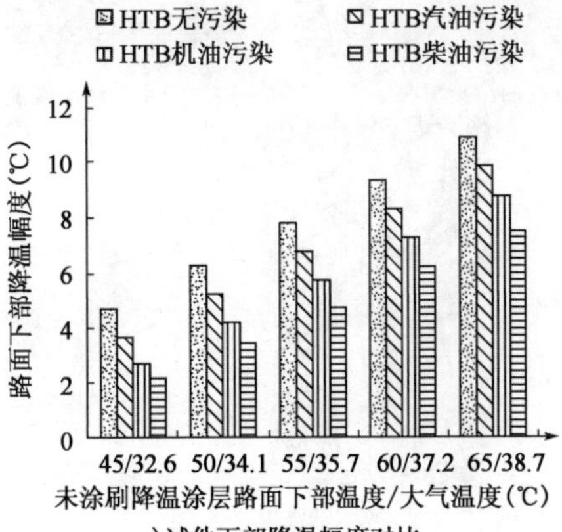

c)试件下部降温幅度对比

图 3-49 油料污染与未污染工况下 HTB 降温涂层降温幅度对比

(1)Matlab 连通标注与选择功能。

一幅数字图像可以看作是像素点的集合。邻接和连通是图像的基本集合特征之一,主要研究像素或由像素构成目标物之间的关系。图像中任一像素点(不在边缘上)通常有 4 邻接、6 邻接和 8 邻接三种坐标位置。设 A 和 B 为图像的两个子集,如果 A 中至少有一点,其邻点在 B 内,称 A 和 B 邻接。连通的定义如下:设 S 是图像中的一个子集,P、Q 是 S 中的点。如果从 P 到 Q 存在一个全部点都在 S 中的路径,则称 P、Q 在 S 中是连通的。如果这个路径是 4 邻点路径,则称 4 连通;如果是 8 邻点路径,则称为 8 连通。

对属于同一个像素连通区域的所有像素分配相同的编号,对不同的连通区域分配不同的编号的处理,叫作连通区域的标记。在 Matlab 工具箱中用 bwlabel 函数和 bwlabeln 函数执行连通区域标记操作,bwlabel 只支持二维图像输入,bwlabeln 支持任意维数的图像输入,函数返回的矩阵称为标记矩阵。标记矩阵是和输入图像同等大小的图像。

(2)油料污染对环保型路用降温涂层表面性质的影响。

对环保型路用降温涂层进行油料污染试验,并采集图像。对污染试验后环保型降温涂层图像进行模拟分析,结果如图 3-50 所示。

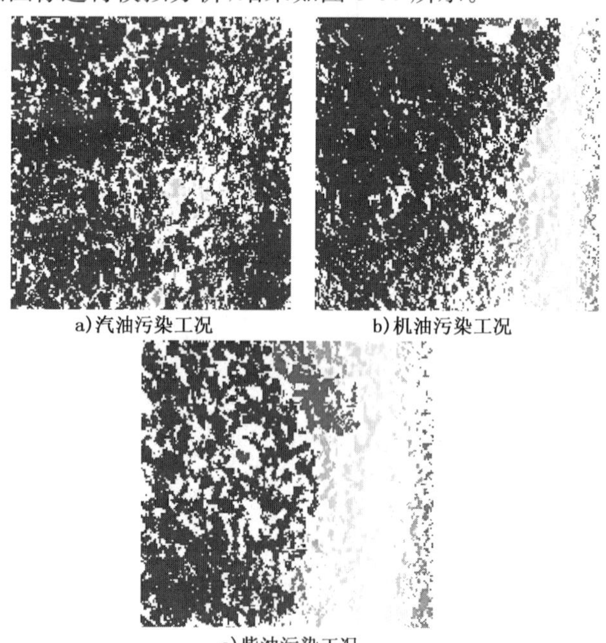

a)汽油污染工况 b)机油污染工况 c)柴油污染工况

图 3-50 环保型路用降温涂层表面不同油料污染工况模拟分析

图 3-50 中深色部分代表涂层表面原有性质，其他浅色代表涂层的表面性质被油料遮盖影响。由图 3-50 分析可以得出，汽油、机油和柴油对环保型路用降温涂层表面性质的影响依次增大，表明柴油对其降温效果的影响最大，与前述油料污染状况下的室外降温效果测试结果一致。这主要是由于汽油、机油和柴油对环保型路用降温涂层中降温功能性材料的能量转换起到抑制作用，影响了环保性降温涂层发挥能量转换功能，降低路面温度的效果。

3.6.3 基于化学腐蚀污染工况的环保型涂层降温效果

参照标准《建筑涂料 涂层耐碱性的测定》(GB/T 9265—2009)，对环保型路用降温涂层进行不同类型腐蚀液体浸泡试验，进行降温效果测试，全面分析环保型路用降温涂层在化学腐蚀工况下的降温性能。

1)化学腐蚀污染工况下降温效果测试

在制备完成的车辙板试件表面按照 0.8kg/m^2 的涂抹量涂布环保型路用降温涂层，进行化学腐蚀污染试验，模拟分析降温涂层在化学腐蚀污染试验之后的表面状况，测试环保型路用降温涂层在不同化学腐蚀污染工况下的降温效果。

(1)降温涂层化学腐蚀污染试验。

在温度为(23±2)℃条件下，在符合《分析实验室用水规格和试验方法》(GB/T 6682—2008)规定的三级水中分别加入过量的氢氧化钠(分析纯)和盐酸(分析纯)配制碱溶液和酸溶液并进行充分搅拌，密封放置 24h 后取上层清液作为试验用溶液。

取两块已经涂刷降温涂层并完全硬化的车辙板试件，用石蜡和松香混合物(质量比为 1∶1)将车辙板四周边缘和背面封闭，封边宽度 2～4mm，在两个不锈钢容器中分别加入氢氧化钠饱和溶液和盐酸饱和溶液，将涂刷降温涂层的一面浸入试验溶液中静置 60min，浸泡完成后取出试件，擦净试件周边污染溶液之后，按照室外降温效果测试步骤进行降温测试，如图 3-51 所示。

(2)降温涂层化学腐蚀污染试验模拟分析。

由于试验过程中取上层清液作为试验用溶液，所以无法直观看清酸碱溶液在降温涂层表面的具体情况，故采用 Matlab 的图像减法运算对酸碱溶液污染之后的降温涂层表面进行模拟分析。

图像减法也称为差分法，是一种常用于检测图像变化及运动物体的图像处理方法。图像减法可以作为许多图像处理过程的准备步骤。例如，可以使用图像减法来检测一系列相同场景的差异。图像减法处理图像时，往往需要考虑背景的更新机制，尽量补偿因天气、光照等因素对图像显示效果造成的影响。所以本次模拟分析所采用的原始图像均是在室内无光照条件下采集。

a) NaOH溶液污染工况

b) HCl溶液污染工况

图 3-51　环保型路用降温涂层表面不同化学腐蚀污染工况

Matlab 提供了 imsubtract 函数来实现图像减法运算。其调用格式为：

Z=imsubtract(X,Y)：Z 为输入图像 X 与输入图像 Y 相减的结果。减法操作有时会导致某些像素值变为一个负数，此时，该函数自动将这些负数截取为0。为避免差值产生负值或像素值运算结果之间产生差异，可以调用 imabsdiff 函数，该函数将计算两幅图像相应像素值的绝对值。

降温涂层化学腐蚀污染试验模拟分析结果，如图 3-52 和图 3-53 所示。

a) 原始图像

b) 模拟分析图像

图 3-52　环保型路用降温涂层表面 NaOH 溶液污染模拟分析结果

分析图 3-52 和图 3-53 可知，环保型路用降温涂层在 NaOH 溶液和 HCl 溶液污染试验之后，两种酸碱溶液均匀地分布于降温涂层表面，分布状况基本一致，为环保型路用降温涂层在化学腐蚀污染工况下降温效果的测试奠定基础。

a)原始图像

b)模拟分析图像

图 3-53 环保型路用降温涂层表面 HCl 溶液污染模拟分析结果

按照室外降温性能测试步骤进行环保型路用降温涂层在化学腐蚀污染工况下降温效果测试。

2)化学腐蚀污染与未污染工况下降温涂层降温效果预估研究

根据测温数据回归拟合化学腐蚀污染与未污染状况下不同类型环保型路用降温涂层降温效果预估方程，不同类型环保型路用降温涂层降温幅度预估方程见表 3-9。

化学腐蚀污染与未污染状况下环保型路用降温涂层降温幅度预估方程汇总 表 3-9

项目类型 / 位置	降温幅度预估方程	相关系数
沥青路面表面位置	$\Delta T_{HTB无污染}=0.3231\ T_{未涂刷}-12.162$	0.9952
	$\Delta T_{HT无污染}=0.2238\ T_{未涂刷}-9.3708$	0.9989
	$\Delta T_{TB无污染}=0.3724\ T_{未涂刷}-13.585$	0.9956
	$\Delta T_{NaOH溶液污染HTB}=0.3056\ T_{未涂刷}-12.712$	0.9991
	$\Delta T_{NaOH溶液污染HT}=0.1565\ T_{未涂刷}-6.9736$	0.998
	$\Delta T_{NaOH溶液污染TB}=0.3139\ T_{未涂刷}-12.634$	0.997
	$\Delta T_{HCl溶液污染HTB}=0.2875\ T_{未涂刷}-12.043$	0.9989
	$\Delta T_{HCl溶液污染HT}=0.1477\ T_{未涂刷}-6.7177$	0.9979
	$\Delta T_{HCl溶液污染TB}=0.2983\ T_{未涂刷}-12.166$	0.9954

续上表

位置 \ 项目类型	降温幅度预估方程	相关系数
沥青路面中部位置	$\Delta T_{HTB无污染}=0.3623\ T_{未涂刷}-14.191$	0.9946
	$\Delta T_{HT无污染}=0.1937\ T_{未涂刷}-7.1728$	0.9979
	$\Delta T_{TB无污染}=0.3816\ T_{未涂刷}-14.129$	0.9924
	$\Delta T_{NaOH溶液污染HTB}=0.2976\ T_{未涂刷}-12.379$	0.9982
	$\Delta T_{NaOH溶液污染HT}=0.1337\ T_{未涂刷}-5.524$	0.9973
	$\Delta T_{NaOH溶液污染TB}=0.2676\ T_{未涂刷}-10.929$	0.9965
	$\Delta T_{HCl溶液污染HTB}=0.2836\ T_{未涂刷}-11.591$	0.9991
	$\Delta T_{HCl溶液污染HT}=0.1231\ T_{未涂刷}-4.9559$	0.9987
	$\Delta T_{HCl溶液污染TB}=0.2093\ T_{未涂刷}-7.6315$	0.9958
沥青路面下部位置	$\Delta T_{HTB无污染}=0.3489\ T_{未涂刷}-12.283$	0.9784
	$\Delta T_{HT无污染}=0.192\ T_{未涂刷}-6.7298$	0.9965
	$\Delta T_{TB无污染}=0.4112\ T_{未涂刷}-14.375$	0.99
	$\Delta T_{NaOH溶液污染HTB}=0.3294\ T_{未涂刷}-12.664$	0.9927
	$\Delta T_{NaOH溶液污染HT}=0.1646\ T_{未涂刷}-6.5968$	0.9963
	$\Delta T_{NaOH溶液污染TB}=0.2978\ T_{未涂刷}-11.289$	0.9904
	$\Delta T_{HCl溶液污染HTB}=0.2951\ T_{未涂刷}-11.331$	0.9908
	$\Delta T_{HCl溶液污染HT}=0.1373\ T_{未涂刷}-5.5019$	0.9964
	$\Delta T_{HCl溶液污染TB}=0.2615\ T_{未涂刷}-9.9174$	0.9885

注:ΔT 为环保型路用降温涂层的降温幅度。

分析表 3-9 可知,不同类型环保型路用降温涂层降温幅度预估方程的相关系数均在 0.9 以上,具有良好的线性相关性,可以准确预测不同类型环保型路用降温涂层试件的表面降温幅度、中部降温幅度及下部降温幅度。环保型路用降温涂层降温幅度随着普通路面温度的升高不断增大,环保型路用降温涂层试件的表面、中部及下部降温幅度均呈线性增长。

3)化学腐蚀污染与未污染工况下降温涂层降温效果对比研究

依据表 3-9 拟合得到的环保型路用降温涂层污染工况下的降温幅度预估方程,计算出不同类型环保型路用降温涂层的降温幅度,全面评价不同类型环保型路用降温涂层污染工况下的降温性能。不同类型环保型路用降温涂层污染工况下的降温效果如图 3-54～图 3-56 所示。

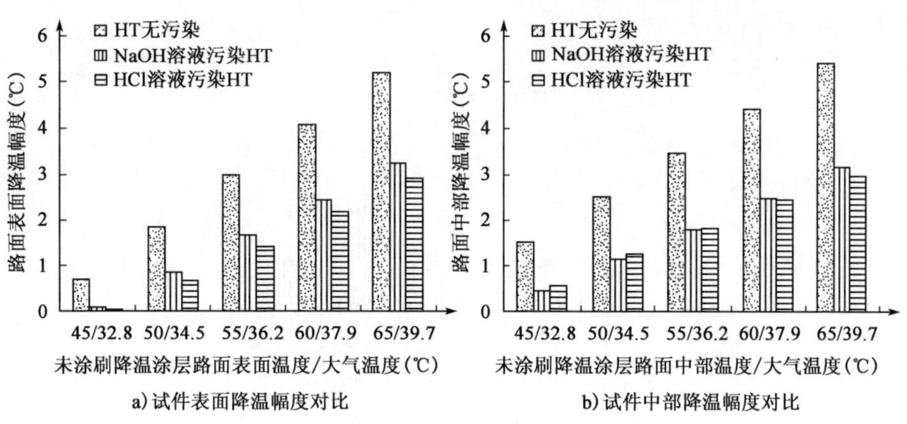

a)试件表面降温幅度对比　　b)试件中部降温幅度对比

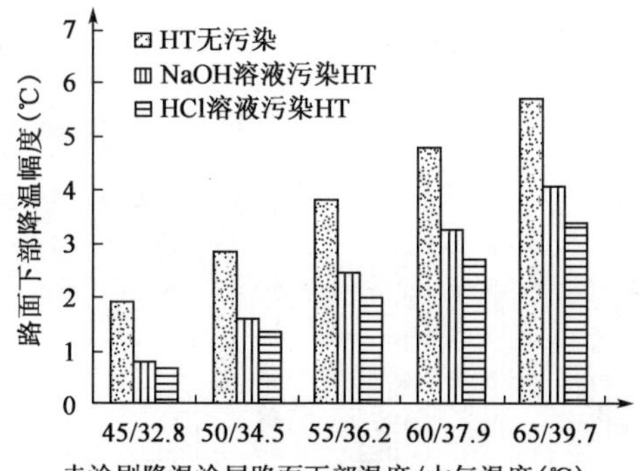

c)试件下部降温幅度对比

图 3-54　化学腐蚀污染与未污染工况下 HT 降温涂层降温幅度对比

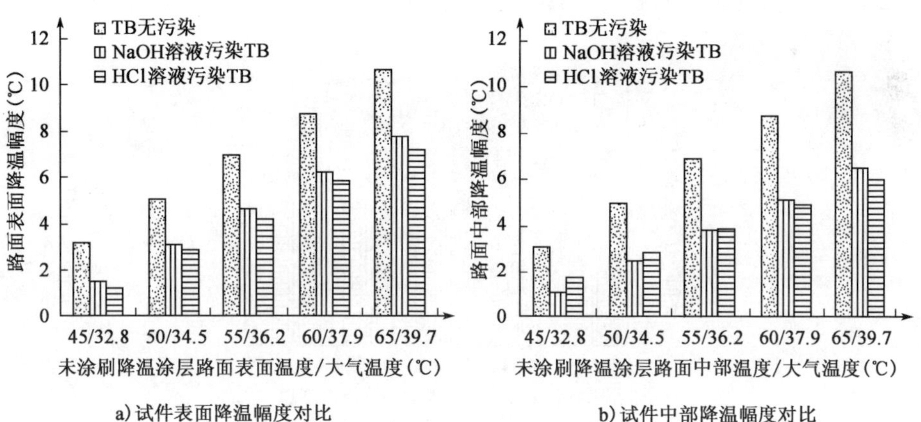

a)试件表面降温幅度对比　　b)试件中部降温幅度对比

图 3-55

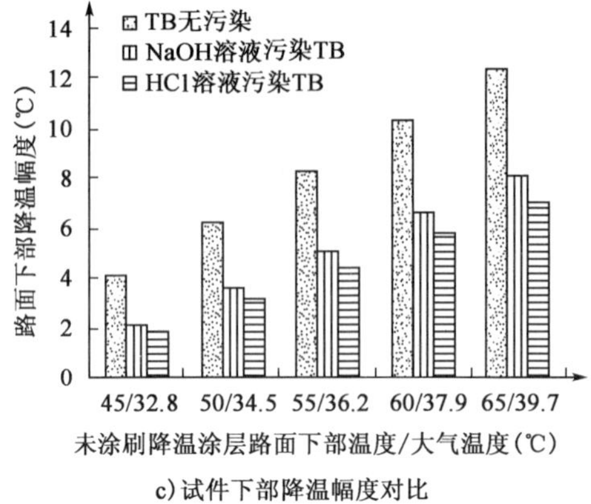

c)试件下部降温幅度对比

图3-55 化学腐蚀污染与未污染工况下TB降温涂层降温幅度对比

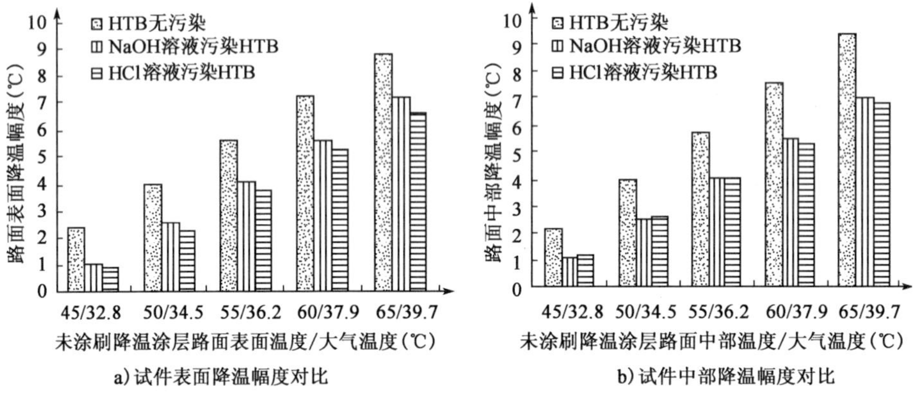

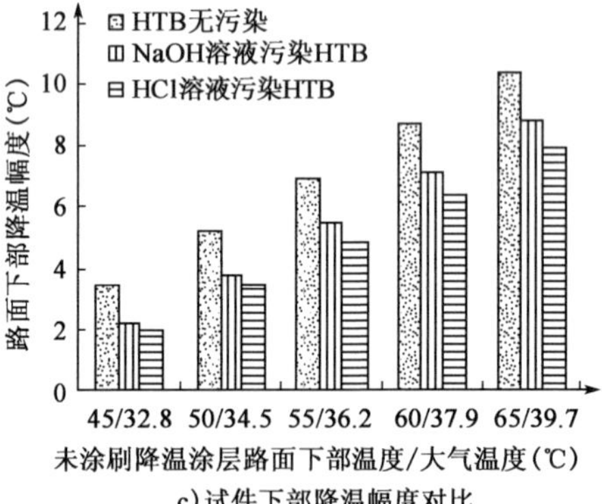

c)试件下部降温幅度对比

图3-56 化学腐蚀污染与未污染工况下HTB降温涂层降温幅度对比

分析图 3-54～图 3-56 可知：

(1)在 NaOH 溶液污染工况下，HT 降温涂层降温幅度下降 2.2℃，TB 降温涂层降温幅度下降 4.2℃，HTB 降温涂层降温幅度下降 2.3℃。

(2)在 HCl 溶液污染工况下，HT 降温涂层降温幅度下降 2.3℃，TB 降温涂层降温幅度下降 5.2℃，HTB 降温涂层降温幅度下降 2.5℃。

(3)NaOH 溶液污染工况和 HCl 溶液污染工况下对降温涂层降温性能的影响差别较小，TB 降温涂层降温性能受化学腐蚀污染影响最大，但由于其本身降温幅度较大，在酸碱化学腐蚀污染工况下依然可以发挥较好的降温功效。在实际应用中，应防止酸碱化学腐蚀对降温涂层的污染，做到及时清理，避免酸碱化学腐蚀影响降温涂层降温功效的发挥。

4 道路用绿色环保型降温涂层路用性能

路用性能是路面降温涂层材料关键性能指标之一，直接影响其使用寿命及沥青路面的使用性能。现有降温涂层存在抗滑性能、耐久性及高温性能差等问题，对降温涂层的推广应用造成了影响。因此，本章系统研究不同工况条件下环保型路用降温涂层的抗滑性能，建立基于负荷轮碾压试验的环保型路用降温涂层高温稳定性评价方法，明确不同高温区划条件下降温涂层的适用性，全面评价环保型路用降温涂层在单一及复合工况条件下的耐久性能，为环保型路用降温涂层的工程应用奠定基础。

4.1 道路用绿色环保型降温涂层抗滑性能

沥青路面表面构造深度与其防滑能力有着密切关系，沥青路面涂刷降温涂层后，空隙处被填充，显著降低沥青路面表面构造深度，大幅度减小路面与车轮之间的摩擦力。因此，采用构造深度试验和摆值试验对环保型路用降温涂层的抗滑性能进行全面研究。

4.1.1 基于构造深度的绿色环保型降温涂层抗滑性能

采用铺砂法对涂刷环保型路用降温涂层前后路面构造深度进行测定，系统研究环保型路用降温涂层对沥青路面构造深度的影响规律。借助铺砂法测定车辙板试件表面的构造深度，然后在测试板表面均匀地涂刷降温涂层，在降温涂层完全干燥后测试涂刷降温涂层后试件构造深度，并对涂刷前后车辙板试件的构造深度进行对比研究。构造深度试验如图 4-1 所示、结果如表 4-1 所示。

环保型路用降温涂层涂刷前后试件构造深度变化规律如图 4-2 所示。

由表 4-1 及图 4-2 分析可知：

在测试板涂刷不同类型环保型路用降温涂层后，表面构造深度均降低，平均降低值最大为 0.22，最小为 0.06，平均值约为 0.13，测试板涂刷降温涂层后构造深度虽有降低，但能够满足标准《公路工程质量检验评定标准》(JTG F80/1—2004)的相关要求。

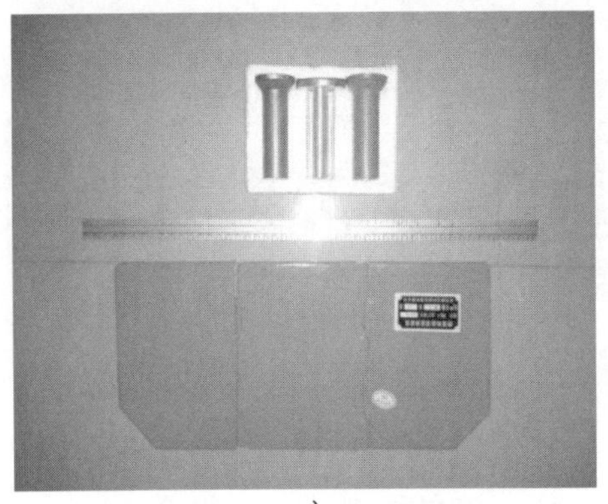

a)

b)

图 4-1　环保型路用降温涂层构造深度试验

不同类型环保型路用降温涂层构造深度试验结果　表 4-1

降温涂层类型	涂抹量(kg/m²)	涂刷前构造深度平均值(mm)	涂刷后构造深度平均值(mm)	降低值	降低幅度(%)
基础涂层	0.6	0.78	0.72	0.06	7.7
	0.8	0.79	0.68	0.11	13.9
	1.0	0.77	0.56	0.21	27.3
HT 降温涂层	0.6	0.81	0.73	0.08	9.9
	0.8	0.78	0.66	0.12	15.4
	1.0	0.74	0.60	0.14	19.0
JT 降温涂层	0.6	0.81	0.74	0.07	8.6
	0.8	0.79	0.69	0.1	12.7
	1.0	0.78	0.61	0.17	21.8
TB 降温涂层	0.6	0.77	0.70	0.07	9.1
	0.8	0.74	0.65	0.09	12.2
	1.0	0.68	0.56	0.12	17.6
HTB 降温涂层	0.6	0.81	0.65	0.16	19.8
	0.8	0.79	0.58	0.21	26.6
	1.0	0.78	0.56	0.22	28.2
JTB 降温涂层	0.6	0.78	0.69	0.13	16.7
	0.8	0.75	0.63	0.12	16.0
	1.0	0.69	0.52	0.17	24.6
标准要求(JTG F80/1—2004)	≥0.55				

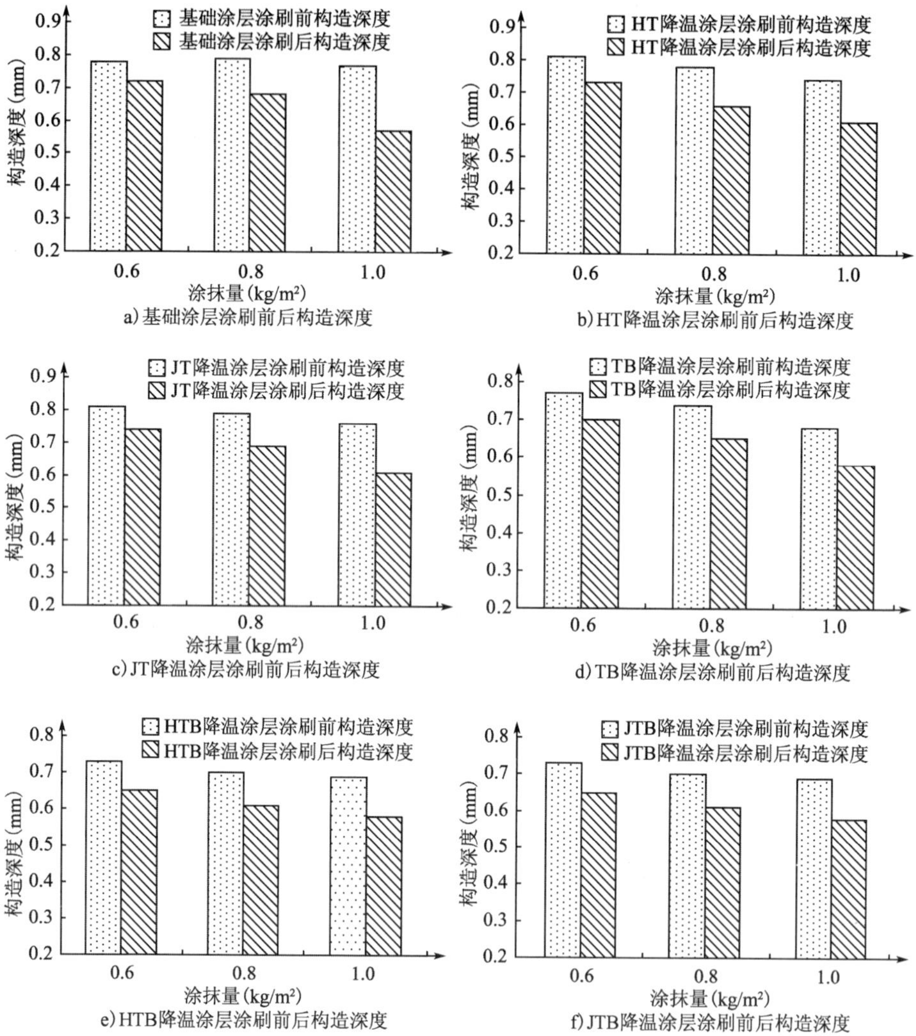

a)基础涂层涂刷前后构造深度

b)HT降温涂层涂刷前后构造深度

c)JT降温涂层涂刷前后构造深度

d)TB降温涂层涂刷前后构造深度

e)HTB降温涂层涂刷前后构造深度

f)JTB降温涂层涂刷前后构造深度

图 4-2 环保型路用降温涂层涂刷前后构造深度对比

涂抹量从 0.6kg/m^{2}增大到 1.0kg/m^2，测试板表面的构造深度逐渐减小，涂抹量达到 1.0kg/m^{2}时，涂刷环保型路用降温涂层的测试板构造深度达到最小值，且接近标准《公路工程质量检验评定标准》(JTG F80/1—2004)规定的下限值。

构造深度测试值的减小主要是由于降温涂层的涂刷填充了路面表面空隙，

减弱了路表面粗集料的棱角性，而且涂抹量越大、涂膜越厚，路表面构造深度越小。因此，在保证满足规范要求的前提下，应适当控制环保型路用降温涂层的单位涂抹量，保证沥青路面的抗滑性能，当无法降低涂层的单位涂抹量时，应采取撒布抗滑粒料、表面处理等措施来提高路面抗滑性能。

不同类型环保型路用降温涂层前后构造深度降低值对比如图 4-3 所示。

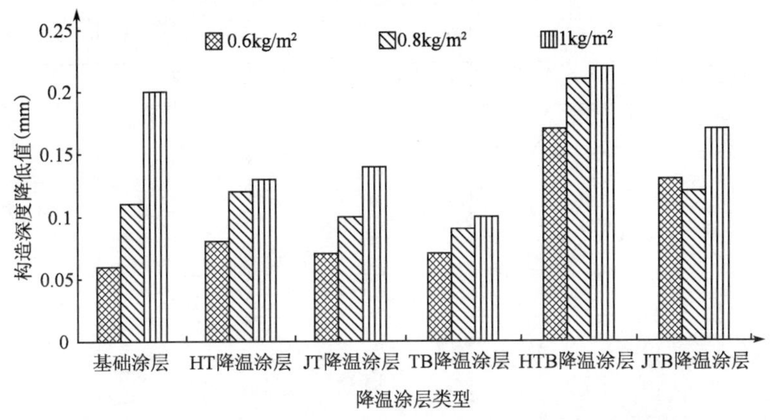

图 4-3 不同类型环保型路用降温涂层前后构造深度降低值对比

由图 4-3 分析可知，随着涂抹量的增加，不同降温涂层的构造深度降低幅度呈现出增大趋势，不同类型环保型路用降温涂层的降低趋势基本保持一致；与基础涂层相比，在相同涂抹量条件下，环保型路用降温涂层构造深度的降低幅度虽有所差异，但降低幅度相差较小。

4.1.2 基于摆值的绿色环保型降温涂层抗滑性能

1)单一工况下环保型路用降温涂层的抗滑性能研究

利用摆式摩擦仪对单一工况（洒水、未洒水）下车辙板试件涂刷环保型路用降温涂层前后表面摆值（BPN）进行采集，系统研究单一工况下降温涂层对沥青路面抗滑性能的影响规律。摆值试验如图 4-4 所示、结果如表 4-2 所示。

单一工况下不同类型环保型路用降温涂层摆值试验结果 表 4-2

降温涂层类型	涂抹量（kg/m^2）	摆值 BPN_{20}（未洒水）	摆值 BPN_{20}（洒水）	降低幅度（%）
基础涂层	0.6	61.5	41.3	32.8
	0.8	53.6	38.9	27.4
	1.0	46.9	36.7	21.7

续上表

降温涂层类型	涂抹量 (kg/m²)	摆值 BPN_{20} (未洒水)	摆值 BPN_{20} (洒水)	降低幅度 (%)
HT 降温涂层	0.6	68.8	43.8	36.3
	0.8	61.2	38.1	37.7
	1.0	54.1	33.4	38.3
JT 降温涂层	0.6	53.6	44.5	17.0
	0.8	51.4	36.7	28.6
	1.0	49.8	28.9	42.0
TB 降温涂层	0.6	64.5	40.5	37.2
	0.8	58.6	37.5	36.0
	1.0	52.4	33.4	36.3
HTB 降温涂层	0.6	62.4	41.9	32.9
	0.8	59.9	26.8	55.3
	1.0	56.5	32.1	43.2
JTB 降温涂层	0.6	68.3	45.6	33.2
	0.8	64.5	40.8	36.7
	1.0	60.9	36.8	39.6
标准要求 (JTG E60—2008)	BPN≥45			

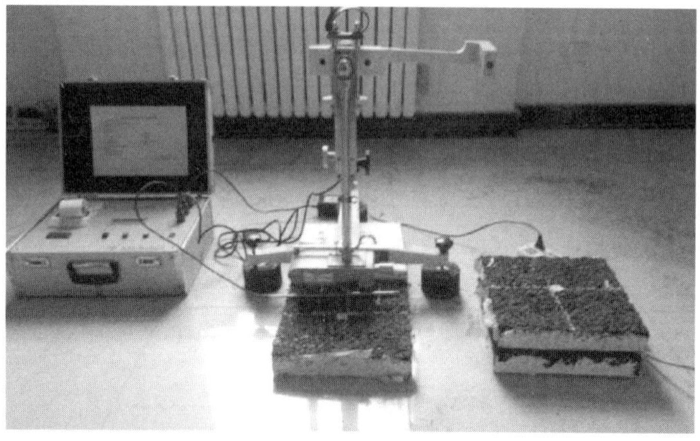

图 4-4　环保型路用降温涂层摆值试验

环保型路用降温涂层洒水前后摆值变化规律,如图 4-5 所示。

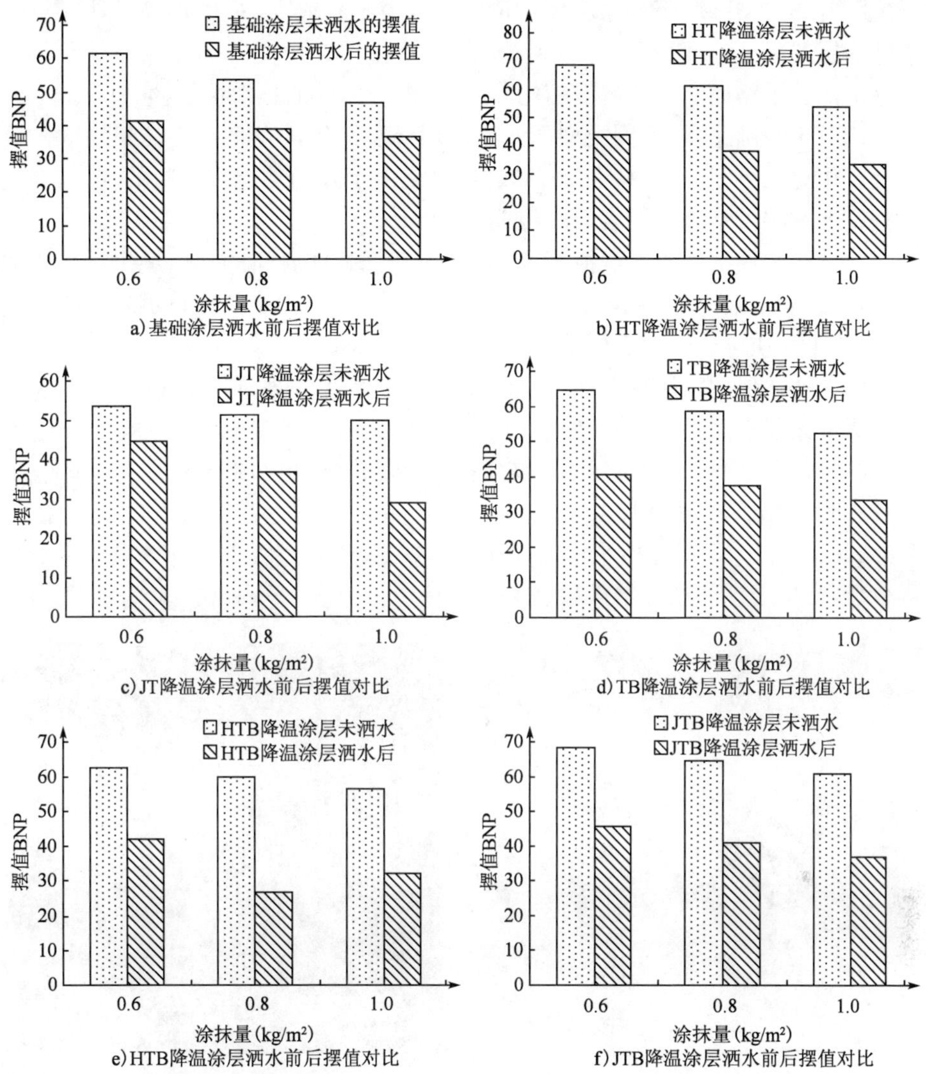

图 4-5　不同类型环保型路用降温涂层洒水前后摆值结果对比

由表 4-2 及图 4-5 分析可知:

未洒水条件下,在测试板表面涂刷不同类型环保型路用降温涂层后,摆值最大值为 68.8,最小值为 46.9,平均值为 58.3,涂刷环保型路用降温涂层后试件表面摆值基本保持在 50 以上,均能满足《公路工程质量检验评定标准》(JTG

F80/1—2012)的限值要求。

随着环保型路用降温涂层涂抹量的增大,测试板表面摆值逐渐减小,其中,基础涂层的降低幅度最高,可达到23.7%,这主要是由于降温涂层涂抹量的增大逐渐掩盖了路面原有的抗滑结构,降低了沥青路面的抗滑性能。

相对于基础涂层,不同类型环保型路用降温涂层的摆值随涂抹量增大的降低幅度相对较小,基本保持在20%以内,这是由于降温功能性材料的加入,在一定程度上改善了基础涂层表面的粗糙度。

与未洒水的试件表面摆值相比,洒水条件下试件表面的摆值产生了较大幅度的降低,摆值最小值为28.9,最大值为45.6,低于标准45BPN的限值,无法满足《公路工程质量检验评定标准》(JTG F80/1—2012)要求。

为保证环保型路用降温涂层路面的抗滑性能,采用优质石英砂抗滑粒料,撒布于降温涂层表面,提高路面的抗滑性能,见图4-6。研究采用1.0kg/m^2(最不利情况)作为抗滑性试验应用单位涂抹量,抗滑粒料掺加量为涂层涂抹量的30%,即0.3kg/m^2(抗滑粒料全部覆盖试件表面需涂层质量60%左右,即0.6kg/m^{2}左右。为保证撒布均匀性和黏结效果,取中间值30%作为应用掺加质量分数)。抗滑性能试验结果如表4-3所示。

a)

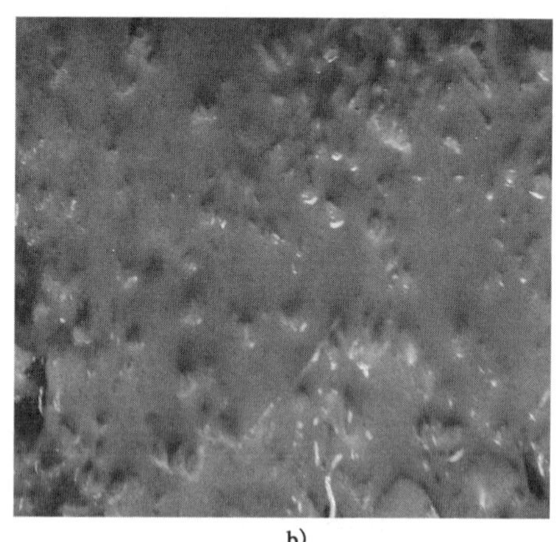
b)

图4-6 抗滑粒料及撒布后降温涂层表面状况

不同类型环保型路用降温涂层(撒布抗滑陶粒)抗滑性能试验结果　表4-3

降温涂层类型	涂抹量(kg/m^2)	摆值 BPN_{20}(洒水)
HT降温涂层	1.0	62.3
JT降温涂层	1.0	53.7

续上表

降温涂层类型	涂抹量(kg/m²)	摆值 BPN_{20}(洒水)
TB降温涂层	1.0	62.3
HTB降温涂层	1.0	60.5
JTB降温涂层	1.0	62.4
标准要求(JTG E60—2008)	BPN≥45	

在撒布抗滑粒料后,洒水及较大涂抹量条件下不同类型环保型路用降温涂层路面摆值基本可达到60以上,满足《公路工程质量检验评定标准》(JTG F80/1—2004)的限值要求,表明采用抗滑粒料的撒布可以显著改善路面抗滑性能,能够达到标准的限值要求。因此,在降温涂层的应用过程中可采用撒布抗滑粒料来改善降温涂层路面的抗滑性能。

2)抗滑粒料黏结及抗剥落性能研究

通过负荷轮碾压和湿轮磨耗模拟道路行车对于抗滑粒料的磨耗及剥落作用,系统研究抗滑粒料在降温涂层中的黏结及抗剥落性能。试验方法如下所述:

(1)基于负荷轮碾压的抗滑粒料黏结性试验:将环保型路用降温涂层涂刷于车辙板试件表面,均匀撒布抗滑粒料(0.3kg/m²),然后再次涂刷环保型路用降温涂层,并放置于通风处干燥24h;将制备好的试件放置于车辙仪内,在室温条件下及60℃条件下分别采用标准轴载负荷轮碾压1h,试验完成后观察试件表面抗滑粒料剥落情况。

(2)基于湿轮磨耗的抗滑粒料黏结性试验:将环保型路用降温涂层涂刷于圆形微表处试件表面,均匀撒布抗滑粒料(0.3kg/m²),然后再次涂刷环保型路用降温涂层,并放置于通风处干燥24h;将制备好的试件放置于湿轮磨耗仪上进行磨耗试验,试验完成后观察试件表面抗滑粒料剥落情况。

抗滑粒料黏结及抗剥落性能试验结果,如表4-4及表4-5所示。

基于负荷轮碾压的抗滑粒料黏结性试验结果 表4-4

降温涂层类型	试验温度(℃)	抗滑粒料黏结状况
HT降温涂层	室温	表面状况良好,抗滑粒料黏结牢固,无抗滑粒料松动和剥落现象
	60	表面状况良好,抗滑粒料黏结牢固,仅有少量抗滑粒料出现轻微松动和剥落现象
JT降温涂层	室温	表面状况良好,抗滑粒料黏结牢固,无抗滑粒料松动和剥落现象
	60	表面状况良好,抗滑粒料黏结牢固,仅有少量抗滑粒料出现轻微松动和剥落现象

续上表

降温涂层类型	试验温度(℃)	抗滑粒料黏结状况
TB 降温涂层	室温	表面状况良好,抗滑粒料黏结牢固,无抗滑粒料松动和剥落现象
	60	表面状况良好,抗滑粒料黏结牢固,仅有少量抗滑粒料出现轻微松动和剥落现象
HTB 降温涂层	室温	表面状况良好,抗滑粒料黏结牢固,无抗滑粒料松动和剥落现象
	60	表面状况良好,抗滑粒料黏结牢固,无抗滑粒料松动和剥落现象
JTB 降温涂层	室温	表面状况良好,抗滑粒料黏结牢固,无抗滑粒料松动和剥落现象
	60	表面状况良好,抗滑粒料黏结牢固,无抗滑粒料松动和剥落现象

基于湿轮磨耗的抗滑粒料黏结性试验结果 表 4-5

降温涂层类型	试验温度	抗滑粒料黏结状况
HT 降温涂层	室温	抗滑粒料与降温涂层黏结情况良好,表面粒料无松动,仅有少量碎屑剥落
JT 降温涂层	室温	抗滑粒料与降温涂层黏结情况良好,表面粒料无松动,仅有少量碎屑剥落
TB 降温涂层	室温	抗滑粒料与降温涂层黏结情况良好,表面粒料无松动,仅有少量碎屑剥落
HTB 降温涂层	室温	抗滑粒料与降温涂层黏结情况良好,表面粒料无松动,仅有少量碎屑剥落
JTB 降温涂层	室温	抗滑粒料与降温涂层黏结情况良好,表面粒料无松动,仅有少量碎屑剥落

由表 4-4 分析可知,在标准轴载负荷轮碾压作用下,抗滑粒料与降温涂层之间能够保持良好的黏结关系,其中在室温和标准轴载负荷轮碾压作用条件下,环保型路用降温涂层表面状况良好,抗滑粒料黏结牢固,负荷轮上未黏结抗滑粒料,而且无抗滑粒料出现松动和剥落现象,均能保持良好的使用状态。

在 60℃和标准轴载负荷轮碾压作用条件下,环保型路用降温涂层表面状况良好,抗滑粒料仍然能够保持与降温涂层良好的黏结关系,仅有极少量抗滑粒料出现松动现象。这表明在道路使用环境中,抗滑粒料能够与降温涂层形成良好的整体,并显著提高路面的抗滑性能。

由表 4-5 分析可知,在磨耗胶轮的持续作用下,抗滑粒料与降温涂层黏结情况良好,表面抗滑粒料无松动,仅有少量碎屑剥落,表明抗滑粒料与降温涂层之间良好的黏结关系能够抵御磨耗作用,即在汽车轮胎磨耗作用下,抗滑粒料能够保持与抗滑涂层的整体性，不会出现明显的松动和剥落破坏，能够良好地发挥其自身的抗滑性能。

3）复合工况下降温涂层的抗滑性能研究

为深入研究不同道路使用环境条件下的降温涂层抗滑性能，利用摆式仪对复合工况下试件的表面摆值（BPN）进行测试，研究不同使用环境对于降温涂层抗滑性能的影响规律（复合工况 1：先对试件进行耐油料腐蚀试验，后进行抗滑性试验，模拟道路受到汽车燃油泄漏腐蚀的不利状况；复合工况 2：先对试件进行耐磨耗试验，后进行抗滑性试验，模拟道路受到车轮磨耗的不利状况）。抗滑性试验结果，如表 4-6 所示。

复合工况下不同类型路面降温涂层抗滑性能试验结果 表 4-6

降温涂层类型	涂抹量（kg/m^2）	摆值 BPN_{20}（未洒水）	摆值 BPN_{20}（复合工况 1）	摆值 BPN_{20}（复合工况 2）
基础涂层	0.6	61.5	62.4	65.8
	0.8	53.6	54.2	52.9
	1.0	46.9	46.7	52.4
HT 降温涂层	0.6	68.8	68.9	68.8
	0.8	61.2	62.1	61.8
	1.0	54.1	56.7	57.5
JT 降温涂层	0.6	53.6	55.1	58.0
	0.8	51.4	54.3	55.0
	1.0	49.8	53.6	52.1
TB 降温涂层	0.6	64.5	69.5	66.5
	0.8	58.6	63.5	61.6
	1.0	52.4	57.9	56.7
HTB 降温涂层	0.6	62.4	66.5	67.0
	0.8	59.9	63.3	64.8
	1.0	56.5	60.0	62.5
JTB 降温涂层	0.6	68.3	69.5	68.5
	0.8	64.5	66.5	67.2
	1.0	60.9	63.4	65.0
规范要求（JTG E60—2008）	BPN≥45			

单一工况及复合工况条件下的摆值变化规律，如图 4-7 所示。

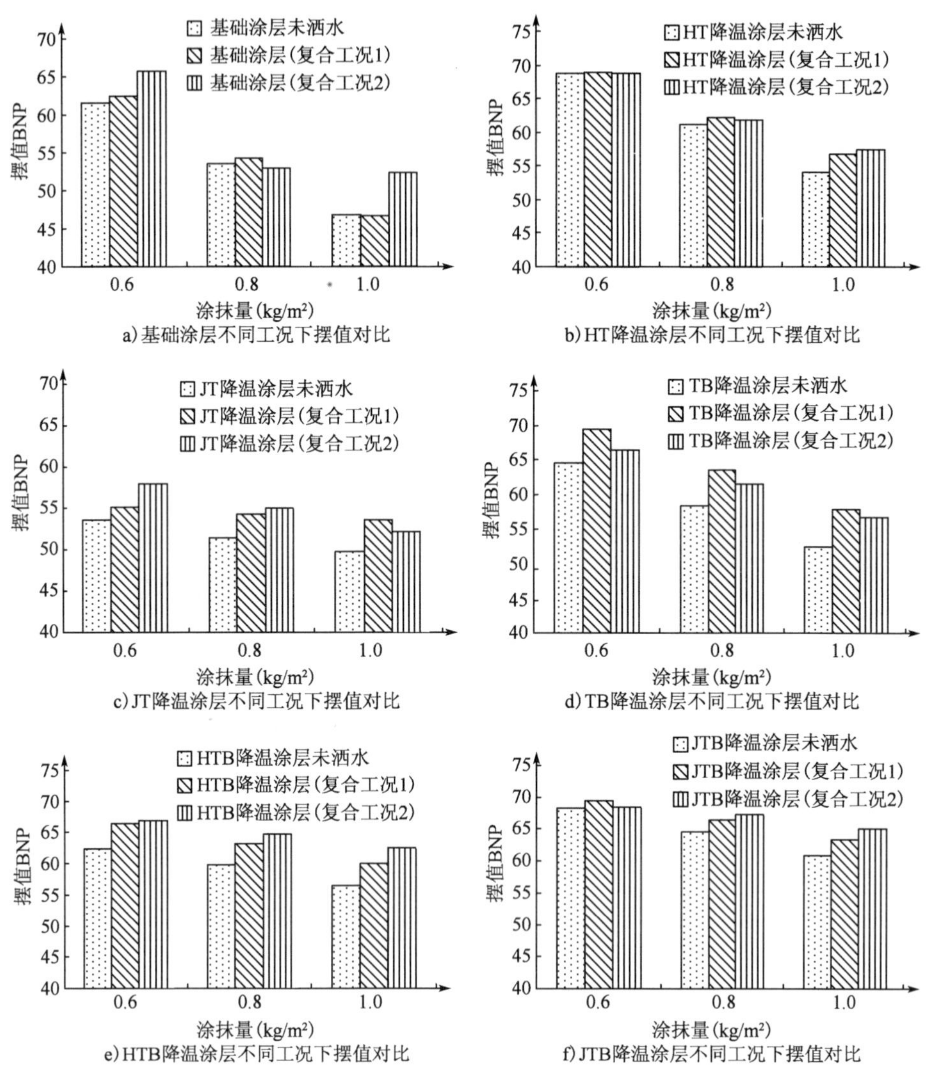

a)基础涂层不同工况下摆值对比

b)HT降温涂层不同工况下摆值对比

c)JT降温涂层不同工况下摆值对比

d)TB降温涂层不同工况下摆值对比

e)HTB降温涂层不同工况下摆值对比

f)JTB降温涂层不同工况下摆值对比

图 4-7　环保型路用降温涂层在不同工况下摆值对比

由表 4-6 及图 4-7 分析可知，在复合工况条件下，不同类型环保型路用降温涂层测试板表面摆值均能满足《公路工程质量检验评定标准》(JTG F80/1—2004)的限值要求。

复合工况 1 和复合工况 2 条件下测试板表面摆值均高于未洒水状况下测试板表面的摆值。这是由于在受到腐蚀和磨耗后测试板表面的涂层由光滑变粗糙,增大了测试板表面涂层构造深度,增加了与车轮接触面的摩擦阻力,使降温涂层路面抗滑性能有所提高。

随着涂抹量的增加,复合工况条件下环保型路用降温涂层路面的摆值逐渐降低,这与前述规律基本一致,但在复合工况条件下,摆值随涂抹量增加的降低幅度明显减小,这表明在受到腐蚀和磨耗后,环保型路用降温涂层的抗滑性能受到涂抹量影响幅度减小,化学腐蚀和磨耗会在一定程度上改善降温涂层路面的抗滑性能。

4.2　道路用绿色环保型降温涂层及其路面高温稳定性评价

4.2.1　基于负荷轮碾压的绿色环保型降温涂层高温稳定性评价

依据《公路工程沥青及沥青混合料试验规程》(JTG E20—2011)车辙试验标准条件进行试验后,试件表面环保型路用降温涂层受到一定程度的破坏,并产生了降温涂层黏结车辙仪负荷轮的现象。故本节对车辙试验标准条件做了相应的变化,采用不同温度条件下的车辙试验,对环保型路用降温涂层的表面状况进行测试和分析,全面评价降温涂层的高温稳定性,确定降温涂层的适用温度上限;系统研究不同温度及保温条件下环保型路用降温涂层的高温稳定性,确定不同温度区划条件下环保型路用降温涂层的适用性。

1)环保型路用降温涂层适用温度上限确定

先将试验温度划分为 30℃、40℃、50℃、60℃以及 70℃五个温度水平,依据《公路工程沥青及沥青混合料试验规程》(JTG E20—2011)的车辙试验方法,先按照目标温度水平将试件进行保温,当试件温度达到目标温度后,对试验试件进行 1h 车辙轮碾试验。当降温涂层表面出现明显的车辙痕迹及粘轮现象时,停止试验,并在试验数据记录表格对应处画“×”,若未出现降温涂层粘轮及破坏时画“○”。确定具体适用温度范围后,再将温度范围细化,以 2℃为温度区间间隔,从而更加精确地确定降温涂层适用温度上限值。环保型路用降温涂层适用上限范围测试试验结果,见表 4-7。

由表 4-7 分析可知,对于 HT 和 JT 降温涂层,在低于 50℃温度条件下进行车辙试验后,降温涂层表面状况良好,不会出现较大的车辙轮迹和粘轮现象;而在 60℃温度条件下进行车辙试验后,降温涂层表面状况开始变差,出现较大程度的车辙轮迹，并伴随着降温涂层材料的粘轮现象。对于TB、HTB以及JTB降温涂层，在温度低于60℃条件下进行车辙试验后，降温涂层表面状况良好，不会出现较大的车辙轮迹和粘轮现象；而在70℃条件下进行车辙试验后，降温涂层表面状况开始变差，出现较大程度的车辙轮迹，并伴随着降温涂层的粘轮现象。

环保型路用降温涂层适用温度上限范围测试试验结果 表4-7

降温涂层类型	涂抹量（kg/m^2）	保温温度（℃）				
		30	40	50	60	70
基础涂层	0.6	○	○	○	×	×
	0.8	○	○	○	×	×
	1.0	○	○	×	×	×
HT降温涂层	0.6	○	○	○	×	×
	0.8	○	○	○	×	×
	1.0	○	○	○	×	×
JT降温涂层	0.6	○	○	○	×	×
	0.8	○	○	○	×	×
	1.0	○	○	○	×	×
TB降温涂层	0.6	○	○	○	○	×
	0.8	○	○	○	○	×
	1.0	○	○	○	×	×
HTB降温涂层	0.6	○	○	○	○	×
	0.8	○	○	○	○	×
	1.0	○	○	○	×	×
JTB降温涂层	0.6	○	○	○	○	×
	0.8	○	○	○	○	×
	1.0	○	○	○	×	×

注：出现明显车辙痕迹，并伴有粘轮现象的均画“×”，未出现上述状况则画“○”。

对于HT和JT降温涂层，将适用温度范围初步定在50～60℃，并将温度区间划分为50℃、52℃、54℃、56℃、58℃、60℃等温度区间点，并分别进行车辙试验；对于TB、HTB和JTB降温涂层，适用温度范围初步定在60～70℃，并将温度区间划分为60℃、62℃、64℃、66℃、68℃、70℃等温度区间点，分别进行车辙试验。环保型路用降温涂层适用温度上限试验结果，如表4-8所示。

环保型路用降温涂层适用温度上限测试试验结果 表 4-8

降温涂层类型	涂抹量(kg/m²)	保温温度(℃)					
		50	52	54	56	58	60
基础涂层	0.6	○	○	○	○	○	×
	0.8	○	○	○	○	×	×
	1.0	○	○	○	○	×	×
HT 降温涂层	0.6	○	○	○	○	○	×
	0.8	○	○	○	○	×	×
	1.0	○	○	○	×	×	×
JT 降温涂层	0.6	○	○	○	○	○	×
	0.8	○	○	○	○	○	×
	1.0	○	○	○	○	○	×
降温涂层类型	涂抹量(kg/m²)	保温温度(℃)					
		60	62	64	66	68	70
TB 降温涂层	0.6	○	○	○	○	×	×
	0.8	○	○	○	○	×	×
	1.0	○	○	○	×	×	×
HTB 降温涂层	0.6	○	○	○	○	○	×
	0.8	○	○	○	○	○	×
	1.0	○	○	○	○	×	×
JTB 降温涂层	0.6	○	○	○	○	○	×
	0.8	○	○	○	○	×	×
	1.0	○	○	○	○	×	×

分析表 4-8 可知，在 56℃试件温度条件下进行车辙试验后，HT 和 JT 降温涂层表面状况基本上都能够保持良好的状态，不会出现较大的车辙轮迹和粘轮现象，但当温度超过 56℃后，HT 和 JT 降温涂层的表面状况逐渐开始产生不良变化。

当温度达到 58℃时，HT 和 JT 降温涂层已出现明显的不良表面状况；当温度达到 60℃时，HT 和 JT 降温涂层出现了一定程度的车辙轮迹，并伴有轻微的粘轮现象。因此，综合考虑降温涂层的使用环境和环保型性能，将 HT 和 JT 降温涂层的适用温度上限定为 56℃。

对于 TB、HTB 和 JTB 降温涂层，适用温度上限较高，其中 TB 降温涂层的适用温度上限为64℃；HTB和JTB的温度适用上限均为66℃，表明TB、HTB和JTB降温涂层的高温稳定性相对其他类型降温涂层更优，更适宜在夏季高温地区使用。

TB、HTB和JTB降温涂层适用温度上限较高，主要是由于TB、HTB和JTB降温涂层具有良好的降温性能，在外界高温环境中能够始终保持较低的使用温度，从而相对提高了自身的高温稳定性，为降温涂层在高温环境中良好的使用性能提供了保障。

2)不同温度区划条件下环保型路用降温涂层的适用性研究

为了保证环保型路用降温涂层能够在不同气候条件地区推广和应用，针对不同温度及气候区划的夏季高温气候特点，通过变换环境温度和高温持续时间模拟不同气候地区的夏季真实高温环境，确定环保型路用降温涂层在不同气候区划的适用性。

本节将试验温度划分为30℃、40℃、50℃、60℃以及70℃五个温度水平，基于适用温度上限选定试验保温温度，将10h选定为初始保温时间，保温时间以2h为间隔，在达到初始保温时间后，对涂有环保型路用降温涂层试件进行1h车辙轮碾试验。若在初始保温时间出现明显的车辙痕迹和粘轮现象，则减少保温时间继续进行试验，直到车辙板表面状况良好为止。若在初始保温时间内未出现任何表面破坏，则表明在该温度下环保型涂层未出现高温病害。依据上节的研究结果，对于HT和JT降温涂层，将试验初始温度选定为60℃，对于TB、HTB和JTB降温涂层，将试验初始温度选定为70℃。不同类型环保型路用降温涂层的气候区划适应性试验结果，见表4-9～表4-12。

不同类型环保型路用降温涂层气候区划适应性试验结果(70℃)　　表4-9

降温涂层类型	涂抹量(kg/m^2)	保温时间(h)(70℃水平)				
		10	8	6	4	2
TB降温涂层	0.6	×	×	○	○	○
	0.8	×	×	×	○	○
	1.0	×	×	×	×	○
HTB降温涂层	0.6	×	○	○	○	○
	0.8	×	○	○	○	○
	1.0	×	×	×	○	○
JTB降温涂层	0.6	×	○	○	○	○
	0.8	×	○	○	○	○
	1.0	×	×	×	○	○

不同类型环保型路用降温涂层气候区划适应性试验结果(60℃) 表 4-10

降温涂层类型	涂抹量(kg/m²)	保温时间(h)(60℃水平)				
		10	8	6	4	2
基础涂层	0.6	×	×	×	○	○
	0.8	×	×	×	○	○
	1.0	×	×	×	×	○
HT 降温涂层	0.6	×	×	×	○	○
	0.8	×	×	×	○	○
	1.0	×	×	×	○	○
JT 降温涂层	0.6	×	×	×	○	○
	0.8	×	×	×	○	○
	1.0	×	×	×	○	○
TB 降温涂层	0.6	○	○	○	○	○
	0.8	×	○	○	○	○
	1.0	×	×	○	○	○
HTB 降温涂层	0.6	○	○	○	○	○
	0.8	○	○	○	○	○
	1.0	×	○	○	○	○
JTB 降温涂层	0.6	○	○	○	○	○
	0.8	×	○	○	○	×
	1.0	×	○	○	○	×

不同类型环保型路用降温涂层气候区划适应性试验结果(50℃) 表 4-11

降温涂层类型	涂抹量(kg/m²)	保温时间(h)(50℃水平)				
		10	8	6	4	2
基础涂层	0.6	×	○	○	○	○
	0.8	×	×	○	○	○
	1.0	×	×	○	○	○
HT 降温涂层	0.6	×	○	○	○	○
	0.8	×	○	○	○	○
	1.0	×	×	○	○	○

续上表

降温涂层类型	涂抹量(kg/m²)	保温时间(h)(50℃水平)				
		10	8	6	4	2
JT降温涂层	0.6	×	○	○	○	○
	0.8	×	○	○	○	○
	1.0	×	×	○	○	○
TB降温涂层	0.6	○	○	○	○	○
	0.8	○	○	○	○	○
	1.0	○	○	○	○	○
HTB降温涂层	0.6	○	○	○	○	○
	0.8	○	○	○	○	○
	1.0	○	○	○	○	○
JTB降温涂层	0.6	○	○	○	○	○
	0.8	○	○	○	○	○
	1.0	○	○	○	○	○

不同类型环保型路用降温涂层气候区划适应性试验结果(40℃)　表4-12

降温涂层类型	涂抹量(kg/m²)	保温时间(h)(40℃水平)				
		10	8	6	4	2
基础涂层	0.6	○	○	○	○	○
	0.8	○	○	○	○	○
	1.0	○	○	○	○	○
HT降温涂层	0.6	○	○	○	○	○
	0.8	○	○	○	○	○
	1.0	○	○	○	○	○
JT降温涂层	0.6	○	○	○	○	○
	0.8	○	○	○	○	○
	1.0	○	○	○	○	○

由表4-9～表4-12分析可知，对于HT和JT降温涂层，在60℃初始温度条件下，保温时间为10h、8h以及6h内均出现了明显的车辙病害，而在保温时间为4h才能够保证良好的表面状况；50℃条件下，能够在8h保温时间内保证良好的表面状况；40℃条件下，在10h保温时间内，均能够保证良好的表面状况。

路面温度在60℃持续4h以内，HT和JT降温涂层不会出现高温病害，表明HT和JT降温涂层适宜在夏季路面高温持续时间(60℃)在4h以内条件下使用，即能够在路面高温持续时间较短的地区使用。根据我国气候区划，HT和JT降温涂层能够满足夏炎区和夏凉区的使用要求。

对于TB降温涂层，在70℃初始温度条件下，保温时间为10h、8h以及6h内均出现了明显的车辙病害，而在4h左右才能够保证良好的表面状况；对于HTB和JTB降温涂层，在10h的保温时间内均出现了明显的车辙病害，其他保温时间条件下表面状况良好。而在50℃条件下，在10h保温时间内，TB、HTB和JTB降温涂层均能够保证良好的表面状况。

路面温度在60℃持续8h以内，TB、HTB和JTB降温涂层不会出现明显的高温病害，表明TB、HTB和JTB降温涂层适宜在夏季路面高温持续时间(70℃)在6h以内的条件下使用，即能够在路面高温持续时间较长的地区及光照时间较长的地区使用。根据我国夏季温度区划，TB、HTB和JTB降温涂层能够满足夏炎热区的使用要求。不同类型环保型路用降温涂层的高温区划适用性，如表4-13所示。

不同类型环保型路用降温涂层的高温区划适用性 表4-13

降温涂层类型	环保型路用降温涂层保温时间上限	高温区划适用性
HT降温涂层	在夏季路面高温持续时间(60℃)在4h以内可正常使用 在夏季路面高温持续时间(50℃)在8h以内可正常使用	夏炎区、夏凉区
JT降温涂层	在夏季路面高温持续时间(60℃)在4h以内可正常使用 在夏季路面高温持续时间(50℃)在8h以内可正常使用	夏炎区、夏凉区
TB降温涂层	在夏季路面高温持续时间(60℃)在8h以内可正常使用 在夏季路面高温持续时间(50℃)在10h以内可正常使用	夏炎区、夏凉区、夏炎热区
HTB降温涂层	在夏季路面高温持续时间(60℃)在8h以内可正常使用 在夏季路面高温持续时间(50℃)在10h以内可正常使用	夏炎区、夏凉区、夏炎热区
JTB降温涂层	在夏季路面高温持续时间(60℃)在8h以内可正常使用 在夏季路面高温持续时间(50℃)在10h以内可正常使用	夏炎区、夏凉区、夏炎热区

4.2.2 绿色环保型降温涂层对沥青路面高温稳定性影响

系统研究降温涂层对路面高温稳定性的影响规律，全面评价环保型路用降温涂层路面的高温稳定性。高温稳定性试验结果，如表4-14所示。

不同类型环保型路用降温涂层高温稳定性试验结果　　表 4-14

降温涂层类型	涂抹量（kg/m²）	动稳定度		
		涂刷前(次/mm)	涂刷后(次/mm)	增长幅度(%)
基础涂层	0.6	4325	6500	50.3
	0.8	5300	7342	38.5
	1.0	3690	4450	20.6
HT 降温涂层	0.6	3300	4235	28.3
	0.8	3850	5260	36.6
	1.0	5469	6652	21.6
JT 降温涂层	0.6	4100	5300	29.3
	0.8	4360	6450	47.9
	1.0	6347	8100	27.6
TB 降温涂层	0.6	4980	5654	13.5
	0.8	4413	5243	18.8
	1.0	3679	4210	14.4
HTB 降温涂层	0.6	3957	5335	34.8
	0.8	4230	6980	65.0
	1.0	3835	4913	28.1
JTB 降温涂层	0.6	4536	5670	25.0
	0.8	4270	6850	60.4
	1.0	4438	6130	38.1
规范要求（JTG F40—2004）	≥2800			

涂刷环保型路用降温涂层前后的车辙变化规律，如图 4-8 所示。

由表 4-14 及图 4-8 分析可知，在车辙板表面涂刷环保型路用降温涂层后动稳定度均有不同程度的提高，而且在不同涂刷量条件下，试件的动稳定度增长幅度存在一定的差异。

相对未涂刷涂层的车辙板，在涂刷量为 0.6kg/m²、0.8kg/m²、1.0kg/m² 时，基础涂层的动稳定度分别提高了 50.3%、38.5%、20.6%，HT 降温涂层的动稳定度分别提高了 28.3%、36.6% 和 21.6%，JT 降温涂层的动稳定度分别提高了 29.3%、47.9% 和 27.6%，TB 降温涂层的动稳定度分别提高了 13.5%、18.8% 和 14.4%，HTB 降温涂层的动稳定度分别提高了 34.8%、65.0% 和 28.1%，JTB 降温涂层的动稳定度分别提高了 25.0%、60.4% 和 38.1%。

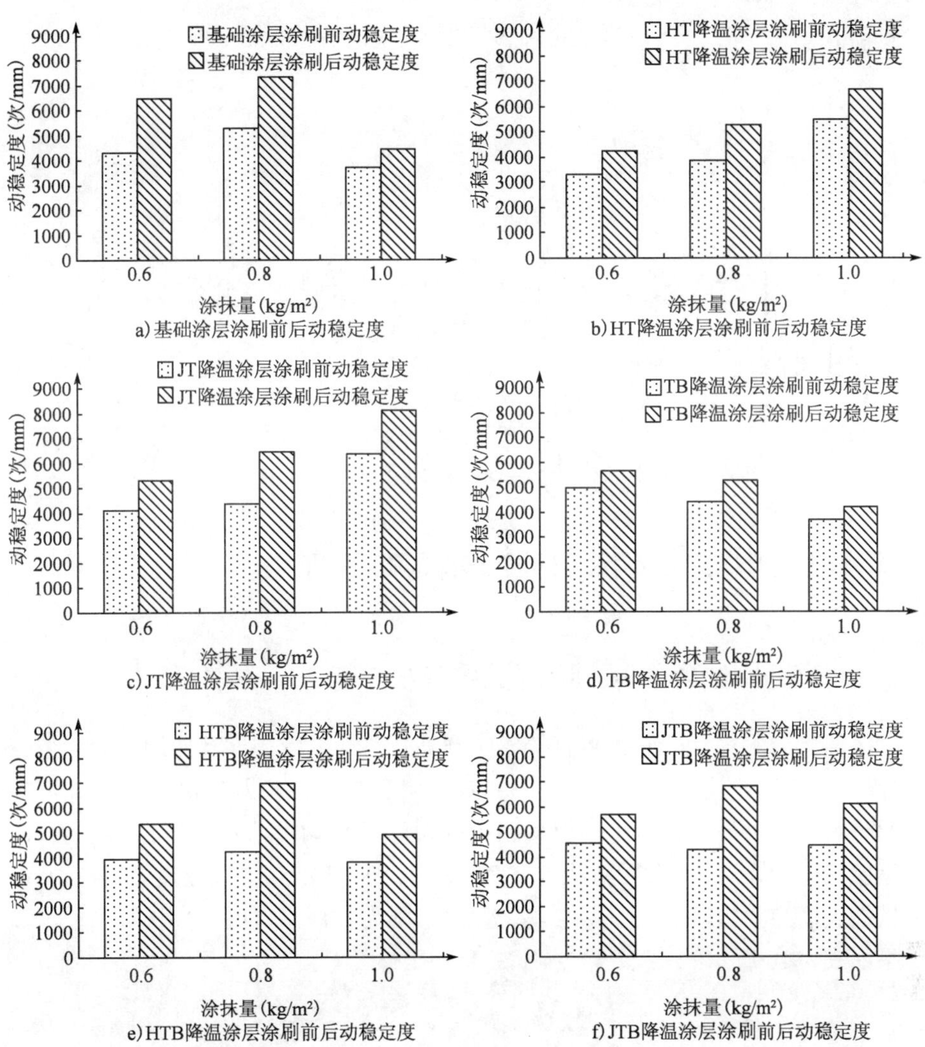

a)基础涂层涂刷前后动稳定度

b)HT降温涂层涂刷前后动稳定度

c)JT降温涂层涂刷前后动稳定度

d)TB降温涂层涂刷前后动稳定度

e)HTB降温涂层涂刷前后动稳定度

f)JTB降温涂层涂刷前后动稳定度

图 4-8 不同类型环保型路用降温涂层涂刷前后动稳定度

环保型路用降温涂层的涂刷可以使动路面稳定度显著提高,增强了路面的高温稳定性。环保型路用降温涂层具有良好的降温功效,能够大幅改善沥青路面的工作温度状况,减小了车辙深度,提高了沥青路面的高温性能。

由图 4-9 分析可知,环保型路用降温涂层的涂抹量由 0.6kg/m^2 增加 0.8kg/m^{2}时,动稳定度的增长幅度显著,涂抹量由 0.8kg/m^2 增长到 1.0kg/m^2 时,动稳定度的增长幅度会有一定的下降。因此,基于环保型路用降温涂层及其路面的高温稳定性,降温涂层涂抹量应选为 0.8kg/m^2。

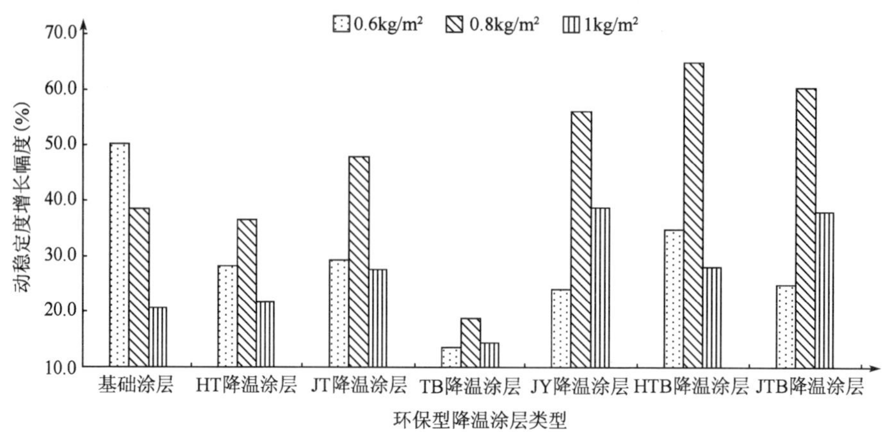

图 4-9 不同类型环保型路用降温涂层涂刷前后动稳定度增长幅度

4.3 道路用绿色环保型降温涂层耐久性

4.3.1 道路用绿色环保型降温涂层耐水性能

降温涂层耐水性的好坏将直接影响到沥青路面的耐久性及使用寿命。依据《漆膜耐水性测定法》(GB/T 1733—93),采用耐水性试验对环保型路用降温涂层的耐水性能进行评价。将环保型路用降温涂层均匀地涂刷于测试板表面,降温涂层完全干燥后,将涂层测试板表面浸泡于水中浸泡约 1/3 厚度,24h 后查看测试件表面涂膜,若无气泡、不皱皮、不脱落,则为合格品,如图 4-10 所示。试验结果如表 4-15 所示。

a)

b)

图 4-10 环保型路用降温涂层耐水性能试验

不同类型环保型路用降温涂层耐水性能试验结果　　表 4-15

降温涂层类型	涂抹量（kg/m^2）	耐水性能
基础涂层	0.6	测试板上的涂层表面无气泡、不皱皮、不脱落、无变色
	0.8	测试板上的涂层表面无气泡、不皱皮、不脱落、无变色
	1.0	测试板上的涂层表面无气泡、不皱皮、不脱落、无变色
HT 降温涂层	0.6	测试板上的涂层表面无气泡、不皱皮、不脱落、无变色
	0.8	测试板上的涂层表面无气泡、不皱皮、不脱落、无变色
	1.0	测试板上的涂层表面无气泡、不皱皮、不脱落、无变色
JT 降温涂层	0.8	测试板上的涂层表面无气泡、不皱皮、不脱落、无变色
TB 降温涂层	0.6	测试板上的涂层表面无气泡、不皱皮、不脱落、无变色
	0.8	测试板上的涂层表面无气泡、不皱皮、不脱落、无变色
	1.0	测试板上的涂层表面无气泡、不皱皮、不脱落、无变色
HTB 降温涂层	0.8	测试板上的涂层表面无气泡、不皱皮、不脱落、无变色
JTB 降温涂层	0.8	测试板上的涂层表面无气泡、不皱皮、不脱落、无变色
规范要求（JC/T 1015—2006）	测试板上的涂膜无气泡、不皱皮、不脱落	

注：不同类型环保型路用降温涂层的成膜物配比为 3∶2（树脂 H∶固化剂 J），涂抹量为 $0.8kg/m^2$，功能性材料掺量为 20%。

由表 4-15 及图 4-10 分析可知，在水中浸泡 1/3 厚度 24h 后，不同类型环保型路用降温涂层材料测试板表面无气泡、皱皮出现，也未出现脱落现象，这说明环保型路用降温涂层材料在浸水条件下仍然能保持良好的表观状况，耐水性能良好，均符合《环氧树脂地面涂层材料》（JC/T 1015—2006）的要求。

不同类型环保型路用降温涂层具有良好的耐水性能，这主要是由于降温涂层材料具有良好的胶结能力和封水性能，可以与沥青路面形成良好的道路路面体系；当受到外界水的影响时，降温涂层黏结能力不会因水的存在而减弱，仍能够与沥青路面保持同一整体，而其良好的封水性能为沥青路面表面提供了一层防水保护层，这就为环保型路用降温涂层良好的耐水性能提供了保证。

4.3.2 道路用绿色环保型降温涂层耐温变性能

根据道路温度环境变化对环保型路用降温涂层的耐温变性能进行评价，确定降温涂层在极端环境条件下的使用性能。

本节参照《建筑涂料涂层耐冻融循环性测定法》（JG/T 25—1999），结合沥青路面特性对试验进行调整。将降温涂层材料涂刷在车辙板试件表面,待降温涂层完全干燥后,将试件置于(23±2)℃的恒温水槽中浸泡 18h;取出试件侧放于试架上,然后将装有试件的试架放入预先降温至(−20±2)℃的低温箱中,自箱内温度达到−18℃时起冷冻 3h;从低温箱中取出试件立即放入(50±2)℃的烘箱中恒温 3h;最后取出试件在自然条件下放置 2h,观察试件表面涂层是否发生粉化、起泡、开裂、剥落等现象。耐温变性能试验见图 4-11、结果见表 4-16。

a)浸泡18h

b)冷冻3h

c)恒温3h

图 4-11 环保型路用降温涂层耐温变性能试验

不同类型环保型路用降温涂层耐温变性能试验结果 表 4-16

降温涂层类型	涂抹量(kg/m²)	耐水性能				
		粉化	开裂	剥落	起泡	变色
基础涂层	0.6	无	无	无	无	无
	0.8	无	无	无	无	无
	1.0	无	轻微	无	无	轻微
HT 降温涂层	0.6	无	无	无	无	无
	0.8	无	无	无	无	无
	1.0	无	轻微	无	无	轻微
JT 降温涂层	0.8	无	无	无	无	无
TB 降温涂层	0.6	无	无	无	无	无
	0.8	无	无	无	无	轻微
	1.0	无	无	无	无	轻微
HTB 降温涂层	0.8	无	无	无	无	无
JTB 降温涂层	0.8	无	无	无	无	无
规范要求(JC/T 1015—2006)	试板涂层是否发生粉化、起泡、开裂、剥落等现象并与留样试件对比颜色变化及光泽下降的程度					

由表 4-16 及图 4-11 分析可知，浸泡 18h 后，不同类型降温涂层测试板表面状况无任何变化；在(−20±2)℃温度条件下冰冻 3h 后，降温涂层表面出现轻微变色，在恒温(50±2)℃条件下保温 3h 后，降温涂层表面完好，与留样试件对比，并无粉化、起泡、开裂、剥落等现象出现，表明环保型路用降温涂层具有良好的耐温变性能，符合《环氧树脂地面涂层材料》(JC/T 1015—2006)的相关要求。

4.3.3 道路用绿色环保型降温涂层耐化学腐蚀性能

道路在使用过程中，路面降水及其他腐蚀性溶液可能会对降温涂层造成一定的腐蚀损坏，使降温涂层出现起泡、剥落等，严重病害影响其使用性能。因此，参照《环氧树脂地面涂层材料》(JC/T 1015—2006)，对不同类型腐蚀液体浸泡条件下降温涂层耐化学腐蚀性能进行测试，评价环保型路用降温涂层自身的化学稳定性及耐腐蚀性能，试验结果如表 4-17 所示。

不同类型环保型路用降温涂层耐化学腐蚀性能试验结果 表 4-17

降温涂层类型	涂抹量(kg/m^2)	耐化学腐蚀性能		
		NaOH 溶液(浓度 15%)	HCl 溶液(浓度 10%)	120 号溶剂汽油
基础涂层	0.6	涂膜完整，不起泡、不剥落，无色变	涂膜完整，不起泡、不剥落，轻微色变	涂膜完整，不起泡、不剥落，无色变
	0.8	涂膜完整，不起泡、不剥落，无色变	涂膜完整，不起泡、不剥落，轻微色变	涂膜完整，不起泡、不剥落，无色变
	1.0	涂膜完整，不起泡、不剥落，无色变	涂膜完整，不起泡、不剥落，轻微色变	涂膜完整，不起泡、不剥落，无色变
HT 降温涂层	0.6	涂膜完整，不起泡、不剥落，无色变	涂膜完整，不起泡、不剥落，无色变	涂膜完整，不起泡、不剥落，无色变
	0.8	涂膜完整，不起泡、不剥落，无色变	涂膜完整，不起泡、不剥落，轻微色变	涂膜完整，不起泡、不剥落，无色变
	1.0	涂膜完整，不起泡、不剥落，无色变	涂膜完整，不起泡、不剥落，轻微色变	涂膜完整，不起泡、不剥落，轻微色变
JT 降温涂层	0.8	涂膜完整，不起泡、不剥落，无色变	涂膜完整，不起泡、不剥落，轻微色变	涂膜完整，不起泡、不剥落，无色变

续上表

降温涂层类型	涂抹量 (kg/m²)	耐化学腐蚀性能		
		NaOH 溶液(浓度 15%)	HCl 溶液(浓度 10%)	120 号溶剂汽油
规范要求 (JC/T 1015—2006)	涂膜完整,不起泡、不剥落,允许轻微变色			
TB 降温涂层	0.6	涂膜完整,不起泡、不剥落,无色变	涂膜完整,不起泡、不剥落,无色变	涂膜完整,不起泡、不剥落,无色变
	0.8	涂膜完整,不起泡、不剥落,无色变	涂膜完整,不起泡、不剥落,轻微色变	涂膜完整,不起泡、不剥落,无色变
	1.0	涂膜完整,不起泡、不剥落,无色变	涂膜完整,不起泡、不剥落,轻微色变	涂膜完整,不起泡、不剥落,无色变
HTB 降温涂层	0.8	涂膜完整,不起泡、不剥落,无色变	涂膜完整,不起泡、不剥落,无色变	涂膜完整,不起泡、不剥落,无色变
JTB 降温涂层	0.8	涂膜完整,不起泡、不剥落,无色变	涂膜完整,不起泡、不剥落,无色变	涂膜完整,不起泡、不剥落,无色变
规范要求 (JC/T 1015—2006)	涂膜完整,不起泡、不剥落,允许轻微变色			

由表 4-17 及图 4-12 分析可知,不同类型降温涂层测试板在 15%的 NaOH 溶液中浸泡后,涂层表面涂膜完整,不起泡、不剥落,而且没有任何色泽变化;不同类型降温涂层测试板在浓度为 10%的 HCl 溶液中浸泡后,涂层表面出现轻微色变,但无起泡、剥落现象出现。

a) 15%的NaOH溶液

b) 10%的HCl溶液

c) 120号溶剂汽油

图 4-12 环保型路用降温涂层耐化学腐蚀性能试验

不同类型降温涂层测试板在120号溶剂汽油中浸泡后，涂层表面涂膜完整，不起泡、不剥落，而且没有任何色泽变化。综上所述，不同类型降温涂层的耐化学腐蚀性能良好，均满足《环氧树脂地面涂层材料》（JC/T 1015—2006）的要求。

4.3.4 道路用绿色环保型降温涂层耐磨性能

降温涂层在应用过程中与行车轮胎相互接触，在车轮荷载及长时间滑动摩擦的综合作用下，会产生一定程度的磨耗损失。因此，本节对环保型路用降温涂层的耐磨耗性能进行测试，全面评价降温涂层抵御行车车轮磨耗的能力。

参考《环氧树脂地面涂层材料》（JC/T 1015—2006），利用磨耗仪对降温涂层试件进行磨耗试验。为了保证合理的磨耗面积和试验效果，首先利用湿轮磨耗试验模具（尺寸：300mm×300mm×6mm，中间有一个直径279mm的圆孔）在油毛毡上制作试验试件（涂层规范为内径为100mm的圆形试件），在60℃温度条件下干燥16h后涂刷降温涂层，并放置于通风处干燥，当试件完全干燥后置于磨耗仪上进行磨耗试验。对磨耗试验结果按照《环氧树脂地面涂层材料》（JC/T 1015—2006）相关试验条件和要求进行换算，耐磨耗试验如图4-13所示，结果如表4-18所示。

a)

b)

图4-13 不同类型路面降温涂层耐磨耗性能试验

不同类型环保型路用降温涂层耐磨耗性能变化规律，如图4-14所示。

由表4-18及图4-14分析可知，当涂抹量由0.6kg/m^{2}增加到1.0kg/m^{2}时，基础涂层单位质量磨耗损失增大了0.012g，单位磨耗量增长幅度约占涂抹量为0.6kg/m^{2}基础涂层的6.5%。

不同类型路面降温涂层耐磨耗性能试验结果　　表 4-18

降温涂层类型	涂抹量(kg/m²)	单位质量损失(g)
基础涂层	0.6	0.184
	0.8	0.189
	1.0	0.196
HT 降温涂层	0.6	0.099
	0.8	0.101
	1.0	0.104
JT 降温涂层	0.6	0.109
	0.8	0.114
	1.0	0.124
TB 降温涂层	0.6	0.116
	0.8	0.121
	1.0	0.124
HTB 降温涂层	0.6	0.114
	0.8	0.117
	1.0	0.121
JTB 降温涂层	0.6	0.126
	0.8	0.131
	1.0	0.135
规范要求(JC/T 1015—2006)	<0.2	

对于不同类型环保型路用降温涂层，当涂抹量由 0.6kg/m² 增加到 1.0kg/m² 时，单位质量损失增大幅度分别为：HT 降温涂层 5.1%、JT 降温涂层 13.8%、TB 降温涂层 6.9%、HTB 降温涂层 6.1%、JTB 降温涂层 7.1%。以上分析表明，在一定涂抹量范围内，单位质量损失随涂抹量的增加而逐渐增大，但均能够满足规范要求。不同类型环保型路用降温涂层单位磨耗量损失对比，如图 4-15 所示。

与基础涂层相比，不同类型环保型路用降温涂层的耐磨性能均有较大幅提高，当涂抹量为 0.8kg/m² 时，HT 降温涂层的耐磨性能最优，单位磨耗量为 0.101g，质量损失较基础涂层减少了 46.6%；而 JTB 降温涂层磨耗量最大，单位磨耗量为 0.131g，单位质量损失较基础涂层减少了 30.7%，这表明降温功能性材料的加入能够显著提高涂层的耐磨性能，提高降温涂层的使用寿命。

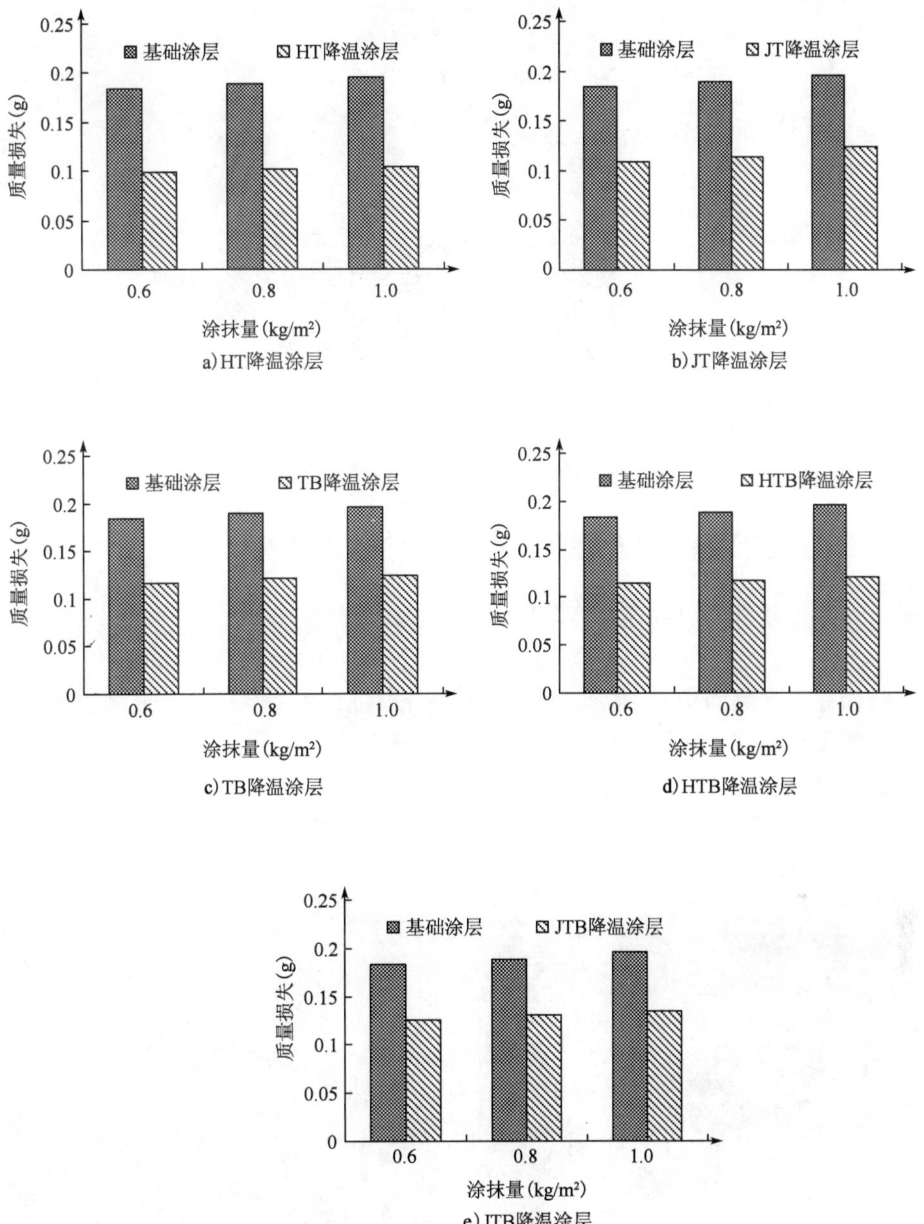

图 4-14 不同类型环保型路用降温涂层与基础涂层单位磨耗质量损失对比

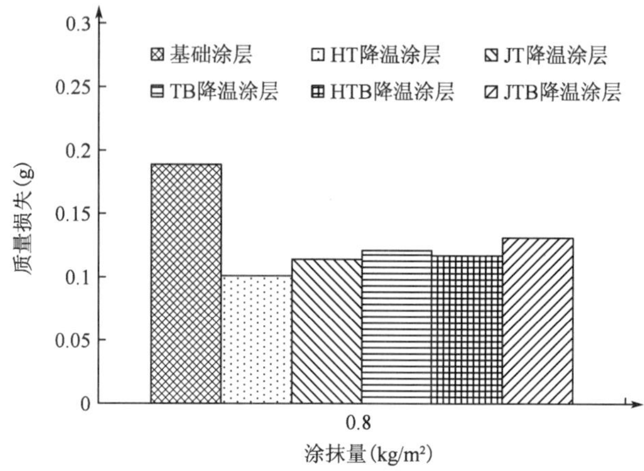

图 4-15　不同类型环保型路用降温涂层单位磨耗质量损失对比

4.3.5　道路用绿色环保型降温涂层复合耐久性能

1)基于复合工况的环保型路用降温涂层耐压性能

基于复合工况的环保型路用降温涂层耐压性能试验主要从高温、低温以及冻融循环三个方面进行，依据《路面标线涂料》(JT/T 280—2004)的相关规定，采用配重块模拟车辆纵向静荷载，系统研究环保型路用降温涂层在不同环境因素和车辆纵向静荷载综合作用下的耐压性能。

(1)基于复合工况的环保型路用降温涂层耐压性能试验方法(图 4-16)

高温耐压性能试验：依据《路面标线涂料》(JT/T 280—2004)中的相关规

a)

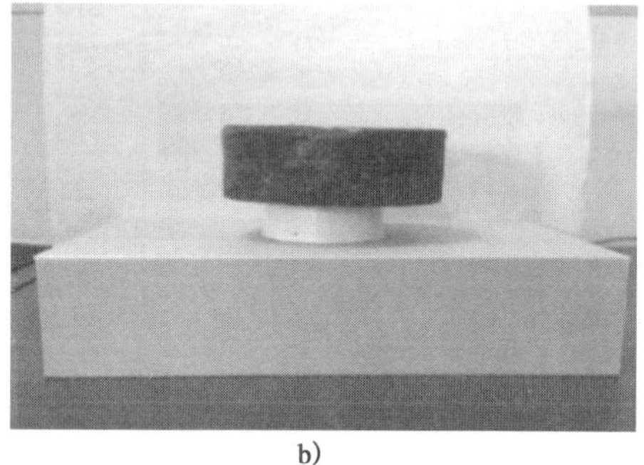

b)

图 4-16　基于复合工况的环保型路用降温涂层高温耐压试验

定，将降温涂层灌注在试件模具中，完全冷却后，用加热的刮刀削掉端头表面突出部分，并用100号砂纸将表面磨平；常温下放置24h后用游标卡尺测量试块初始高度，精确至0.1mm；在保温箱内60℃环境下，在试块上放置质量为2kg±20g的配重块，保温6h后用游标卡尺测定试块高度，并计算耐压系数。

低温耐压性能：制备耐压试验试件，常温下放置24h后用游标卡尺测量试块初始高度，精确至0.1mm；在冷冻箱内(−20±2)℃环境下，在试块上放置质量为2kg±20g的配重块，保温6h后用游标卡尺测定试块高度，并计算耐压系数。

冻融循环耐压性能：制备耐压试验试件，常温下放置24h后用游标卡尺测量试块初始高度，精确至0.1mm；首先将试件放置于24℃恒温水槽中保温12h；然后将试块放置于冷冻箱内(−20±2)℃环境下保温6h；最后在60℃保温条件下，在试块上放置质量为2kg±20g的配重块，保温6h后用游标卡尺测定试块高度，并计算耐压系数。

耐压系数计算公式如下：

$$B(\%)=\frac{H_2}{H_1}\times 100\% \tag{4-1}$$

式中：B——耐压系数，%；

H_1——试验前样品的高度，mm；

H_2——试验后样品的高度，mm。

(2)基于复合工况的环保型路用降温涂层耐压性能试验结果与分析。

基于复合工况的环保型路用降温涂层耐压性能试验结果，如表4-19所示。

基于复合工况的环保型路用降温涂层耐压试验结果 表4-19

降温涂层类型 \ 评价指标	试验条件	试验前平均高度(cm)	试验后平均高度(cm)	平均压缩量(cm)	耐压系数(%)
HT降温涂层	高温	2.36	2.32	0.04	98.31
	低温	2.43	2.41	0.02	99.18
	冻融	2.52	2.42	0.1	96.03
JT降温涂层	高温	2.86	2.73	0.13	95.45
	低温	2.67	2.62	0.05	98.13
	冻融	2.49	2.35	0.14	94.38
TB降温涂层	高温	2.4	2.28	0.12	95.00
	低温	2.55	2.51	0.04	98.43
	冻融	2.47	2.31	0.16	93.52

续上表

评价指标 / 降温涂层类型	试验条件	试验前平均高度(cm)	试验后平均高度(cm)	平均压缩量(cm)	耐压系数(%)
HTB降温涂层	高温	2.61	2.54	0.07	97.32
	低温	2.53	2.48	0.05	98.02
	冻融	2.34	2.26	0.08	96.58
JTB降温涂层	高温	2.55	2.43	0.12	95.29
	低温	2.61	2.57	0.04	98.47
	冻融	2.48	2.32	0.16	93.55

由表4-19分析可知，在不同环境条件下，环保型路用降温涂层的平均压缩高度较小，其中最大压缩量为1.6mm，最小压缩量仅为0.2mm。不同类型环保型路用降温涂层的耐压系数均保持在93%以上，其中，低温耐压系数最高，均在98%以上，其次为高温耐压系数(均保持在95%以上)，冻融耐压系数最小，但也保持在93%以上，这表明不同类型环保型路用降温涂层具有良好耐压性能，即在不同环境条件下对车辆静止竖向荷载具有良好的抵抗性能。

高温和冻融耐压系数要略小于低温耐压系数，这是由于在持续高温条件下，环保型路用降温涂层会有所软化，伴随着道路车辆纵向静荷载的作用，环保型路用降温涂层会发生纵向压缩变形，而在常温条件下，环保型路用降温涂层质地较硬，受纵向静荷载作用后，压缩变形量微小。

2)基于复合工况的环保型路用降温涂层耐轮碾性能

道路行车和环境作为重要的影响因素，会对环保型路用降温涂层的使用耐久性能造成不同程度的影响。采用保温箱分别模拟夏季和冬季的气候条件，基于标准轴载轮碾压试验，全面研究不同环境因素条件下环保型路用降温涂层的耐轮碾性能。

(1)基于复合工况的环保型路用降温涂层耐轮碾性能试验方法，见图4-17。

高温耐轮碾性能：采用水泥板(刚性板)作为降温涂层载体，将环保型路用降温涂层均匀涂刷于水泥板表面，放置在通风处干燥48h；完全干燥后，将试件置于保温箱中60℃条件下保温6h，并对降温涂层厚度进行测试；在60℃条件下，以标准轴载分别对试件两个平行位置进行碾压1h，观察降温涂层表面状况，并测量碾压位置的纵向变形量，计算耐轮碾系数。

低温耐轮碾性能：将涂刷降温涂层的试件置于冷冻箱中(−20±2)℃条件下保温12h，并对降温涂层厚度进行测试；将试件放置于车辙仪内，在常温条件下以标准轴载分别对其两个平行位置进行碾压 1h，观察降温涂层表面状况，并测量碾压位置的纵向变形量，计算耐轮碾系数。

a)

b)

c)

图 4-17　环保型路用降温涂层复合工况条件下耐轮碾试验结果

冻融循环耐轮碾性能：冻融循环耐轮碾性能首先将试件表面降温涂层浸入 24℃恒温水槽中 12h；然后将试件放置于冷冻箱中，在(−20±2)℃条件下保温 6h；最后将试件放置于 60℃温度的烘箱中保温 6h，以此为一个冻融循环，并进行 4 个循环。完成冻融循环后，将试件取出并放置于车辙仪中，在常温条件下分别对两个平行位置碾压 1h，碾压完成后观察表面状况，并对降温涂层的纵向变形量进行测试，计算耐轮碾系数。

耐轮碾系数计算公式如下：

$$\mathrm{WI}(\%)=\frac{H_2-H_0}{H_1-H_0}\times 100\% \tag{4-2}$$

式中：WI——耐轮碾系数，%；

H_0——未涂刷降温涂层试板厚度，mm；

H_1——碾压试验前试件总厚度，mm；

H_2——碾压试验后试件总厚度，mm。

(2)基于复合工况的环保型路用降温涂层耐轮碾性能试验结果与分析

基于复合工况的环保型路用降温涂层耐轮碾性能试验结果，如表 4-20 所示。

环保型路用降温涂层复合工况条件下耐轮碾试验结果　　表 4-20

评价指标类型	试验条件	碾压前平均厚度(mm)	碾压后平均厚度(mm)	平均变形量(mm)	高温耐轮碾系数(%)	降温涂层表面状况
HT 降温涂层	高温	53.67	53.43	0.24	93.46	无裂痕出现，无剥落，表面状况良好
	低温	53.95	53.81	0.14	96.46	
	冻融	54.44	54.08	0.36	91.89	

续上表

评价指标类型	试验条件	碾压前平均厚度(mm)	碾压后平均厚度(mm)	平均变形量(mm)	高温耐轮碾系数(%)	降温涂层表面状况
JT降温涂层	高温	53.66	53.41	0.25	93.17	无裂痕出现，无剥落，表面状况良好
	低温	54.12	53.94	0.18	95.63	
	冻融	53.98	53.66	0.32	91.96	
TB降温涂层	高温	53.76	53.48	0.28	92.55	无裂痕出现，无剥落，表面状况良好
	低温	53.28	53.11	0.17	94.82	
	冻融	54.13	53.79	0.34	91.77	
HTB降温涂层	高温	54.21	53.89	0.32	92.40	无裂痕出现，无剥落，表面状况良好
	低温	54.05	53.92	0.13	96.79	
	冻融	54.11	53.71	0.4	90.26	
JTB降温涂层	高温	53.75	53.46	0.29	92.27	无裂痕出现，无剥落，表面状况良好
	低温	53.26	53.13	0.13	96.01	
	冻融	53.39	53.08	0.31	90.86	

分析表4-20可知，在不同环境条件下，不同类型环保型路用降温涂层在经过负荷轮碾压后，表面状况良好，未出现裂缝，无剥落；环保型路用降温涂层均出现了一定程度的纵向变形量，但纵向变形量较小，基本在0.25上下浮动，最大仅为0.4mm，而且耐轮碾系数均在91%以上，表明在不同环境条件下，环保型路用降温涂层具有良好的耐轮碾性能，即在不同环境条件下降温涂层能够良好地抵御道路行车车轮碾压荷载的破坏作用。

环保型路用降温涂层在低温条件下，耐轮碾性能最优，耐轮碾系数基本保持在95%以上；在持续高温条件下，环保型路用降温涂层的耐轮碾系数出现略微下降，也基本保持在92%以上；而在冻融循环条件下，环保型路用降温涂层的耐轮碾系数相对较差，但也能够保持在91%以上。

3)基于复合工况的环保型路用降温涂层耐磨耗性能

高温条件、温变条件以及化学腐蚀条件下，环保型路用降温涂层自身性质可能会发生改变，而伴随着行车轮胎的摩擦力作用，会对降温涂层产生磨耗作用。为了良好地评价复合条件下环保型路用降温涂层的耐磨耗性能，采用高温、温变以及化学腐蚀等因素模拟涂层的磨耗使用环境，借助磨耗仪对环保型路用降温涂层的复合耐磨耗性能进行深入研究，全面评价环保型路用降温涂层的复合耐磨耗性能。

(1)基于复合工况的环保型路用降温涂层耐磨耗性能试验方法(图 4-18)。

a)

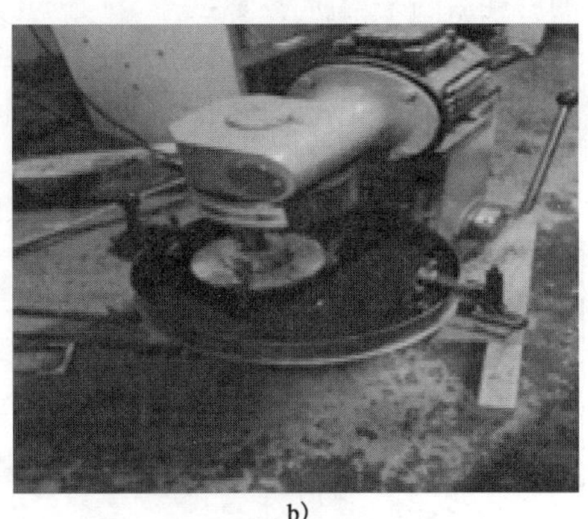

b)

图 4-18 环保型路用降温涂层复合工况条件下耐磨耗试验

高温耐磨耗:依据《乳化沥青稀浆封层混合料湿轮磨耗试验》(T 0752—1993)的试件制备方法,首先利用湿轮磨耗试验的试件模具(尺寸:300mm×300mm×6mm,中间有一个直径 279mm 的圆孔)在油毛毡上制作试验试件,60℃条件下干燥 16h 后涂刷降温涂层,放置于通风处干燥 48h;当试件完全干燥后置于 60℃恒温烘箱中,保温 12h 后称量试件的质量;将试件放置在湿轮磨耗仪的转台上进行磨耗试验,经过规定的转数后,将残留在试件上的任何疏松的磨屑除去,再次称量试件并记录其质量,计算经过规定转数的摩擦循环后的平均质量损耗,每组进行三次平行试验。

冻融循环耐磨耗试验:首先将制备好的试件置于冰箱中,在(−20±2)℃条件下保温 12h;然后将试件放置于 60℃温度的水浴箱中保温 12h,以此为一个冻融循环,并进行 4 个循环。完成冻融循环后,称量试件的质量,并放置于湿轮磨耗仪上进行磨耗试验。在经过规定的转数后,将残留在试件上的任何疏松的磨屑除去,再次称量试件质量并记录,计算经过规定转数磨损后的平均质量损耗。

化学腐蚀耐磨耗性能:首先将制备好的试件分别放入 15%NaOH 溶液、10%HCl 溶液及 120 号溶剂汽油浸泡 48h;然后取出浸泡过的试件,放入 60℃烘箱干燥 2h,称量试件质量;将试件放置在湿轮磨耗仪的转台上进行磨耗试验,经过规定的转数后,将残留在试件上的任何疏松的磨屑除去,再次称量试件并记录这一质量,计算经过规定转数的磨耗后的平均质量损耗。

表面污染耐磨耗性能:首先称取试件质量,然后在制备好的试件表面撒铺 500g 标准砂;将试件放置在湿轮磨耗仪的转台上进行磨耗试验,经过规定的转数后，将标准砂及残留的疏松磨屑除去，再次称量试件质量，计算经过规定转数的磨耗后的平均质量损耗。

(2)基于复合工况的环保型路用降温涂层耐磨耗性能试验结果与分析。

基于复合工况的环保型路用降温涂层耐磨耗性能试验结果，如表 4-21 所示。

环保型路用降温涂层复合工况条件下耐磨耗试验结果　　表 4-21

涂层类型 \ 评价指标	试验条件	磨耗前平均质量(g)	磨耗后平均质量(g)	平均单位质量损失(g)	降温涂层表面状况
HT 降温涂层	高温	985.503	985.375	0.128	无裂痕出现，无剥落，表面状况良好
	冻融	1005.368	1005.244	0.124	
	NaOH	1002.339	1002.155	0.184	
	HCl	998.575	998.428	0.147	
	汽油	1012.741	1012.554	0.187	
	标准砂	1005.356	1005.161	0.195	
JT 降温涂层	高温	1031.566	1031.419	0.147	无裂痕出现，无剥落，表面状况良好
	冻融	993.854	993.747	0.107	
	NaOH	1053.622	1053.464	0.158	
	HCl	1001.439	1001.318	0.121	
	汽油	1005.839	1005.673	0.166	
	标准砂	999.213	999.023	0.19	
TB 降温涂层	高温	1011.358	1011.225	0.133	无裂痕出现，无剥落，表面状况良好
	冻融	1034.108	1033.996	0.112	
	NaOH	1072.675	1072.513	0.162	
	HCl	1033.676	1033.531	0.145	
	汽油	1023.576	1023.405	0.171	无裂痕出现，无剥落，表面状况良好
	标准砂	1011.384	1011.197	0.187	
HTB 降温涂层	高温	1093.267	1093.143	0.124	无裂痕出现，无剥落，表面状况良好
	冻融	1055.515	1055.413	0.102	
	NaOH	981.289	981.152	0.137	
	HCl	993.451	993.318	0.133	
	汽油	999.765	999.63	0.135	
	标准砂	996.711	996.534	0.177	

续上表

评价指标 涂层类型	试验条件	磨耗前平均质量(g)	磨耗后平均质量(g)	平均单位质量损失(g)	降温涂层表面状况
JTB降温涂层	高温	998.503	998.364	0.139	无裂痕出现，无剥落，表面状况良好
	冻融	976.485	976.362	0.123	
	NaOH	977.878	977.726	0.152	
	HCl	1017.331	1017.16	0.171	
	汽油	1001.336	1001.178	0.158	
	标准砂	989.849	989.66	0.189	

由表4-21分析可知，在不同环境条件下，环保型路用降温涂层的单位磨耗损失量较小，基本在0.15g上下浮动，最大为0.184g，均小于规范0.2g的限值要求，满足规范要求，而单位磨耗质量损失率基本在0.15%上下浮动，表明不同类型环保型路用降温涂层具有良好的耐磨耗性能，在不同环境条件下，能够减小汽车轮胎磨耗带来的不利影响，保证自身良好的使用性能。

环保型路用降温涂层的高温和低温磨耗质量损失相差较小，而化学腐蚀和表面污染条件下的单位磨耗质量损失量相对较大，主要是由于化学试剂的作用改变了降温涂层的表面构造，而标准砂的撒铺增大了降温涂层表面摩擦系数，这均在一定程度上增大了轮胎与降温涂层表面的摩擦力，从而增大了降温涂层单位磨耗损失。

5 道路用绿色环保型降温涂层耐久性评价指标体系

目前，与路面降温材料相关的规范及标准较少，而且针对降温涂层耐久性评价指标的研究及规范更是鲜有报道，缺乏完备的路用降温涂层耐久性评价指标体系。因此，本章针对现有涂层规范耐久性指标存在的不足，深入研究路用降温涂层应用过程中的环境、车辆等影响因素，确定降温涂层耐久性单一及复合影响因素，提出降温涂层耐久性评价指标，确定耐久性指标限值和适用范围，建立完备的降温涂层耐久性评价指标体系，为降温涂层的耐久性评价提供科学依据。

5.1 现有涂层技术规范中耐久性指标分析

5.1.1 耐久性指标调查分析

现有的路面涂料规范及标准中关于耐久性能的相关指标及要求如下。

1)中华人民共和国建材行业标准《环氧树脂地面涂层材料》

《环氧树脂地面涂层材料》(JC/T 1015—2006)对自流平环氧树脂地面涂层材料和薄涂型环氧树脂地面涂层材料的耐久性能技术要求，如表 5-1 和表 5-2 所示。

自流平环氧树脂地面涂层材料耐久性能技术要求 表 5-1

耐久性指标		技术指标
耐磨性(g)		≤0.15
耐化学性	15%的 NaOH 溶液	涂膜完整，不起泡，不剥落，允许轻微变色
	10%的 HCl 溶液	
	120 号溶剂汽油	

薄涂型环氧树脂地面涂层材料耐久性能技术要求 表 5-2

耐久性指标		技术指标
耐磨性(g)		≤0.20
耐水性		涂膜完整,不起泡,不剥落,允许轻微变色
耐化学性	15%的 NaOH 溶液	涂膜完整,不起泡,不剥落,允许轻微变色
	10%的 HCl 溶液	
	120 号溶剂汽油	

注:本标准的标准试验条件:环境温度(23±2)℃,相对湿度(50±5)%。

《环氧树脂地面涂层材料》(JC/T 1015—2006)对自流平环氧树脂地面涂层材料和薄涂型环氧树脂地面涂层材料的耐久性主要从耐磨性能、耐化学性、耐水性等方面作出了具体的要求,其中定量指标有耐磨性能,定性指标有耐化学性、耐水性。

2)中华人民共和国交通行业标准《路面防滑涂料》

《路面防滑涂料》(JT/T 712—2008)对路面防滑涂层材料理化性能、热熔型和冷涂型涂层材料耐久性方面的技术要求,如表 5-3 及表 5-4 所示。

路面防滑涂料耐久性能技术要求 表 5-3

耐久性指标	技术要求
耐水性	在水中浸 24h 应无异常现象
耐碱性	在氢氧化钙饱和溶液中浸 24h 无异常现象
涂层耐低温性	−10℃保持 4h,室温放置 4h 为一个循环,连续做三个循环后应无裂纹

热熔型路面防滑涂料耐久性能技术要求 表 5-4

耐久性指标	技术要求
耐变形性(60℃,0.5kg/cm^2,1h)(%)	≥90

《路面防滑涂料》(JT/T 712—2008)在路面防滑涂料耐久性能方面对耐水性、耐碱性、耐低温性等提出了技术要求,而其耐久性能方面的指标均为定性指标;对于热熔型路面防滑涂料的耐久性能,主要从耐变形性进行了指标方面的要求,属于定量指标。

3)中华人民共和国交通行业标准《路面标线涂料》

标准《路面标线涂料》(JT/T 280—2004)对溶剂型地面涂层材料、热熔型地面涂层材料、双组分涂料的性能和水性涂料耐久性能的技术要求,如表 5-5～表 5-8所示。

溶剂型涂料耐久性能技术要求　　表 5-5

耐久性指标	溶剂型	
	普通型	反光型
耐磨性(mg)(200r/1000g 后减重)	≤40(JM-100 橡胶砂轮)	
耐水性	在水中浸 24h 应无异常现象	
耐碱性	在氢氧化钙饱和溶液中浸 24h 应无异常现象	

热熔型涂料耐久性能技术要求　　表 5-6

耐久性指标	热熔型		
	普通型	反光型	突起型
耐磨性(mg)(200r/1000g 后减重)	≤80(JM100 橡胶砂轮)		
耐水性	在水中浸 24h 应无异常现象		
耐碱性	在氢氧化钙饱和溶液中浸 24h 无异常现象		
耐低温性	－10℃保持 4h,室温放置 4h 为一个循环,连续做 3 个循环后应无裂纹		

双组分涂料耐久性能技术要求　　表 5-7

耐久性指标	双组分		
	普通型	反光型	突起型
耐磨性(mg)(200r/1000g 后减重)	≤40(JM-100 橡胶砂轮)		
耐水性	在水中浸 24h 后应无异常现象		
耐碱性	在氢氧化钙饱和溶液中浸 24h 应无异样		

水性涂料耐久性能技术要求　　表 5-8

耐久性指标	水性	
	普通型	反光型
耐水性	在水中浸 24h 应无异常现象	
耐碱性	在氢氧化钙饱和溶液中浸 24h 应无异样	

《路面标线涂料》(JT/T 280—2004)分别对溶剂型涂料、热熔型涂料、双组分涂料、水性涂料作出了耐久性能指标方面的要求。对于不同类型的路面涂料,该标准主要从耐磨性、耐水性、耐碱性和耐低温性方面对耐久性作出了要求,其中耐磨性属于定量性指标,耐水性、耐碱性和耐低温性属于定性指标。

4)中华人民共和国交通行业标准《公路用防腐蚀粉末涂料及涂层》

《公路用防腐蚀粉末涂料及涂层》(JT/T 600—2004)对公路用防腐蚀粉末涂料及涂层耐久性能要求,如表 5-9 所示。

公路用防腐蚀粉末涂料及涂层耐久性能技术要求　　表 5-9

耐久性指标	技术要求	
	单涂	双涂
耐冲击性	试验后,除冲击部位外,无明显裂痕、皱纹及涂层脱落现象	
抗弯曲性	试验后,应无肉眼可见的皱纹及涂层脱落现象	
耐化学腐蚀性	试验后,涂层应无气泡、溶解、溶胀、软化、丧失黏结等现象,试件应无混浊、褪色及填料沉淀等现象	
耐盐雾性能	经 8h 试验后,划痕部位任何一侧 0.5mm 外,涂层应无气泡、剥离等现象	
耐湿热性能	经 8h 试验后,划痕部位任何一侧 0.5mm 外,涂层应无气泡、剥离等现象	
耐低温脆化性能	经 168h 试验后,涂层应无明显变色及开裂现象,经耐冲击性后,性能仍能符合要求	

《公路用防腐蚀粉末涂料及涂层》(JT/T 600—2004)对于涂料耐久性能主要从耐冲击性、抗弯曲性、耐化学腐蚀性、耐低温脆化性能、耐湿热性能等方面提出了指标性要求。耐久性要求相关指标均属于定量性指标。

5.1.2 耐久性指标存在问题分析

通过对现有涂层规范进行研究和总结,主要对以下耐久性指标作出了相应的要求,详见表 5-10。

现有规范耐久性评价指标及要求　　表 5-10

耐久性指标	指标属性	指标要求
耐化学性	定性指标	试验后,涂层应无气泡、溶解、溶胀、软化、丧失黏结等现象,试件应无混浊、褪色及填料沉淀等现象
耐水性	定性指标	涂膜完整,不起泡,不剥落,允许轻微变色
耐磨性	定量指标	≤40mg
耐低温性	定性指标	无裂纹出现
耐变形性	定量指标	≥90%
耐冲击性	定性指标	试验后,除冲击部位外,无明显裂痕、皱纹及涂层脱落现象

由表 5-10 分析可知,相关规范分别从耐化学性、耐水性、耐磨性、耐低温性、耐变形性、耐冲击性等方面对涂层的耐久性作出了要求,其中,耐磨性和耐变形性属于定量评价指标,其他指标均属于定性指标。

耐化学腐蚀是衡量涂层材料在受到酸、碱、汽油或其他腐蚀性液体的影响下，保持自身性质稳定的能力；耐水性是衡量在受到降水影响下，涂层在降水浸泡后保持自身稳定的能力；耐磨性能是衡量在长期受到汽车行驶和制动影响的条件下，涂层承受车轮磨耗的能力；耐低温性是衡量在低温影响下，涂层抵御低温缩裂的能力；耐变形性能是衡量在高温条件和一定荷载共同作用下，涂层自身抵抗变形的能力；耐冲击性是衡量在受到外部重物冲击时，保持表面良好使用性能的能力。涂层耐久性能指标所对应的使用环境，如表 5-11 所示。

耐久性评价指标对应的使用环境 表 5-11

耐久性指标	指标属性	对应使用环境
耐化学腐蚀性	定性指标	车辆废油腐蚀、腐蚀性液体运输车辆泄漏、酸雨等
耐水性	定性指标	所在地区降水量较大，路面排水不畅
耐磨性	定量指标	交通量较大，车辆制动次数多的弯道或下坡路段
耐低温性	定性指标	冬季气温低于零度，路面排水不畅
耐变形性	定量指标	夏季高温地区，载重车辆较多
耐冲击性	定性指标	车祸较多的路段、有较多货物堆积过高的车辆通行

结合表 5-10 和表 5-11 分析可知，现有规范及标准的耐久性指标主要存在以下问题。

(1)现有规范及标准中的耐久性评价指标仅对于涂层实际使用环境中某些单一影响因素进行规定和限制，但在实际使用环境中，对于耐久性影响多为复合多因素的综合影响，这就造成现有规范的耐久性指标无法满足真实使用环境下耐久性评价要求，无法实现实际使用条件下涂层耐久性能的合理评价。

(2)现有规范及标准中的耐久性评价指标多数属于定性指标，定量指标较少。定性指标虽然能够对涂层的耐久性能作出评价，但由于评价方法受到评价人的主观性影响较大，不同试验人员作出的评价结果往往存在一定程度的差异，评价结果缺乏说服力。

(3)不同规范及标准的耐久性指标评价条件及方法存在较大的差异，缺乏统一的评价条件及方法，例如试验试件的制备方法、试验的经历时间等。缺少统一的评价条件及方法会造成评价结果无法形成等效和对比。

(4)现有规范及标准并未针对不同气候分区提出相应的耐久性控制指标，无法形成对特殊地区涂层耐久性针对性控制。

(5)耐久性评价指标针对性不强，整体性较差，尚未形成系统、完备的评价指标体系。

5.2 降温涂层耐久性影响因素

5.2.1 自然影响因素

温度和水分作为重要的自然影响因素，对道路路用性能具有较大影响。依据相关机构与中国气象科学研究院合作研究，通过对全国600多个气象台站30年的气象数据的统计分析，对高温指标、低温指标、雨量指标等进行了研究，提出了分区指标的界限及气候分区图。

1)高温指标

使用7月平均最高气温，即30年的7月平均日最高气温(每天14时气温的平均值)的平均值作为高温划分指标，将全国划分为三个高温指标气候分区，主要如表5-12所示。

高温指标气候分区　　表5-12

气候区	夏炎热区	夏炎区	夏凉区
7月平均最高气温	>30℃	20～30℃	<20℃

由表5-12可知，全国的高温气候分区主要分为夏炎热区、夏炎区、夏凉区，其中，夏凉区七月平均最高气温低于20℃，不会对降温涂层的自身性质和各项性能产生不利影响。因此，在夏凉区降温涂层耐久性评价中，可不对与高温相关耐久性评价指标作出相关要求。

对于夏炎热区、夏炎区，7月平均最高气温分别高于20℃和30℃，在长期的高温影响下，容易对降温涂层的自身性质产生不利影响，进而导致降温涂层无法良好发挥其降温性能，因此，针对降温涂层耐高温评价，应统一以夏炎热区最恶劣高温环境为主要依据，对与高温相关耐久性评价指标提出相关要求。

2)低温指标

选用30年的极端最低气温作为低温使用指标，将全国划分为四个低温指标气候分区，主要如表5-13所示。

低温指标气候分区　　表5-13

气候区	冬严寒区	冬寒区	冬冷区	冬温区
年平均最低气温	<−37℃	−21.5～−37℃	−9～−21.5℃	>−9℃

由表5-13可知，全国的低温指标气候分区主要包括冬严寒区、冬寒区、冬冷区以及冬温区，其中冬温区的年平均最低气温在−9℃以上，气温相对较高，因

此，在冬温区降温涂层耐久性评价中，可不对与低温相关耐久性评价指标作出相关要求。

对于冬严寒区、冬寒区、冬冷区，温度均低于−9℃，持续低温会对降温涂层的耐低温性能产生极为不利影响，严重时会造成降温涂层产生裂缝和剥落等病害。同时，冬严寒区和冬寒区的夏季温度相对较低，无须采用降温涂层进行路面降温。因此，为保证降温涂层在低温环境下的耐久性能和应用合理性，应统一以冬冷区最恶劣低温环境为主要依据，对与低温相关耐久性评价指标提出相关要求。

3)雨量指标

以年降雨量为主要划分依据，即 30 年年降水量的平均值为指标，将全国划分为四个降雨量指标分区，主要如表 5-14 所示。

降 雨 量 分 区　　表 5-14

降雨量分区	潮湿区	湿润区	半干区	干旱区
年平均降水量	>1000mm	500～1000mm	250～500mm	<250mm

由表 5-14 可知，全国降雨量分区主要包括潮湿区、湿润区、半干区以及干旱区。对于半干区和干旱区，年平均降水量在 500mm 以内，降水量相对较少，不会对降温涂层的性能产生不利影响。因此，在降温涂层耐久性评价中，可不对与降水相关耐久性评价指标作出相关要求。

对于潮湿区、湿润区，降水量较大，容易造成路面积水现象，会对降温涂层与路面之间的黏结性产生不利影响，因此，可统一以潮湿区的最大降水量为依据，对与降水相关耐久性评价指标作出相关要求。

5.2.2 道路车辆影响因素

车辆在道路上行驶时，车辆轴载作用、车轮滚动摩擦力与制动力、车辆废弃油料泄漏等不同因素都会对路面降温涂层使用耐久性能产生不利影响，因此，本节深入分析不同道路行车影响因素的特点，并针对行车影响因素提出相应的耐久性评价指标。

1)车轮磨耗影响因素

车辆在道路上行驶过程中，车轮与道路涂层之间存在着一定的接触面积，在车辆荷载的垂直作用下，二者之间会产生滚动摩擦，而滚动摩擦的存在势必会对降温涂层造成一定程度磨耗。

当行驶车辆进行制动时，车轮与降温涂层之间会产生滑动摩阻力，同时还会产生较大的摩擦热量，造成降温涂层温度提高，在高温和摩擦的共同影响下，可能会导致降温涂层产生大幅度的磨耗损失，对降温涂层耐久性产生极为不利的影响。在长期的车辆通行过程中，降温涂层会受到间断性反复摩擦作用，这就要求在降温涂层的耐久性评价指标中，应提出针对道路行驶车辆车轮摩擦影响的相应耐久性评价指标及要求。

由于不同等级道路的通行能力存在较大差异，通行车辆的数量将会对道路的耐磨耗性能产生不同程度的影响，因此，还应结合不同等级道路的通行能力对此类耐久性评价指标提出相应要求。对于下坡路段、急弯路段较多的地区，车辆的制动次数相对增多，应对降温涂层耐磨性能提出相应耐久性指标及要求。

2)车辆轴载影响因素

车辆轴载会对降温涂层产生垂直于路面的竖向荷载，竖向荷载的长期作用会使降温涂层产生竖向塑性变形，这对降温涂层的抗变形能力产生不利影响，严重时会造成路面涂层出现大面积的裂痕和剥落。而当重载车辆较多时，降温涂层将会反复承受巨大的纵向车辆荷载，永久变形破坏将会更为明显。因此，应针对道路行驶车辆的不同类型轴重影响，对降温涂层的耐变形性提出相应评价指标。

对于夏炎热区和夏炎区，在高温条件下，车辆轴重可能会使降温涂层产生车辙等永久性变形；而对于严寒区、冬寒区以及冬冷区，在低温作用条件下，车辆轴重可能会使降温涂层产生破碎、裂缝等病害。因此，还应结合道路所在的气候分区，对降温涂层的相关耐久性指标提出有针对性的耐久性指标及要求。

3)冲击力影响因素

当道路上行驶车辆中包含大量的货运车辆时，货运车辆行驶过程中，突然制动可能会造成车内货物坠落(例如砂石运输车辆、废旧钢材运输车辆等)，而重物的坠落会对降温涂层表面产生瞬时冲击力，极易造成降温涂层表面产生冲击破坏，如果坠落物具有棱角，还会造成降温涂层的碎裂和脱落，严重影响降温涂层的整体性，这会大幅降低降温涂层的使用寿命，对降温涂层的耐久性能产生不利影响。同时，车祸中车辆的碰撞，极易造成车体结构物的坠落，也会对路面降温涂层产生严重的冲击破坏。因此，针对道路上行驶车辆产生的冲击破坏，应对降温涂层耐冲击性能提出合理的要求，以保证降温涂层的整体使用性能。

4)化学腐蚀影响因素

当车辆发生故障时，其内部油料或润滑油等腐蚀性液体会产生泄漏，该类腐蚀性液体中的某些成分可能与降温涂层发生化学反应，造成路面降温涂层的化学腐蚀破坏，严重影响降温涂层的耐久性及降温性能；而酸、碱等化学品在运输过程中的泄漏也会导致降温涂层耐久性及降温性能下降。因此，应针对车辆故障、化学品运输、车祸等过程中的腐蚀性液体泄漏情况，对降温涂层的耐化学腐蚀性能提出相应的耐久性指标及要求。

除此以外，还应考虑酸雨、冬季融雪剂等腐蚀性化学物质的腐蚀影响，对特殊地区的降温涂层耐腐蚀性能提出相应指标要求。

5.2.3 基于道路实际使用环境的复合影响因素

在道路实际使用环境中，由于自然环境和道路行车共同影响，降温涂层使用耐久性不但受到温度、降水等自然因素的影响，而且还会受到车辆荷载、制动力、车轮磨耗等行车因素的影响。因此，对降温涂层实际使用环境进行分析，通过单一影响因素的合理组合来实现对不同降温涂层使用环境的真实模拟，从而为实际使用环境下降温涂层耐久性评价奠定基础。

1)高温环境下车轮磨耗影响因素

在夏炎热区和夏炎区，夏季温度均在30℃以上，而由于较高的气温和太阳辐射的共同作用，使路面温度最高可达60℃以上。而长期的高温影响会改变降温涂层的硬质状态，使降温涂层质地变软，直接影响降温涂层的耐磨耗性能。

同时，由于车辆轴载和车轮的作用，会使车轮与降温涂层之间产生一定的摩擦力。高温和车轮磨耗的共同影响，会使降温涂层磨耗速度大幅加快，这会导致路面表面降温涂层寿命缩短，严重影响降温涂层性能的发挥。因此，应针对高温条件下车轮的磨耗影响因素提出相关耐久性指标及评价方法，以满足相关耐久性的要求。

根据以上分析，建议提出指标：高温耐磨耗评价指标。

2)高温条件下行车竖向荷载影响因素

由于较高的气温和太阳辐射的共同作用，使路面温度最高可达60℃以上。而长期的高温影响会改变降温涂层的硬质状态，使降温涂层质地变软。伴随着降温涂层质地的变软，在车辆竖向荷载的作用下，降温涂层会产生一定的竖向变形。

而在长期车辆荷载作用下，会使降温涂层表面的竖向变形逐渐累积，形成永久变形，这不但会对降温涂层的使用性能产生不利影响，而且还会在一定程度上破坏原路面的路用性能。因此，应针对高温条件下车辆竖向荷载影响因素提出相应的耐久性指标，来满足耐久性要求。

根据以上分析，建议指标：高温耐变形评价指标。

3)高温条件下车辆轮胎碾压影响因素

在夏季高温条件下，道路温度最高可达60℃以上，持续的高温会造成降温涂层质地变软，而在道路行车动荷载的影响下，易产生轮胎碾压的车辙破坏，这会导致降温涂层产生永久变形破坏，会对降温涂层的使用性能产生不利影响。因此，应针对高温条件下车辆动荷载碾压影响因素提出相应的耐久性指标，来满足耐久性要求。

根据以上分析，建议指标：高温耐轮碾评价指标。

4)低温条件下车辆竖向荷载及冲击力影响因素

在冬严寒区、冬寒区、冬冷区等分区中，冬季的温度均位于－9℃以下，气温较低。当降温涂层处于低温状态时，自身的变形性能就会急剧下降，脆性逐渐增强，温度越低，变形性能越差，而且与路面的黏结程度也相对降低。

当车辆的纵向荷载或冲击荷载作用于降温涂层表面时，若降温涂层表面受力不均匀，会使受力区域产生应力集中，同时，在低温条件下降温涂层的脆性较强、黏结性减弱，会造成降温涂层表面产生裂缝，严重时会造成降温涂层碎裂、剥落等破坏，这将会对降温涂层的整体性产生严重破坏，大幅缩短降温涂层的使用寿命。应针对低温条件下的车辆荷载影响因素提出相关耐久性指标对其进行控制。

根据以上分析，建议指标：低温耐压评价指标、低温耐冲击评价指标。

5)冻融循环影响因素

在冬严寒区、冬寒区、冬冷区等分区中，冬季的气温均位于零下温度，气温较低。当降温涂层处于低温状态时，自身的变形性能就会急剧下降，脆性逐渐增强，温度越低，变形性能越差，而且与路面的黏结程度也相对降低。

当季节由冬季进入春季后，气温回升到零度以上，路面冰雪开始融化，但昼夜温差较大，夜晚温度仍处于零下温度，这会使路面冰雪水进入冻融循环状态。冻结状态下，降温涂层自身的变形性能就会急剧下降，与路面的黏结程度也相对降低，当冰雪融化后，水会通过裂缝等位置进入到降温涂层与路面内部，当水再次冻结，其膨胀力会造成降温涂层的剥落破坏。

随着冻融循环的持续，降温涂层在水的反复融化和冻结作用下，会逐渐从路面上剥落，造成降温涂层的损坏，影响其自身性能的发挥，因此，应针对冻融影响因素提出相关耐久性评价指标。

根据以上分析，建议指标：耐冻融评价指标。

6)冻融循环条件下的车轮磨耗影响因素

降温涂层在水的反复融化和冻结作用下，会逐渐从路面上剥落，造成降温涂层的损坏，而由于此时降温涂层与路面的黏结力下降，在车轮的摩擦力影响下，会加速降温涂层的剥落和磨耗，造成降温涂层的大面积脱落，严重影响降温涂层的各项使用性能，可能还会对原路面造成一定程度的破坏，因此，应针对冻融条件下的车轮磨耗影响因素提出相关耐久性评价指标。

根据以上分析，建议指标：冻融耐磨耗评价指标。

7）化学腐蚀条件下的磨耗影响因素

由于车辆产生故障，使车辆内部的油料或润滑油产生泄漏，直接与路面降温涂层接触，油类物质中的某些成分可能与降温涂层发生化学反应，造成路面降温涂层的腐蚀破坏，而酸、碱等化学品运输车辆的泄漏、酸雨等也会使降温涂层产生腐蚀破坏。化学腐蚀破坏不但会使降温涂层产生变质、老化现象，而且还会使降温涂层表面平整度下降，产生不规则坑槽，使降温涂层表面构造深度增大，而在与车辆轮胎接触时，摩擦力更大，这就加快了降温涂层的磨耗，大大缩短了降温涂层的使用寿命。应针对化学液体腐蚀条件下的车轮磨耗影响因素提出相应的耐久性评价指标。

根据以上分析，建议指标：化学腐蚀耐磨耗评价指标。

8）冲击力作用下车辆竖向荷载影响因素

车载货物的坠落或车祸中车辆的碰撞坠物等对降温涂层表面产生瞬时的冲击力，会使降温涂层表面产生冲击破坏，使降温涂层表面产生裂缝、碎裂、孔洞等破坏。在因冲击力引起降温涂层表面局部破坏的条件下，降温涂层持续承受车辆的重载竖向压力，可能会使降温涂层表面受力不均匀，造成降温涂层沿裂缝或孔洞位置产生碎裂，影响降温涂层的使用性能。因此，应针对冲击力造成局部破坏条件下的车辆竖向荷载影响因素提出相关耐久性评价指标。

根据以上分析，建议指标：局部破坏条件下耐压评价指标。

9）冲击力作用下的低温影响因素

车载货物的坠落或车祸中车辆的碰撞坠物等对降温涂层表面产生瞬时的冲击力，会使降温涂层表面产生冲击破坏，使降温涂层表面产生裂缝、碎裂、孔洞等破坏，严重时还会造成降温涂层的脱落，影响降温涂层的整体承重能力，而此时，如果气温较低（零下温度），会使降温涂层的抗变形能力减弱、脆性提高，大大影响降温涂层自身愈合的性能，可能会造成降温涂层沿裂缝或碎裂位置逐步破坏，最终导致降温涂层的大面积破坏，无法发挥应有的性能。因此，应针对冲击力造成局部破坏条件下的低温影响因素提出相关耐久性评价指标。

根据以上分析，建议指标：局部破坏条件下耐低温评价指标。

5.3 降温涂层耐久性指标确定

根据上述不同耐久性影响因素特点，综合考虑降温涂层的实际应用环境，确定其相关影响因素，并提出降温涂层的单一耐久性评价指标和复合耐久性评价

指标。基于降温涂层使用因素的耐久性指标,如表 5-15 所示。

基于降温涂层使用因素的耐久性指标　　表 5-15

指标类型＼指标名称及因素	指标名称	相关影响因素
单一耐久性评价指标	耐温变性能指标	高温、低温
	耐水性能指标	水
	耐磨耗性能指标	车辆轮胎滚动摩擦、制动摩擦
	耐轮碾性能指标	车辆轮胎碾压
	耐冲击性能指标	货车车载重物坠落、汽车碰撞
	耐压性能指标	车辆竖向荷载
	耐腐蚀性能指标	车辆油料泄漏、化学药品运输车泄漏、酸雨等
复合耐久性评价指标	高温耐磨耗评价指标	高温、车轮磨耗
	高温耐变形评价指标	高温、车辆竖向荷载
	高温耐轮碾评价指标	高温、车辆轮胎碾压
	低温耐压评价指标	低温、车辆竖向荷载
	低温耐冲击评价指标	低温、货车车载重物坠落、汽车碰撞
	耐冻融评价指标	高温、低温、水
	冻融耐磨耗评价指标	高温、低温、水、车轮磨耗
	化学腐蚀耐磨耗评价指标	化学腐蚀、车轮磨耗
	局部破坏下耐压评价指标	货车车载重物坠落、汽车碰撞坠物、车辆竖向荷载
	局部破坏下耐低温评价指标	货车车载重物坠落、汽车碰撞坠物、低温

5.4 基于应用工况的降温涂层耐久性评价方法

根据上节提出的基于降温涂层使用因素的耐久性指标,本节综合考虑路用降温涂层的相关性质及特点,提出相应的耐久性评价方法,实现对路用降温涂层在不同使用环境下耐久性能的全面评价。

5.4.1 耐久性评价指标体系构建

本节在归纳总结现有涂层规范对耐久性要求的基础上,全面分析研究现有涂层规范耐久性指标存在的不足,深入研究降温涂层使用性能的环境、车辆等实际影响因素,确定降温涂层各项性能的单一及复合影响因素。分析研究不同降温涂层性能影响因素对耐久性指标要求，提出降温涂层耐久性评价指标，并对耐久性指标的限值和适用范围进行研究，最终建立完备的降温涂层耐久性评价指标体系。降温涂层耐久性指标体系构建方法，如图 5-1 所示。

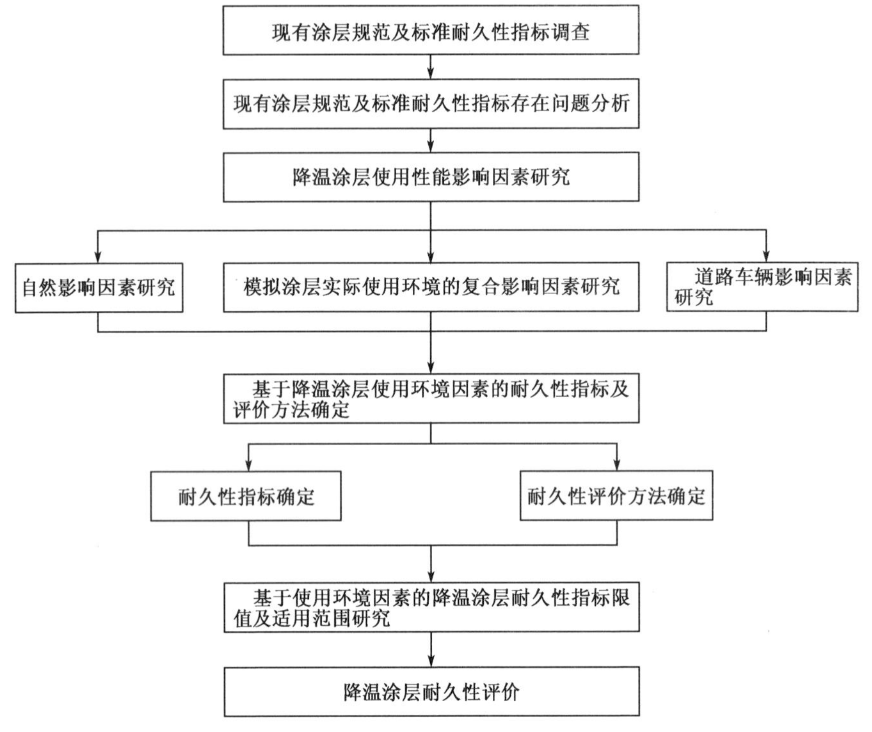

图 5-1　耐久性评价指标体系建立方法

5.4.2　基于单一因素的耐久性评价方法

1)耐温变性能评价方法

温度作为道路环境作用因素之一，对降温涂层使用性能有着重要的影响。冬季温度较低，路面温度多处于 0℃以下，降温涂层材料质地变脆，易产生裂缝；夏季高温，路面温度最高可达 60℃以上，降温涂层材料易产生车辙等路面高温病害。因此，应对降温涂层的耐温变性能进行合理的评价，以保证降温涂层在不同极端环境条件下良好的使用性能。

评价方法：参照《建筑涂料涂层耐冻融循环性测定法》(JG/T 25—1999)，结合沥青路面特性对试验进行调整。将降温涂层材料涂刷在车辙板试件表面，待

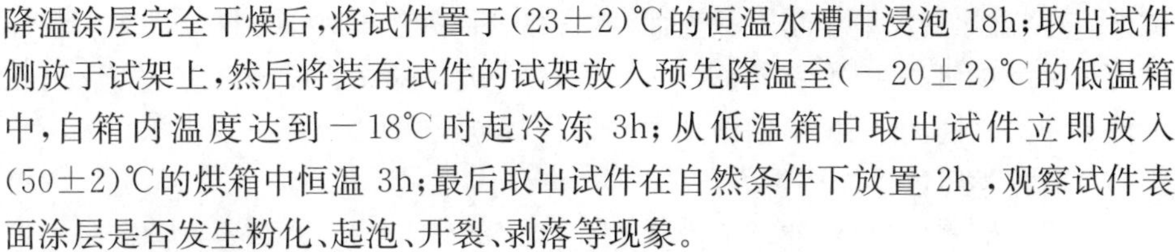

降温涂层完全干燥后，将试件置于(23±2)℃的恒温水槽中浸泡 18h；取出试件侧放于试架上，然后将装有试件的试架放入预先降温至(－20±2)℃的低温箱中，自箱内温度达到－18℃时起冷冻 3h；从低温箱中取出试件立即放入(50±2)℃的烘箱中恒温 3h；最后取出试件在自然条件下放置 2h，观察试件表面涂层是否发生粉化、起泡、开裂、剥落等现象。

2)耐水性能评价方法

降水是道路使用环境中无法避免的影响因素之一，降水量过大往往会引起道路积水，降低路面的路用性能，严重时路面积水渗入路面内部会造成路面各种早期病害，导致路面返修或重建。因此，降温涂层耐水性的好坏将直接影响到沥青路面的耐久性及使用寿命。

评价方法：依据《漆膜耐水性测定法》(GB/T 1733—93)，采用耐水性试验对降温涂层的耐水性能进行评价。首先将环保型路用降温涂层均匀地涂刷于测试板上，当降温涂层完全干燥后，将测试板在水中浸泡 1/3 长度，24h 后查看测试件表面涂膜是否出现气泡、皱皮、脱落等不良现象。

3)耐磨耗性能评价方法

在长期的车辆通行过程中，车轮与路面降温涂层之间滑动摩擦力及制动摩擦力会对降温涂层造成一定程度的磨耗。因此，采用车轮磨耗因素模拟降温涂层的行车使用环境，提出耐磨耗评价指标对降温涂层抵御车轮磨耗的能力进行评价。

评价方法：依据《乳化沥青稀浆封层混合料湿轮磨耗试验》(T0752—1993)的试件制备方法，首先利用湿轮磨耗试验的试件模具(尺寸：300mm×300mm×6mm，中间有一个直径 279mm 的圆孔)在油毛毡上制作试验试件，在 60℃干燥 16h 后涂刷降温降温涂层，放置于通风处干燥 48h。当试件完全干燥后，将试件放置在湿轮磨耗仪的转台上。经过规定的转数后，用不起毛的纸将残留在试板上的任何疏松的磨屑除去，再次称量试板并记录这一质量。检查试板看降温涂层是否被磨穿。计算经过规定转数的摩擦循环后的平均质量损耗，对降温涂层抵御车轮磨耗的能力进行评价。

4)耐冲击性能评价方法

抗冲击性是指路面涂层在经受高速率的重力作用下发生快速变形而不出现龟裂或从路面上脱落的能力。抗冲击性主要用于评价涂层的柔韧性、对路面的附着力以及抵御冲击破坏的能力。在此主要采用抗冲击性试验评价当路面涂层受到轮胎冲击力以及重物撞击等瞬时荷载时表面的强度及抗变形能力。

按照《公路工程沥青及沥青混合料试验规程》(JTG E20—2011)成型车辙板

试件,将降温涂层涂刷于车辙板表面,放置在通风处干燥 48h。将试件紧贴于厚度为 20mm 的细砂上面,涂膜面向上,然后把钢球,从高度 1.5m 处自由落下,在试件上冲击 5 处,分别位于四角和中心处,四角点与中心点距离不小于 50mm。

5)耐化学腐蚀性能评价方法

由于车辆产生故障,使车辆内部的油料或润滑油产生泄漏,造成路面降温涂层的腐蚀破坏,而酸、碱等化学品运输车辆的泄漏也会使降温涂层的耐久性降低,严重影响降温涂层的耐久性。因此,采用化学腐蚀因素(酸、碱、汽油等腐蚀)模拟降温涂层的行车使用环境,提出耐化学腐蚀评价指标对降温涂层抵御化学腐蚀的能力进行评价。

评价方法:取适量降温涂层涂抹于 10cm×10cm 的塑料实验板表面,称取实验板及降温涂层的总质量;分别以 15%NaOH 溶液、10%HCl 溶液及 120 号溶剂汽油为浸泡介质,将试件浸泡与介质中 48h 后,取出试件观察涂膜是否起泡、剥落和变色,并对试验试件的质量进行测量,获取质量损失值,对降温涂层耐腐蚀性能进行评价。

5.4.3 基于复合因素的耐久性评价方法

1)高温耐变形评价方法

采用高温因素、车辆轴载因素模拟降温涂层在夏季的使用环境,分析高温因素、车辆轴载因素对于降温涂层使用性能的综合影响,针对高温因素、车辆轴载因素引起的降温涂层耐久性破坏,提出相应的控制指标来评价降温涂层在该使用条件下的耐久性能。在此,提出高温耐变形评价指标,对降温涂层的高温条件下抵抗车辆长期碾压变形的能力进行评价。

评价方法:将降温涂层灌注在《路面标线涂料》(JT/T 280—2004)中 6.4.2 规定的制样器的模腔(20mm×20mm×20mm)中,冷却至室温。用稍加热的刮刀削掉端头表面的突出部分,用 100 号砂纸将各面磨平。放置 24h 后用游标卡尺测量,精确至 0.1mm,作为试块。共制取三块试样。

将试块在 60℃的环境下保温 2h,之后在试块上放置 2kg±20g 的配重,1h 后用游标卡尺测定试块的高度,求得耐变形性,计算公式如下:

$$B(\%)=\frac{H_2}{H_1}\times 100\% \tag{5-1}$$

式中:B——耐变形性,%;

H_1——配重试验前样品的高度,mm;

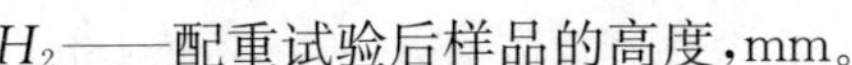

H_2——配重试验后样品的高度,mm。

取其平均值为试样耐变形性。

2)高温耐磨耗评价方法

在持续高温条件下,降温涂层易变软,在车轮之间摩擦力作用下,会使降温涂层产生磨耗。采用高温因素、车轮磨耗因素模拟降温涂层的磨耗使用环境,针对高温因素、车辆轴载因素引起的降温涂层耐久性破坏,提出高温耐磨耗评价指标对降温涂层的高温条件下抵抗车轮长期磨耗的能力进行评价。

评价方法:依据《乳化沥青稀浆封层混合料湿轮磨耗试验》(T0752—1993)的试件制备方法,首先利用湿轮磨耗试验的试件模具(尺寸:300mm×300mm×6mm,中间有一个直径279mm的圆孔)在油毛毡上制作试验试件,在60℃干燥16h后涂刷降温涂层,放置于通风处干燥48h。当试件完全干燥后置于60℃恒温烘箱中,保温5h后,将试件放置在湿轮磨耗仪的转台上。放下摩擦头使橡胶砂轮放在圆片上。将计数器设定为零,启动转台。经过规定的转数后,用不起毛的纸将残留在试板上的任何疏松的磨屑除去,再次称量试板并记录这一质量。检查试板看降温涂层是否被磨穿。计算经过规定转数的摩擦循环后的平均质量损耗。

3)高温耐轮碾性能

在夏季高温条件下,降温涂层质地变软,在车辆动荷载作用下,会使降温涂层产生车辙等永久变形破坏。采用高温因素、车轮碾压等因素模拟降温涂层的使用环境,针对高温因素、车辆动荷载等因素引起的降温涂层耐久性破坏,提出高温耐轮碾评价指标,对降温涂层的高温条件下抵抗车轮碾压的能力进行评价。

评价方法:采用水泥板(刚性板)作为降温涂层载体,将环保型路用降温涂层均匀涂刷于水泥板表面,放置在通风处干燥48h;完全干燥后,将试件置于保温箱中在60℃条件下保温6h,并对降温涂层厚度进行测试;在60℃条件下,以标准轴载分别对试件两个平行位置进行碾压1h,观察降温涂层表面状况,并测量碾压位置的纵向变形量,计算耐轮碾系数。

4)低温耐压评价指标

在冬季低温条件下,降温涂层的变形性能就会急剧下降,脆性逐渐增强,温度越低,变形性能越差,而且与路面的黏结程度也相对降低,在车辆在轴载作用下容易导致降温涂层表面产生裂缝,严重时会造成降温涂层碎裂、剥落等破坏。采用低温因素、车轮轴载因素模拟降温涂层的低温使用环境,提出低温耐压评价指标对降温涂层的低温条件下抵抗车轮轴载作用的能力进行评价。

评价方法:按照《公路工程沥青及沥青混合料试验规程》(JTG E20—2011)

成型车辙板试件，将降温涂层涂刷于车辙板表面，放置在通风处干燥48h。将试件置于冰箱中，在冷冻箱内(－20±2)℃环境下，在试块上放置质量为2kg±20g的配重块，保温6h后用游标卡尺测定试块高度，并计算耐压系数。耐压系数公式见高温耐压性能部分。

5)低温耐冲击评价方法

在冬季低温条件下，降温涂层脆性增大，温度越低，变形性能越差，在瞬间荷载作用下容易使降温涂层表面产生应力性破坏，严重时会造成降温涂层碎裂、剥落等破坏。采用低温因素、瞬时荷载等因素模拟降温涂层的低温使用环境，提出低温耐冲击评价指标，对降温涂层的低温条件下抵抗瞬间荷载作用的能力进行评价。

按照《公路工程沥青及沥青混合料试验规程》(JTG E20—2011)成型车辙板试件，将降温涂层涂刷于车辙板表面，放置在通风处干燥48h。将试件置于冰箱中，在冷冻箱内(－20±2)℃环境下保温6h；借助500g钢球，在位于降温涂层上方1m位置处自由下落，分别在6处不同位置进行抗冲击性试验。试验完成后对降温涂层表面状况进行观测，评价其低温耐冲击性能。

6)耐冻融评价指标

当季节由冬季进入春季后，气温回升到零度以上，路面冰雪开始融化，但昼夜温差较大，夜晚温度仍处于零下温度，这会使路面冰雪水进入冻融循环状态。随着冻融循环的持续，降温涂层在水的反复融化和冻结作用下，会逐渐从路面上剥落，造成降温涂层的损坏，影响其自身性能的发挥。采用冻融因素模拟降温涂层的冻融循环使用环境，提出耐冻融评价指标对降温涂层的抵抗冻融循环破坏能力进行评价。

评价方法：按照《公路工程沥青及沥青混合料试验规程》(JTG E20—2011)成型车辙板试件，将降温涂层涂刷于车辙板表面，放置在通风处干燥48h。将试件置于冰箱中，在－18℃条件下保温12h后，放置于20℃温度的烘箱中保温12h，以此为一个冻融循环，并进行4个循环。完成冻融循环后，将试件取出，观察表面状况，对降温涂层的抵抗冻融循环破坏能力进行评价。

7)冻融耐磨耗评价指标

随着冻融循环的持续，降温涂层在水的反复融化和冻结作用下，会逐渐从路面上剥落，降温涂层的各项使用性能均受到影响。而在此时，伴随着车轮的磨耗作用，降温涂层的磨耗量将会大于降温涂层完好时的磨耗量。因此，采用冻融因素和车轮磨耗因素模拟降温涂层的冻融循环下的行车使用环境，提出冻融耐磨耗评价指标对降温涂层的抵抗冻融循环条件下抵御车轮磨耗的能力进行评价。

评价方法：依据《乳化沥青稀浆封层混合料湿轮磨耗试验》(T0752—1993)的试件制备方法，首先利用湿轮磨耗试验的试件模具(尺寸：300mm×300mm×6mm，中间有一个直径279mm的圆孔)在油毛毡上制作试验试件，在60℃干燥16h后涂刷降温降温涂层，放置于通风处干燥48h。将试件置于冰箱中，在−18℃条件下保温12h后，放置于20℃温度的烘箱中保温12h，以此为一个冻融循环，并进行4个循环。完成冻融循环后，将试件放置于湿轮磨耗仪上进行磨耗试验。经过规定的转数后，用不起毛的纸将残留在试板上的任何疏松的磨屑除去，再次称量试板并记录这一质量。检查试板看降温涂层是否被磨穿。计算经过规定转数摩擦后的平均质量损耗。

8)化学腐蚀耐磨耗性能

当由于车辆内部的油料或酸、碱等化学品运输车辆的泄漏、酸雨等使降温涂层产生腐蚀破坏时，降温涂层化学腐蚀破坏不使降温涂层产生变质、老化现象，而且还会使降温涂层表面构造深度增大，而在与车辆轮胎接触时，摩擦力更大，这就加快了降温涂层的磨耗。因此，采用化学腐蚀因素和车轮磨耗因素模拟降温涂层的行车使用环境，提出化学腐蚀耐磨耗性能评价指标对化学腐蚀条件下降温涂层抵御车轮磨耗的能力进行评价。

评价方法：取适量降温涂层材料涂抹于直径279mm的圆形实验板表面；分别以15%NaOH溶液，10%HCl溶液及120号溶剂汽油为浸泡介质，将试件浸泡与介质中48h。将浸泡过的试件在60℃的条件下烘干后，称量其质量，并将该试件放置在湿轮磨耗仪的转台上进行磨耗试验。经过规定的转数后，用不起毛的纸将残留在试板上的任何疏松的磨屑除去，再次称量试板并记录这一质量。检查试板看降温涂层是否被磨穿。计算经过规定转数的摩擦循环后的平均质量损耗，对化学腐蚀条件下降温涂层抵御车轮磨耗的能力进行评价。

9)局部破坏条件下耐压性能

在因冲击力引起降温涂层表面局部破坏的条件下，降温涂层持续承受车辆的重载竖向压力，可能会使降温涂层表面受力不均匀，造成降温涂层沿裂缝或孔洞位置产生碎裂，影响降温涂层的使用性能。因此，采用冲击力因素和轴载因素模拟降温涂层的行车使用环境，提出局部破坏条件下耐压性能评价指标对局部冲击破坏条件下降温涂层抵御车辆轴载的能力进行评价。

评价方法：按照《公路工程沥青及沥青混合料试验规程》(JTG E20—2011)成型车辙板试件，将降温涂层涂刷于车辙板表面，放置在通风处干燥48h。将试件紧贴于厚度为20mm的细砂上面，涂膜面向上，然后让钢球从高度1.5m处自由落下，在试件上冲击5处，分别位于四角和中心处，四角点与中心点距离不小于 50mm。然后将车辙板放置于车辙仪内以标准轴载静压 1h，观察降温涂层表面状况，并对碾压位置的纵向变形量进行测量，对局部冲击破坏条件下降温涂层抵御车辆轴载的能力进行评价。

10）局部破坏条件下耐低温性能

在因冲击力引起降温涂层表面局部破坏的条件下，较低的气温会使降温涂层的抗变形能力减弱，脆性提高，可能会造成降温涂层沿裂缝或碎裂位置逐步破坏，无法发挥应有的性能。因此，采用冲击力因素和低温因素模拟降温涂层的行车使用环境，提出局部破坏条件下耐低温性能评价指标，对局部冲击破坏条件下降温涂层抵御低温破坏的能力进行评价。

评价方法：按照《公路工程沥青及沥青混合料试验规程》（JTG E20—2011）成型车辙板试件，将降温涂层涂刷于车辙板表面，放置在通风处干燥 48h。将试件紧贴于厚度为 20mm 的细砂上面，涂膜面向上，然后让钢球从高度 1.5m 处自由落下，在试件上冲击 4 处，分别位于四角和中心处，四角点与中心点距离不小于 50mm。试件置于冰箱中，在－18℃条件下保温 48h 后取出，观察试件表面状况，对局部冲击破坏条件下降温涂层抵御低温破坏的能力进行评价。

5.5 道路用绿色环保型降温涂层耐久性指标限值及适用范围

在确定降温涂层耐久性评价指标及评价方法的基础上，本节结合降温涂层耐久性评价方法和相关规范要求，提出相应降温涂层耐久性评价指标限值，并分析不同降温涂层耐久性评价指标的适用范围，为降温涂层耐久性能评价提供相关依据。降温涂层耐久性评价指标限值及适用范围，见表 5-16。

降温涂层耐久性评价指标限值及适用范围　　表 5-16

耐久性评价指标		指标属性	指标限值	适用范围
基于单一因素的耐久性评价指标	耐温变性能指标	定性	观察试件表面涂层是不发生粉化、起泡、开裂、剥落等现象，即为合格	春季、冬季昼夜温差较大（夜间低于 0℃，日间大于 0℃）地区的道路
	耐水性能指标	定性	测试板上降温涂层表面无气泡、不皱皮、不脱落、无变色，即为合格	潮湿区、湿润区等降水量较大地区
	耐磨耗性能指标	定量	≤0.2g（参考规范）	车流量较大、运输车辆较多的道路或重交通道路

续上表

耐久性评价指标		指标属性	指标限值	适用范围
基于单一因素的耐久性评价指标	耐冲击性能指标	定性	涂膜无裂纹、无剥落，即为合格	冬严寒区、冬寒区、冬冷区（≤0℃）等冬季温度较低地区的车流量较大的道路或重交通道路，砂石采集场、煤矿等生产地附近道路及运输道路
	耐化学腐蚀评价指标	定性、定量	表面完好，无腐蚀毛面出现，无剥落，质量损失≤10mg	车流量较大的道路或重交通道路，化工厂、石油单位等附近道路及运输道路
基于复合因素的耐久性评价指标	高温耐磨耗评价指标	定量	≤0.2g（参考规范）	夏炎热区、夏炎区等（≥30℃）或太阳辐射量较大地区的车流量较大的道路或重交通道路
	高温耐变形评价指标	定量	≥90%（试验测试）	夏炎热区、夏炎区等（≥30℃）或太阳辐射量较大地区的车流量较大的道路或重交通道路
	低温耐压评价指标	定量	≥95%（试验测试）	冬严寒区、冬寒区、冬冷区（≤0℃）等冬季温度较低地区的车流量较大的道路或重交通道路
基于复合因素的耐久性评价指标	耐冻融评价指标	定性	表面完好，无裂缝、剥落等现象出现	春季、冬季昼夜温差较大，降水量较大地区的道路（夜间低于0℃，日间大于0℃）
	冻融耐磨耗评价指标	定量	≤0.2g（参考规范）	春季昼夜温差较大（夜间低于0℃，日间大于0℃）地区的车流量较大的道路或重交通道路
	化学腐蚀耐磨耗性能	定量	≤0.2g（参考规范）	车流量较大的道路或重交通道路，化工厂、石油单位等附近道路及运输道路
	局部破坏条件下耐压性能	定量	≥90%（试验测试）	车流量较大的道路或重交通道路，砂石采集场、煤矿等生产地附近道路及运输道路
	局部破坏条件下耐低温性能	定性	表面无剥落等病害现象出现	冬严寒区、冬寒区、冬冷区（≤0℃）等冬季温度较低地区的车流量较大的道路或重交通道路，砂石采集场、煤矿等生产地附近道路及运输道路

6 道路用绿色环保型降温涂层净化空气性能

作为交通重要载体之一，道路与大气环境接触面积较大，如能提升道路对汽车尾气污染物的净化和吸附效果，将大幅度降低大气的污染程度，具有极高的社会和经济效益。目前，国内外主要采用 TiO_2、CoO_x、$MnCo_2O_4$ 等为主要成分的尾气分解催化剂制备路面涂层，实现对汽车尾气的净化处理，但在实际应用过程中净化效果和综合效益不明显。基于此，本章系统研究环保型路用降温涂层在降温、升温区间及室外应用环境条件下的净化空气效果变化规律，全面评价不同类型环保型路用降温涂层材料净化空气性能，为汽车尾气污染治理和道路大气环境改善提供新途径。

6.1 道路用绿色环保型降温涂层净化空气测试方法

6.1.1 道路用绿色环保型降温涂层净化空气功效测试设备

试验采用小型摩托车作为汽车尾气排放设备，空气净化性能测试箱为净化空气性能试验提供密闭定量测试环境，汽车尾气成分分析和动态监测则主要采用尾气分析仪和 $PM_{2.5}$测试仪，温度测定采用数字型温度传感器。主要测试仪器如下：

1)尾气排放设备

尾气排放设备主要采用小型摩托车，摩托车使用 93 号汽油作为主要燃料，如图 6-1 所示。

2)空气净化性能测试箱

为了保证空气净化效果测试的精确性，采用有机玻璃制作的密封测试箱为净化空气效果提供定量测试环境。空气净化性能测试箱密封性良好，内部装有小型气体均匀度控制装置，能够保证内部气体均匀扩散。同时，测试箱含有进气、出气和气体循环阀门，方便尾气的通入、排放及内循环。空气净化性能测试箱，如图 6-2 所示。

图 6-1 尾气排放设备

a)基于降温区间的净化效果测试箱

b)基于升温区间的净化效果测试箱

图 6-2 净化空气试验箱

3)自控温材料性能测试设备

自主研发的自控温材料性能测试设备，能够通过电磁继电器和电磁阀的配合，实现对测试温度的精确控制；借助日光辐射灯实现对太阳辐射的模拟，从而可以排除风、湿度等其他因素的影响，实现对升温应用环境更加精确的模拟，如图 6-3 所示。采用自主研发的自控温材料性能测试设备为净化空气性能测试实验提供升温区间的光照及升温条件，系统研究升温区间条件下环保型路用降温涂层净化空气性能的变化规律。

4)汽车尾气测试分析设备

尾气测试设备选用 HA-856 气体检测仪和 CW-HAT200 手持式 $PM_{2.5\&10}$ 检测仪器。HA-856 气体检测仪能够精确检测 NO_x、CO_x、SO_2 以及 CH_x 等尾气中有害气体成分的含量；CW-HAT200 手持式 $PM_{2.5\&10}$ 检测仪器能够精确检测环

境中 $PM_{2.5}$ 和 PM_{10} 颗粒污染物的含量。汽车尾气测试分析设备，如图 6-4 所示。

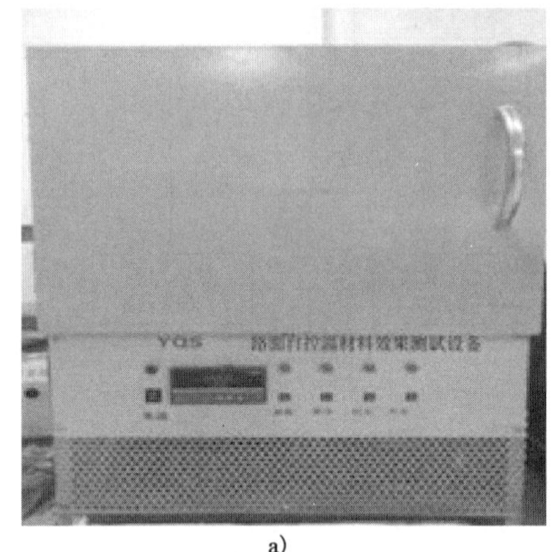

a)

b)

图 6-3　自控温材料效果测试设备

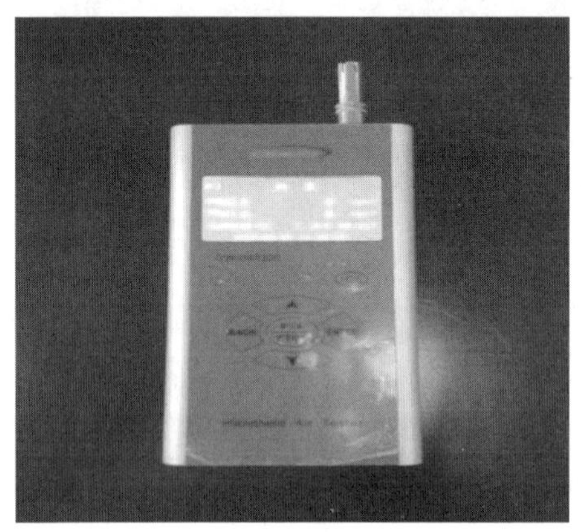

a) $PM_{2.5\&10}$ 测试仪

b) 有害气体分析仪

图 6-4　汽车尾气测试分析设备

5) 数字温度计

试件及测试环境温度主要采用 ST-1A 型数字温度计精确计量。ST-1A 数字温度计采用高性能微电脑芯片及高精度传感器，可准确测量各种环境温度，测试温度范围为 −50～90℃。数字温度计见图 6-5。

 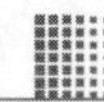

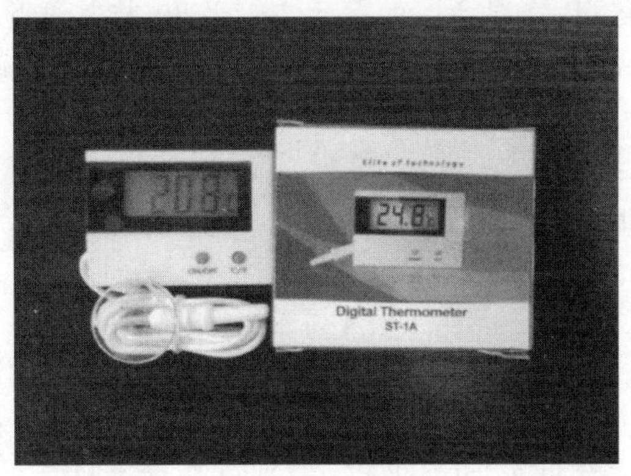

图 6-5 数字温度计

6.1.2 道路用绿色环保型降温涂层净化空气功效测试方案

1)温度测试区间确定

为了使室内试验条件与室外使用条件有良好的相关性,在试验研究过程中采用等速散热原理的方法,对试件的降温和升温过程进行控制。由于环保型路用降温涂层的功能性材料具有极性结构,当外界温度发生变化时,其净化尾气效应得到良好的发挥,而净化效果的强弱与其温度变化幅度有密切关系。因此,在进行环保型路用降温涂层净化空气功效研究之前,应首先确定净化汽车尾气试验温度区间。

选取涂刷 HTB 降温涂层的车辙板试件,分别将其升温至 40℃、50℃、60℃和 70℃四种目标温度,进行净化空气功效测试,测试在目标温度降低到室温过程中密闭空气净化试验箱中不同气体污染物的含量变化,试验结果见表 6-1。

HTB 降温涂层净化空气效果 表 6-1

污染气体类型 \ 目标温度(℃) \ 净化比率(%)	30	40	50	60	70
NO_x(ppm)	2.32	3.21	16.71	34.09	37.58
SO_2(ppm)	3.45	4.58	19.26	42.42	47.69
CO_x(ppm)	6.34	6.71	18.95	39.71	45.67
$PM_{2.5}$($\mu g/m^3$)	13.15	18.56	40.58	74.29	80.21
PM_{10}($\mu g/m^3$)	12.64	15.49	38.73	65.08	71.12

为直观分析 HTB 降温涂层的净化空气效果，将其试验结果绘制柱状图（图 6-6）。

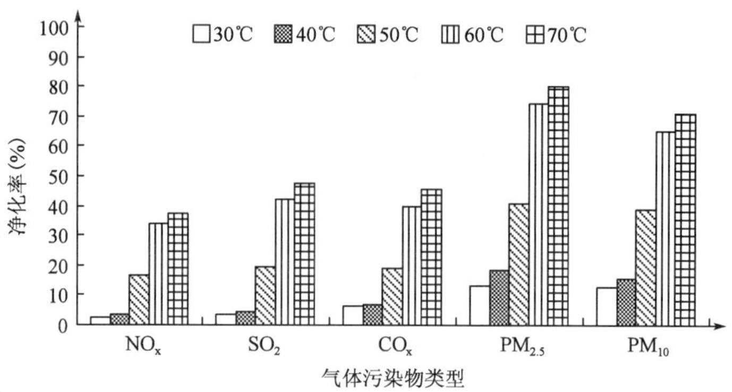

图 6-6 HTB 降温涂层净化空气效果

由图 6-6 分析可知，HTB 降温涂层对 NO_x、SO_2、CO_x、$PM_{2.5}$ 以及 PM_{10} 等气体污染物都有不同程度的净化效果。随着试件在试验前后温差的增加，其对尾气各成分的净化作用整体提高，但当温度超过 60℃，净化效果增长率趋于稳定。考虑沥青混合料在实际路面应用过程中，沥青路面最高温度达到 70℃的情况很少，大部分沥青路面最高温度在 60℃左右，因此，在进行环保型路用降温涂层净化空气功效研究时，温度测试上限值和下限值分别设定为 60℃和 30℃，并将温度梯度定为 10℃。

为了更好地模拟夏季道路环境中路面温度在光照和大气温度综合影响下的变化趋势，在此将室内降温效果试验温度变化区间主要划分为升温变化区间和降温变化区间，分别模拟夏季道路应用环境中的温度峰值前后两个温度变化阶段，从而实现对道路应用环境的真实模拟；而室外净化效果测试试验则主要依据室外光照和温度变化来完成对环保型路用降温涂层净化空气性能的测试和评价。

2)测试方案确定

依据降温涂层基本性能、降温性能以及路用性能确定的最佳掺量及涂抹量，分别选取不同类型降温涂层进行净化空气性能试验，全面评价环保型路用降温涂层净化汽车尾气性能。具体试验方案，如表 6-2 所示。

环保型路用降温涂层净化汽车尾气性能试验方案 表 6-2

测试影响因素	环保型路用降温涂层类型				
	HT	JT	TB	HTB	JTB
功能性材料掺量(%)	20	20	20	20	20
涂抹量(kg/m^2)	0.8	0.8	0.8	0.8	0.8

6.1.3 道路用绿色环保型降温涂层净化空气功效测试结果

1)基于降温区间的环保型路用降温涂层净化空气功效测试结果

按照试验方案所设计的试验步骤进行环保型路用降温涂层净化空气试验，试验结果见表 6-3。

基于降温区间的环保型路用降温涂层净化空气试验结果　　表 6-3

试件类型	普通沥青混合料车辙板					
试件温度(℃)	60	50	40	30	净化值	净化率(%)
CO_x(ppm)	61	60	59	57	4	7
SO_2(ppm)	5.2	5	4.9	4.8	0.4	8
NO_x(ppm)	82	80	78	77	5	6
$PM_{2.5}$($\mu g/m^3$)	26	25	24	23	3	12
PM_{10}($\mu g/m^3$)	53	51	49	48	5	9
试件类型	HT					
试件温度(℃)	60	50	40	30	净化值	净化率(%)
CO_x(ppm)	70	65	59	57	13	19
SO_2(ppm)	3.3	3.1	2.9	2.8	0.5	15
NO_x(ppm)	90	83	79	76	14	16
$PM_{2.5}$($\mu g/m^3$)	30	25	19	16	14	47
PM_{10}($\mu g/m^3$)	66	53	42	31	35	53
试件类型	JT					
试件温度(℃)	60	50	40	30	净化值	净化率(%)
CO_x(ppm)	85	82	75	73	12	14
SO_2(ppm)	5.2	4.8	4.4	4.2	1	19
NO_x(ppm)	95	87	82	76	19	20
$PM_{2.5}$($\mu g/m^3$)	67	63	58	55	12	18
PM_{10}($\mu g/m^3$)	86	79	74	67	19	22
试件类型	TB					
试件温度(℃)	60	50	40	30	净化值	净化率(%)
CO_x(ppm)	54	51	49	47	7	13
试件温度(℃)	60	50	40	30	净化值	净化率(%)
SO_2(ppm)	4.9	4.6	4.4	4.2	0.7	14
NO_x(ppm)	69	63	59	57	12	17
$PM_{2.5}$($\mu g/m^3$)	46	43	41	39	7	15
PM_{10}($\mu g/m^3$)	97	88	83	78	19	20

续上表

试件类型	HTB					
试件温度(℃)	60	50	40	30	净化值	净化率(%)
CO_x(ppm)	68	56	49	41	27	40
SO_2(ppm)	3.3	2.9	2.4	1.9	1.4	42
NO_x(ppm)	88	75	64	58	30	34
$PM_{2.5}$($\mu g/m^3$)	35	21	13	9	26	74
PM_{10}($\mu g/m^3$)	63	47	31	22	41	65
试件类型	JTB					
试件温度(℃)	60	50	40	30	净化值	净化率(%)
CO_x(ppm)	66	53	45	39	27	41
SO_2(ppm)	3.3	2.8	2.2	1.7	1.6	48
NO_x(ppm)	85	75	66	61	24	28
$PM_{2.5}$($\mu g/m^3$)	31	22	14	9	22	71
PM_{10}($\mu g/m^3$)	71	53	38	26	45	63

2)基于升温区间的净化空气功效测试结果

按照试验方案所设计的试验步骤进行环保型路用降温涂层净化空气试验，试验结果见表 6-4。

基于升温区间的环保型路用降温涂层净化空气试验结果　　表 6-4

试件类型	普通沥青混合料车辙板					
试件温度(℃)	30	40	50	60	净化值	净化率(%)
CO_x(ppm)	83	81	79	76	7	8
SO_2(ppm)	5.2	5.1	4.9	4.7	0.5	10
NO_x(ppm)	88	87	85	82	6	7
$PM_{2.5}$($\mu g/m^3$)	39	37	36	35	4	10
PM_{10}($\mu g/m^3$)	68	66	62	58	10	15
试件类型	HT					
试件温度(℃)	30	40	50	60	净化值	净化率(%)
CO_x(ppm)	63	59	52	48	15	24
试件温度(℃)	30	40	50	60	净化值	净化率(%)
SO_2(ppm)	6.5	6.2	5.9	5.3	1.2	18
NO_x(ppm)	77	75	70	61	16	21
$PM_{2.5}$($\mu g/m^3$)	32	28	22	14	18	56
PM_{10}($\mu g/m^3$)	63	56	46	33	30	48

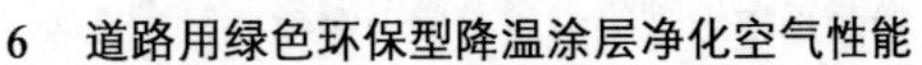

续上表

试件类型	JT					
试件温度(℃)	30	40	50	60	净化值	净化率(%)
CO_x(ppm)	78	74	67	62	16	21
SO_2(ppm)	6.2	6	5.7	4.8	1.4	23
NO_x(ppm)	69	64	58	52	17	25
$PM_{2.5}$($\mu g/m^3$)	41	39	36	32	9	22
PM_{10}($\mu g/m^3$)	73	69	63	55	18	25
试件类型	TB					
试件温度(℃)	30	40	50	60	净化值	净化率(%)
CO_x(ppm)	67	52	46	36	31	4
SO_2(ppm)	4.2	4	3.7	3.1	1.1	26
NO_x(ppm)	79	72	66	56	23	29
$PM_{2.5}$($\mu g/m^3$)	47	45	41	36	11	23
PM_{10}($\mu g/m^3$)	62	58	52	45	17	27
试件类型	HTB					
试件温度(℃)	30	40	50	60	净化值	净化率(%)
CO_x(ppm)	80	72	63	49	31	39
SO_2(ppm)	6.9	6.4	6	4.6	2.3	33
NO_x(ppm)	69	66	59	47	22	32
$PM_{2.5}$($\mu g/m^3$)	45	40	29	15	30	67
PM_{10}($\mu g/m^3$)	85	76	57	25	60	71
试件类型	JTB					
试件温度(℃)	30	40	50	60	净化值	净化率(%)
CO_x(ppm)	83	77	68	57	26	31
SO_2(ppm)	6.1	5.6	4.8	3.9	2.2	36
NO_x(ppm)	91	88	73	66	25	27
$PM_{2.5}$($\mu g/m^3$)	54	46	35	20	34	63
PM_{10}($\mu g/m^3$)	93	82	60	31	62	67

3)基于室外应用环境的净化空气功效测试结果

按照试验方案所设计的试验步骤进行环保型路用降温涂层净化空气试验，试验结果如表 6-5 所示。

基于室外应用环境的环保型路用降温涂层净化空气试验结果　　表 6-5

试件类型	普通沥青混合料车辙板									
试件表面温度(℃)	40	45	50	55	60	55	50	45	40	净化率(%)
CO_x(ppm)	69	69	67	66	64	63	62	62	61	11.6
SO_2(ppm)	9.6	9.6	9.5	9.4	9.1	9	8.9	8.9	8.9	7.3
NO_x(ppm)	78	78	77	76	74	73	72	72	71	9.0
$PM_{2.5}$($\mu g/m^3$)	49	49	48	48	46	45	44	43	43	12.2
PM_{10}($\mu g/m^3$)	85	85	84	83	79	79	78	78	77	9.4

试件类型	HT							
试件表面温度(℃)	40	45	50	55	50	45	40	净化率(%)
CO_x(ppm)	56	56	52	47	41	39	36	35.7
SO_2(ppm)	6.2	6.1	5.8	5.2	4.6	4.5	4.4	29.0
NO_x(ppm)	71	70	65	59	49	45	43	39.4
$PM_{2.5}$($\mu g/m^3$)	49	49	46	38	28	26	25	49.0
PM_{10}($\mu g/m^3$)	76	75	70	61	51	47	43	43.4

试件类型	JT							
试件表面温度(℃)	40	45	50	55	50	45	40	净化率(%)
CO_x(ppm)	77	76	72	65	60	58	55	28.6
SO_2(ppm)	11.2	11	10.5	9.4	8.6	8.3	8.1	27.7
NO_x(ppm)	93	91	87	77	70	67	64	31.2
$PM_{2.5}$($\mu g/m^3$)	72	71	67	58	52	50	48	33.3
PM_{10}($\mu g/m^3$)	104	102	96	83	74	71	70	32.7

试件类型	TB							
试件表面温度(℃)	40	45	50	55	50	45	40	净化率(%)
CO_x(ppm)	71	68	61	56	50	45	43	39.4
SO_2(ppm)	10.8	10.4	9.6	8.5	7.6	7.2	6.9	36.1
NO_x(ppm)	85	81	73	65	56	53	51	40.0
$PM_{2.5}$($\mu g/m^3$)	61	57	52	45	39	35	33	45.9
PM_{10}($\mu g/m^3$)	79	74	61	51	40	35	32	59.5

试件类型	HTB							
试件表面温度(℃)	40	45	50	55	50	45	40	净化率(%)
CO_x(ppm)	73	70	57	43	38	36	33	54.8
SO_2(ppm)	9.4	9.1	8.1	6.5	5.7	4.8	4.4	53.2
NO_x(ppm)	91	86	78	60	52	48	44	51.6
$PM_{2.5}$($\mu g/m^3$)	61	52	36	29	25	24	22	63.9
PM_{10}($\mu g/m^3$)	99	94	80	56	43	34	30	69.7

续上表

试件类型	JTB							
试件表面温度(℃)	40	45	50	55	55	50	40	净化率(%)
CO_x(ppm)	61	56	52	39	35	30	24	60.7
SO_2(ppm)	8.8	8.4	7.7	5.8	5.1	4.2	3.4	61.4
NO_x(ppm)	75	72	66	55	51	44	37	50.7
$PM_{2.5}$($\mu g/m^3$)	59	52	47	37	34	30	21	64.4
PM_{10}($\mu g/m^3$)	82	73	59	40	33	26	17	79.3

6.2　道路用绿色环保型降温涂层净化空气性能评价

6.2.1　基于降温区间的净化空气性能评价

1)单一类降温涂层净化效果分析

降温区间条件下的单一类型降温涂层净化空气效果变化规律,如图6-7所示。

分析图6-7可知,试件温度由60℃降至30℃的过程中(环境温度为25℃),单一类降温涂层净化空气效果明显,其中HT降温涂层对CO_x、NO_x及SO_2等气体污染物的净化效果保持在15%左右,对于颗粒污染物$PM_{2.5}$和PM_{10}的净化效果较为显著,净化率可保持在45%以上;JT和TB降温涂层对于CO_x、NO_x、SO_2及$PM_{2.5}$和PM_{10}等污染物的净化效果也基本保持在15%以上,表明单一类降温涂层对于气体污染物和颗粒污染物具有良好的净化效果。

在不同类型单一类降温涂层中,HT和JT降温涂层净化效果具有一定程度的温度敏感性,随着试件温度的下降,其单位净化率下降较快,在40℃降至30℃过程中其净化效果远小于60℃降至50℃及50℃降至40℃过程,这主要是由于降温涂层试件与环境温度之间较大的温差能够为功能性材料性能发挥提供良好的条件,而随着温度下降,其与环境温度的差距越来越小,在一定程度上削弱了功能性材料净化功效的发挥,而净化效果也逐渐趋于平缓。

2)复合类降温涂层净化效果分析

降温区间条件下的复合类型降温涂层净化空气效果变化规律,如图6-8所示。

分析图6-8可知,复合类降温涂层对于不同类型气体及颗粒污染物均具有良好的净化效果。在60～30℃的降温区间中,HTB降温涂层和JTB降温涂层

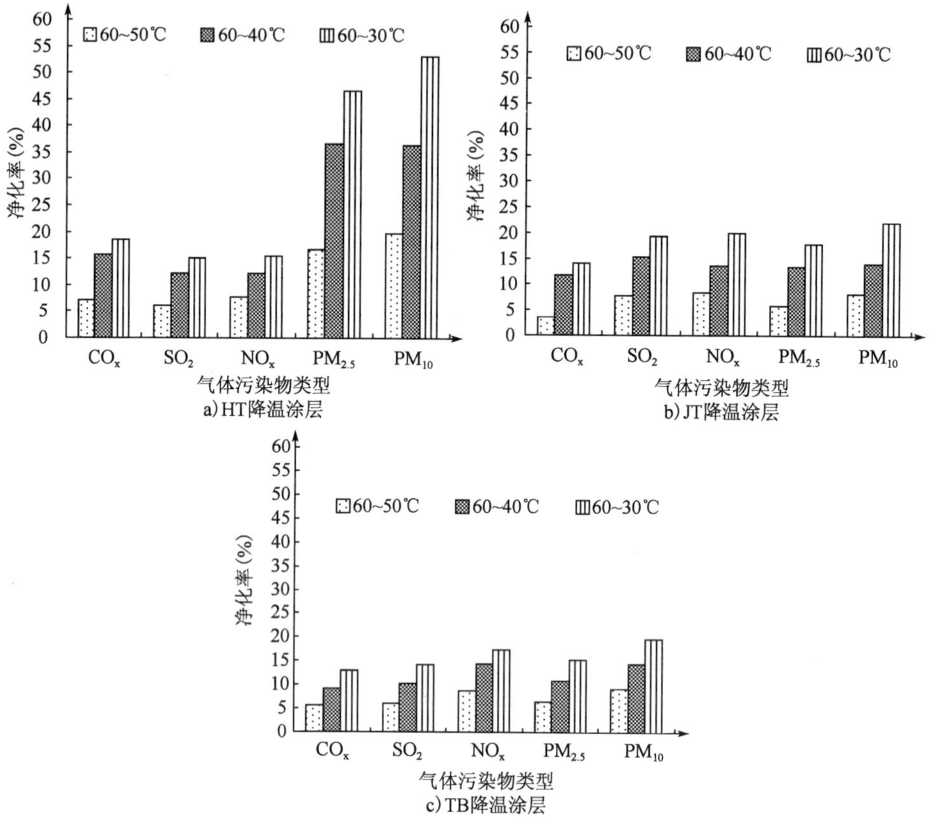

□60~50℃ ▩60~40℃ ▥60~30℃

净化率(%)

CO$_x$ SO$_2$ NO$_x$ PM$_{2.5}$ PM$_{10}$

气体污染物类型

a)HT降温涂层

□60~50℃ ▩60~40℃ ▥60~30℃

净化率(%)

CO$_x$ SO$_2$ NO$_x$ PM$_{2.5}$ PM$_{10}$

气体污染物类型

b)JT降温涂层

□60~50℃ ▩60~40℃ ▥60~30℃

净化率(%)

CO$_x$ SO$_2$ NO$_x$ PM$_{2.5}$ PM$_{10}$

气体污染物类型

c)TB降温涂层

图 6-7　基于降温区间的单一类降温涂层净化效果

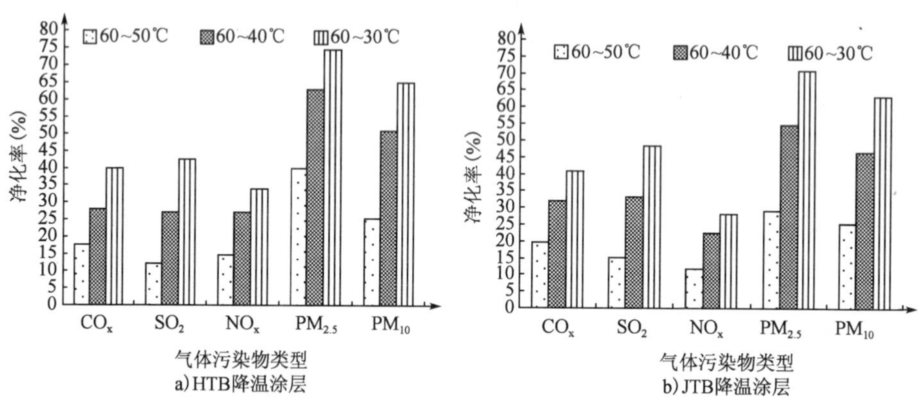

图 6-8　基于降温区间的复合类降温涂层净化效果

对 CO_x、NO_x 及 SO_2 的净化效果基本保持在 30%以上，对颗粒污染物 $PM_{2.5}$ 和 PM_{10} 净化率可保持在 60%左右。

将复合类降温涂层净化效果与单一类降温涂层对比可知，复合类降温涂层的净化效果要远远优于单一类降温涂层，这主要是由于单一功能性材料在复配使用之后，二者之间能够形成性能上的相互补充，能性材料能够提高降温涂层在高温差条件下的净化空气性能，而辅助功能性材料的稳定性能够弥补低温差条件下功能性材料的不足，提高了总体净化效果，保证了净化性能的稳定性。因此，复配类降温涂层具有更加优良的净化空气效果。

6.2.2 基于升温区间的净化空气性能评价

1)单一类降温涂层净化效果分析

升温区间条件下的单一类降温涂层净化空气效果变化规律，如图 6-9 所示。

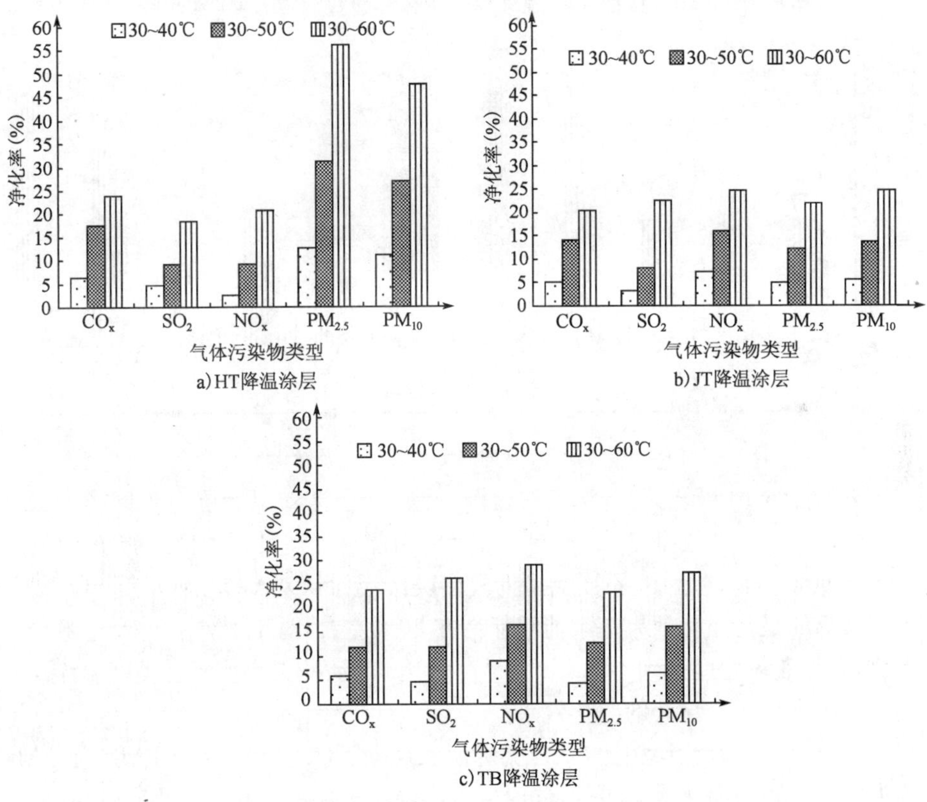

图 6-9 基于升温区间的单一类降温涂层净化效果

分析图 6-9 可知，随着温度的逐渐升高，单一类降温涂层对不同类型大气污染物的净化性能逐渐增强，温度在 30～40℃升温区间时，单一类降温涂层的净化效果较差，温度高于 40℃后，净化效果出现了显著的提升，温度达到 60℃时，净化效果达到最高值。在 30～60℃升温区间内，单一类降温涂层对不同类型大气污染物的净化效果基本能够保持在 20%左右，其中，HT 降温涂层对 $PM_{2.5}$ 和 PM_{10} 颗粒污染物具有良好的净化效果，路面温度达到 60℃时，其净化效果最高可达到 50%以上。

与基于降温区间的净化效果相比，降温涂层在升温区间内的净化效果会出现小幅度的提高，这可能是由于在高温条件下，污染物气体分子及颗粒物活性出现一定程度的增强，而在光照辐射的催化作用下，提高了功能性材料对大气污染物的净化和吸附，从而提高了其对大气污染物的净化效果。

2)复合类降温涂层净化效果分析

升温区间条件下的复合类降温涂层净化空气效果变化规律，如图 6-10 所示。

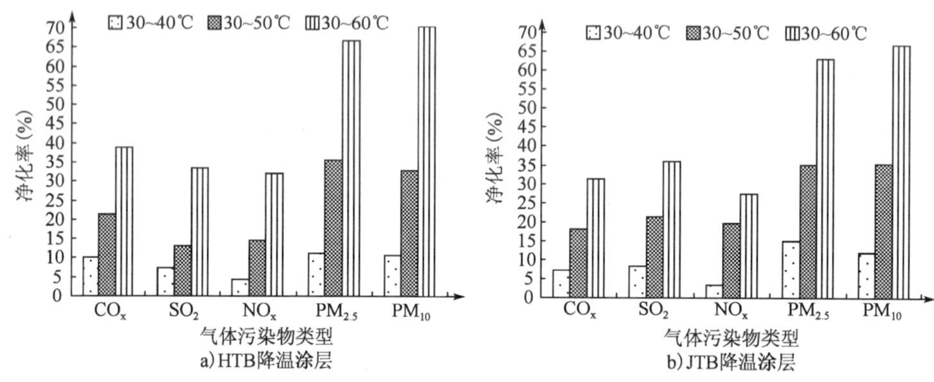

图 6-10 基于升温区间的复合类降温涂层净化效果

分析图 6-10 可知，随着温度的逐渐升高，复合类降温涂层对不同类型大气污染物的净化性能逐渐增强，不同温度区间内能够保持良好和稳定的净化效果。在 30～60℃升温过程中，不同类型的复合类降温涂层对 CO_x、NO_x 及 SO_2 等气体污染物的最优净化效果基本能够保持在 30%左右，对于 $PM_{2.5}$ 和 PM_{10} 颗粒污染物，净化效果均可达到 40%以上，最高可达 65%左右，表明复合类降温涂层对尾气中污染物具有显著的净化效果。

与单一类降温涂层相比，复合类降温涂层对 CO_x、NO_x、SO_2、$PM_{2.5}$ 和 PM_{10} 等大气污染物的净化效果更优，同时复合类降温涂层的净化效果稳定性更强，在不同温度区间内均能够保持良好的净化效果。这主要是由于单一功能性材料在复配使用之后，二者之间能够形成性能上的相互补充，既在一定程度上提高了总体净化效果，又保证了净化性能的稳定性。因此，复配类降温涂层具有更加优良的净化空气效果。

6.2.3 基于室外应用环境的净化空气性能评价

1）单一类降温涂层室外净化效果变化规律研究

室外应用环境条件下的单一类降温涂层净化效果，如图 6-11、图 6-12 所示。

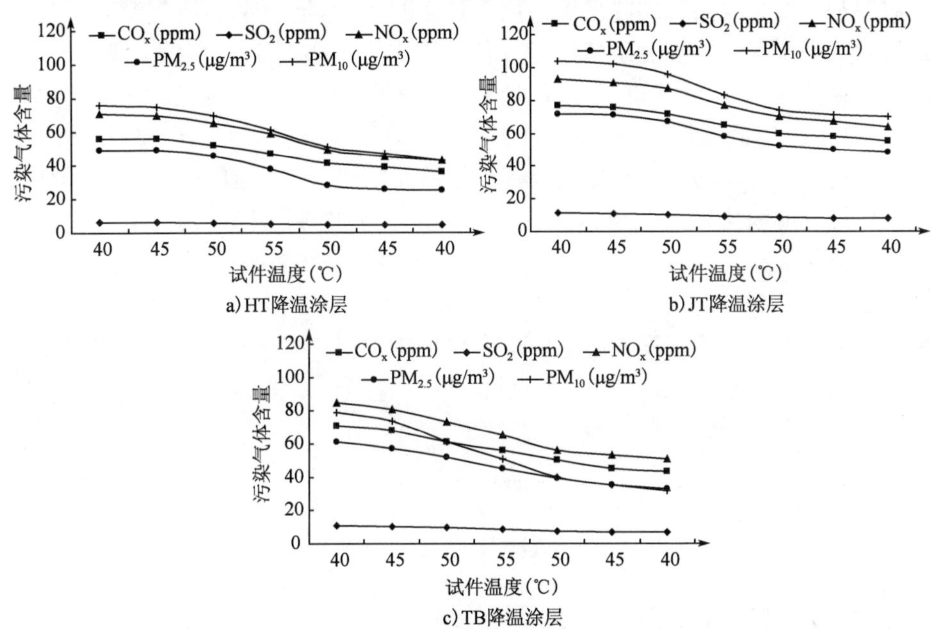

图 6-11 基于室外环境的单一类降温涂层净化效果变化

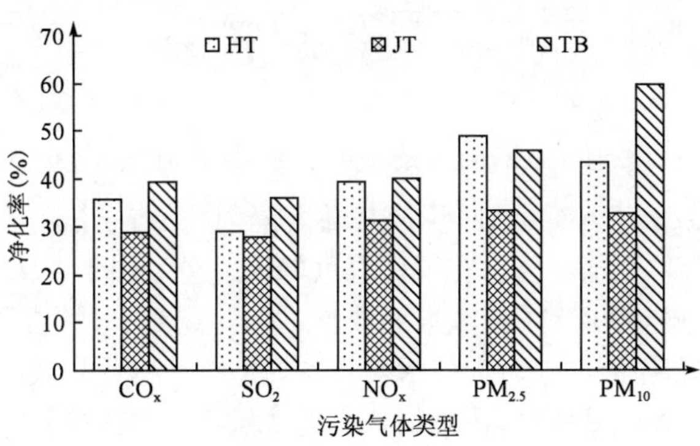

图 6-12 基于室外环境的单一类降温涂层净化效果对比

由表 6-5 及图 6-11 分析可知，在试件温度峰值左侧的升温区间内，污染气体含量变化曲线随试件温度升高而呈现下降趋势，且曲线斜率逐渐增大。这表明在单位时间内降温涂层的大气污染物净化速率逐渐增大，这与基于升温区间的室内净化效果研究结果一致。

在试件温度峰值点右侧的测试区间内，污染气体含量变化曲线仍然呈现下降趋势，但曲线逐渐趋于平缓，这表明在试件温度下降的过程中，当试件温度与环境温度差逐渐减小的过程时，降温涂层净化速率会呈现出逐渐下降的趋势，由于温差和光照强度的减弱降低了污染气体自身活性，同时单一类降温涂层净化效果具有一定程度的温度敏感性，从而造成了降温涂层净化效率的下降。

根据图 6-12 分析可知，不同类型单一类降温涂层均具有良好的室外净化效果，在整个降温效果测试过程中，不同类型单一类降温涂层对于 CO_x、NO_x 及 SO_2 等气体污染物的最优净化效果基本能够保持在 30%左右，对 $PM_{2.5}$ 和 PM_{10} 颗粒污染物的净化效果均可保持在 40%左右。其中 HT 降温涂层和 TB 降温涂层净化行能相对较优，对 $PM_{2.5}$ 和 PM_{10} 颗粒污染物的净化效率最高可达 60%以上。

2)复合类降温涂层室外净化效果变化规律研究

室外应用环境条件下的复合类降温涂层净化效果，如图 6-13 及图 6-14 所示。

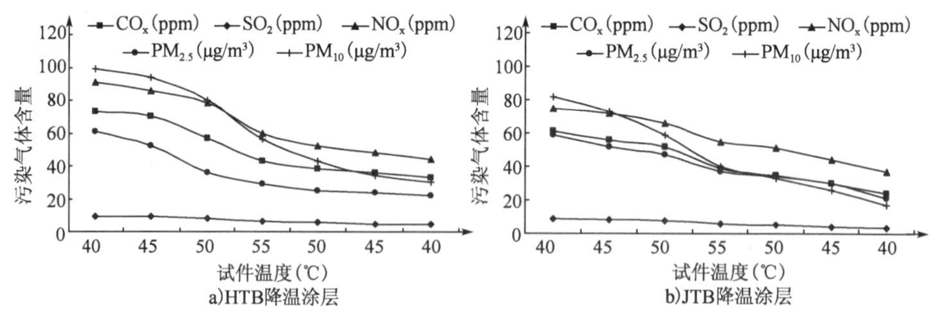

图 6-13 基于室外环境的复合类降温涂层净化效果变化

由图 6-13 及表 6-5 综合分析可知，随着降温涂层试件温度的升高，不同类型大气污染物含量逐渐下降。在试件温度峰值左侧，不同类型大气污染物的含量随试件温度的升高出现了持续性和线性的下降趋势，表明在外界升温环境条件下，复合类降温涂层能够对大气污染物发挥持续性净化功效。

当达到试件温度峰值后，污染物含量仍然保持线性减少趋势，但污染物含量下降曲线斜率出现了小幅度的减小，这主要是由于环境温度在一定程度上影响了大气污染物活性，同时试件温度减小也在一定程度上降低了复合类降温涂层的净化效率，从而导致复合类净化涂层净化效率出现一定程度的下降。

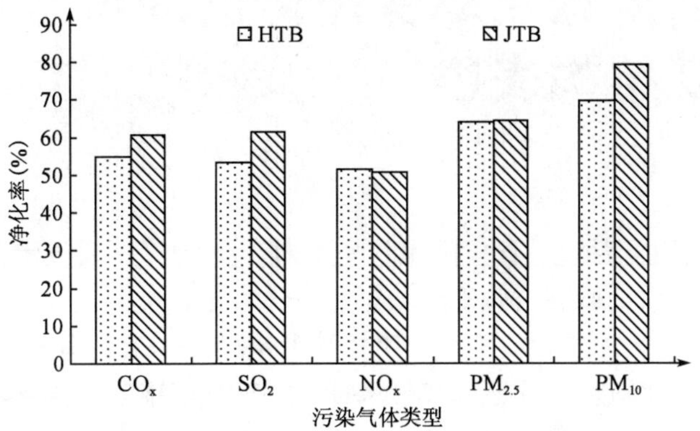

图 6-14 基于室外环境的复合类降温涂层净化效果对比

由图 6-14 分析可知，在降温效果测试过程中，HTB 降温涂层和 JTB 降温涂层对 CO_x、NO_x 及 SO_2 等气体污染物的最优净化效果基本能够保持在 50%左右，对 $PM_{2.5}$ 和 PM_{10} 颗粒污染物的净化效果均可保持在 60%以上，这表明复合类降温涂层对大气污染物的净化效果优良，明显优于单一类降温涂层的净化效果。

7 道路用绿色环保型降温涂层微观结构表征

环保型路用降温涂层发挥降温作用的过程无法直接通过宏观试验进行研究。因此,必须借助微观试验手段来探究在降温过程中降温涂层内部微观结构及化学组成上发生的变化。本章采用扫描电镜(SEM)和红外光谱(FTIR)等材料分析手段,基于电荷迁移原理,深入揭示环保型路用降温涂层的微观结构与作用机理。

7.1 道路用绿色环保型降温涂层SEM分析

扫描电子显微镜简称SEM,是一种新型的光学仪器,广泛用于生物学、医学和材料学等研究领域。扫描电子显微镜可以有效地进行微观表面形貌分析、背散射电子成像和能谱分析。本章通过扫描电镜对掺入不同种类和剂量降温功能性材料制成的降温涂层进行微观形态观察,主要研究降温功能性材料在涂层中的分布情况以及与涂层的结合情况。

7.1.1 SEM试验原理

扫描电镜的工作原理:在高电压作用下,从电子枪射出来的电子束经聚光镜和物镜聚焦成很细的高能电子束,当这束高能入射电子轰击物质表面时,电子束与试样表面物质相互作用,被激发的区域将产生二次电子、俄歇电子、特征X射线和连续谱X射线、背散射电子、透射电子,以及在可见、紫外、红外光区域产生的电磁辐射。探测器将这些信息接收,经放大器放大,并将试样表面不同的特征按顺序、成比例地转换为视频信号的过程。利用电子和物质的相互作用,可以获取被测样品本身的各种物理、化学性质的信息,如形貌、组成、晶体结构、电子结构和内部电场或磁场等。本章通过这种方法观测降温功能性材料在涂层中的分布情况以及与涂层的结合情况。

7.1.2 SEM 试验方法

对降温涂层中功能性材料的分散性研究采用 JSM-6390A 型扫描电子显微镜(日本电子株式会社生产),放大倍数为 1000～10000 倍。在试验所用的降温涂层中掺入功能性材料,掺量为 20%。扫描电子显微镜如图 7-1 所示。

试样准备比较简单,只需在试模上贴一小块双面胶带,取少量降温涂层放到胶带中央,用刀片轻轻将其刮薄。试样制备要求比较高,它决定是否能够观察到涂层与降温功能性材料的结合界面。在扫描前,需采取切片措施暴露涂层与降温功能性材料的结合界面。SEM 试样如图 7-2 所示。

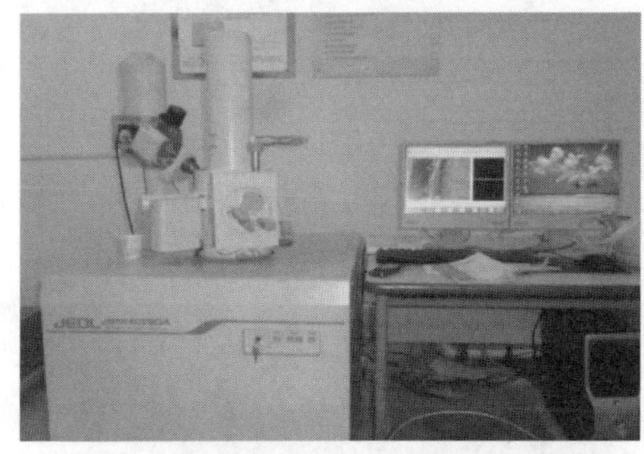

图 7-1 JSM-6390A 型扫描电子显微镜

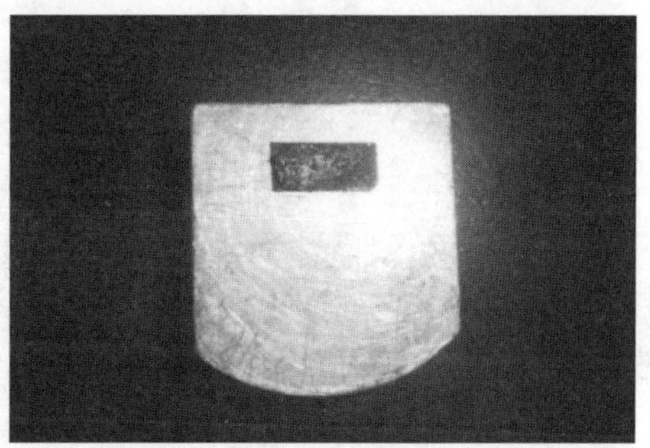

图 7-2 扫描电镜试样

树脂类材料为不导电材料,在进行扫描电镜时,涂层受到电子轰击时,很难捕捉其内部的形貌,更难以捕捉降温功能性材料的位置。为保证降温涂层在进行扫描电镜试验时更稳定的成像,对降温涂层进行喷金处理。降温涂层喷金以后,样品上就不会有太多的负电荷,使降温涂层具有良好的导电能力,成像比较稳定。喷金前后的扫描电镜成像如图 7-3 和图 7-4 所示。

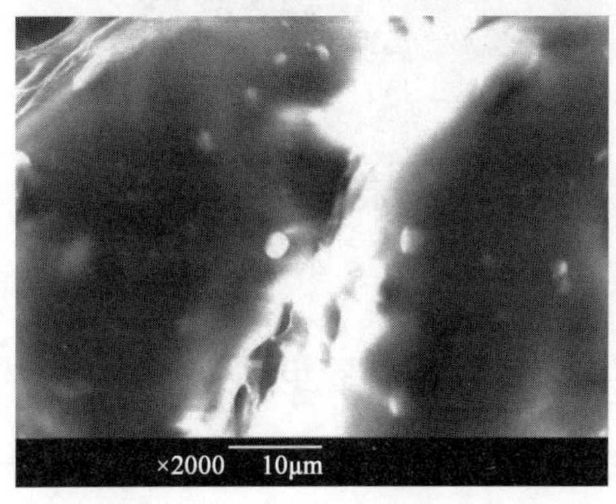

图 7-3 喷金前扫描成像图

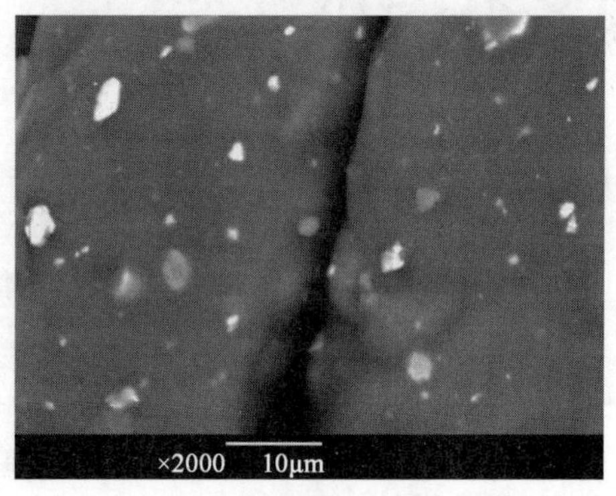

图 7-4 喷金后扫描成像

分析图 7-3 和图 7-4 可知：降温涂层喷金后的扫描电镜更加清晰，降温涂层中的各种颗粒可以明显地进行参照分析。因此，本书所有 SEM 试验的样品都用 Pt-Pd 合金膜喷金处理后进行试验。

图 7-5 为降温涂层(降温功能性材料配比 1∶1，掺量 20％)全貌扫描电镜照片，放大倍数为 500～5000 倍。放大倍数为 500 倍时，图像清晰，但其内部颗粒较小，不利于分析微观形貌；放大倍数为 5000 倍时，图像模糊，所观察形貌不全，大颗粒已经超出观测范围，不能全面地进行降温涂层的微观分析。因此，以放大倍数为 1000 倍和 2000 倍为主，进行降温涂层的微观形貌分析。

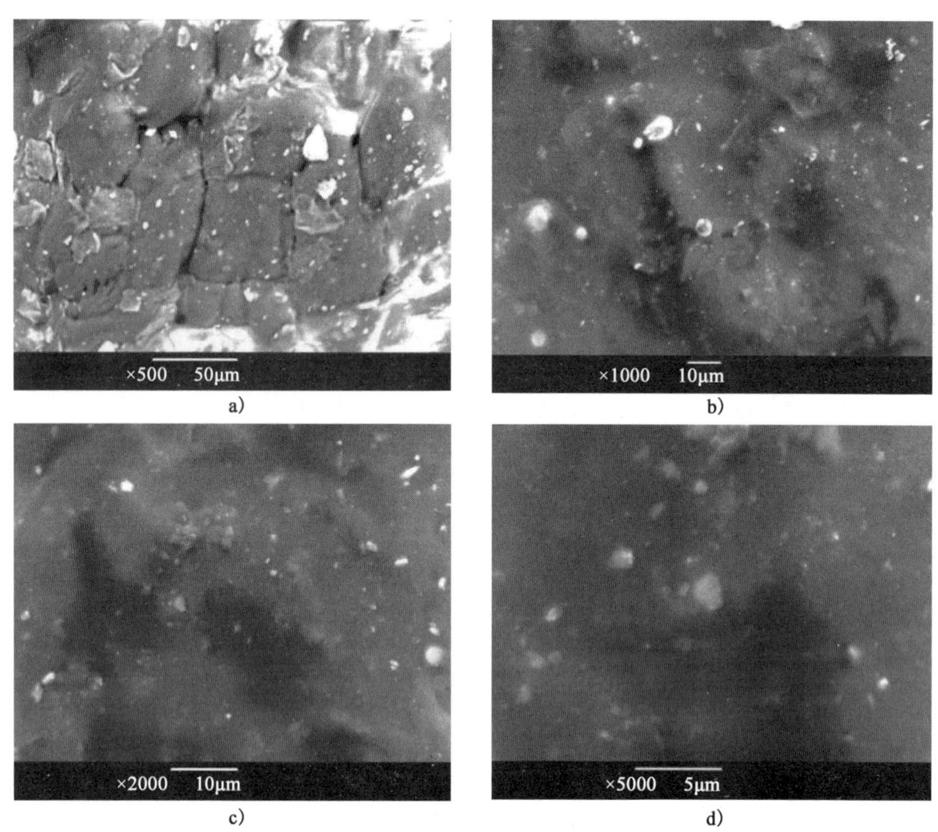

图 7-5　降温涂层 SEM 图

7.1.3　道路用绿色环保型降温涂层微观形貌及元素组成分析

对掺加功能性材料的降温涂层(HT、JT、TB)进行扫描电镜分析，其 SEM 图如图 7-6～图 7-10 所示。

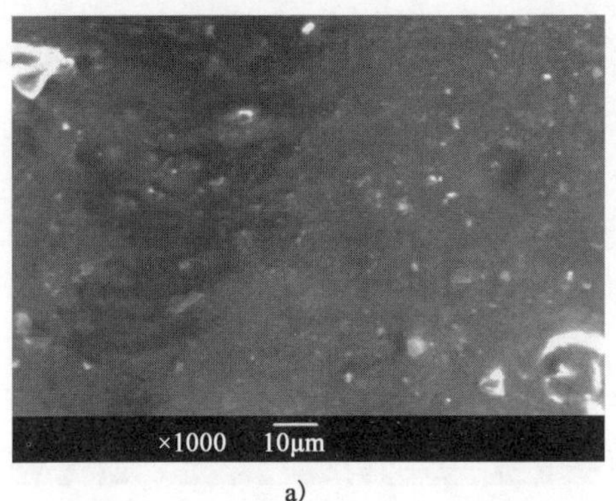

a)

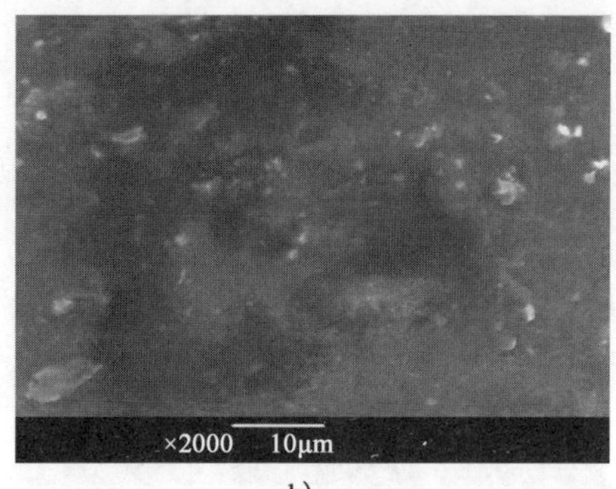

b)

图 7-6 HT 降温涂层 SEM 图

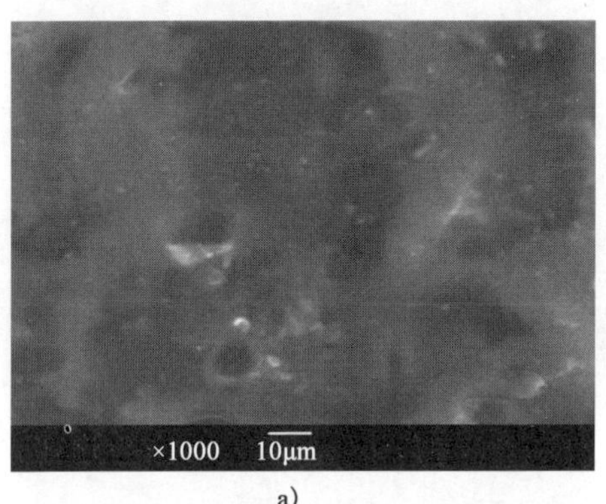

a)

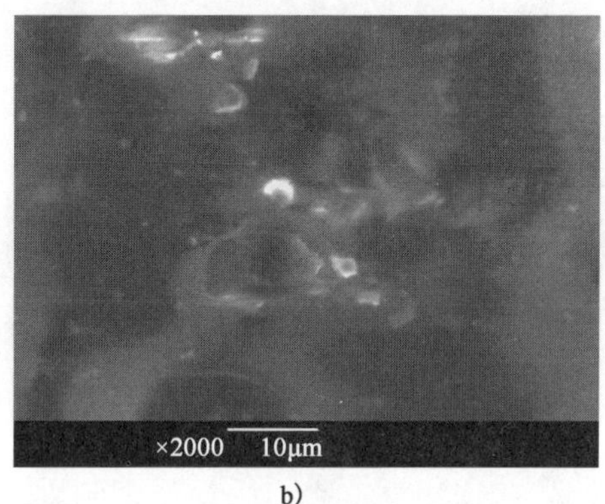

b)

图 7-7 JT 降温涂层 SEM 图

a)

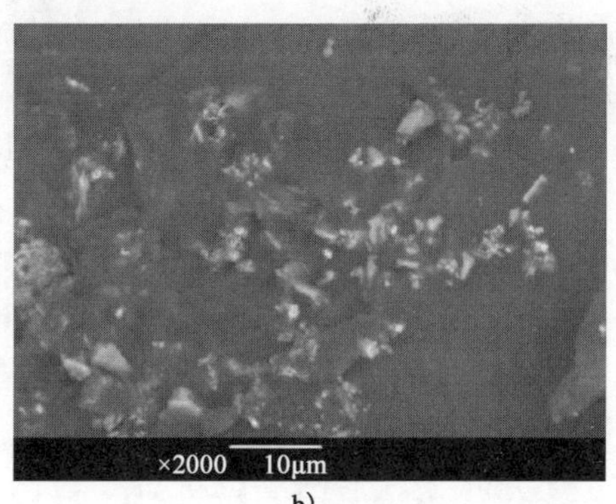

b)

图 7-8 TB 降温涂层 SEM 图

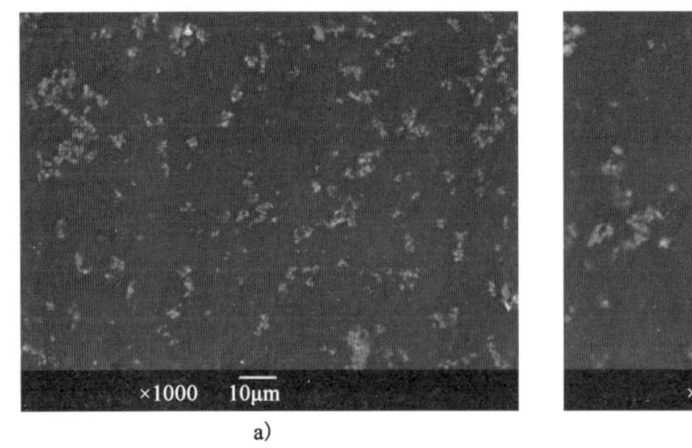

a)

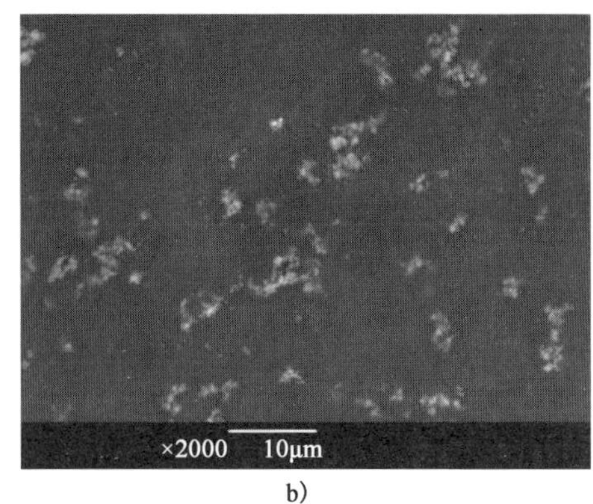

b)

图 7-9 HTB 降温涂层 SEM 图

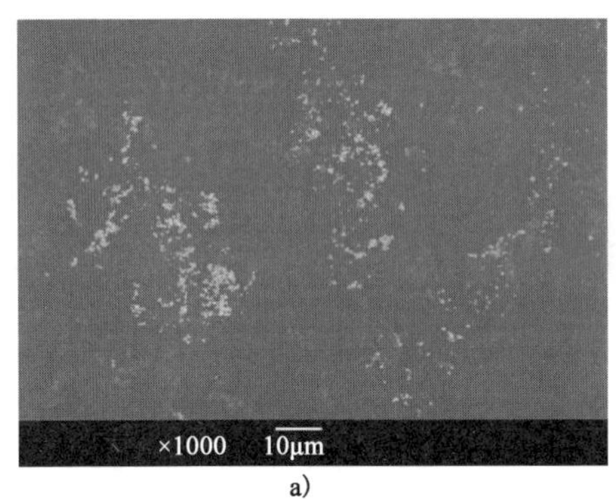

a)

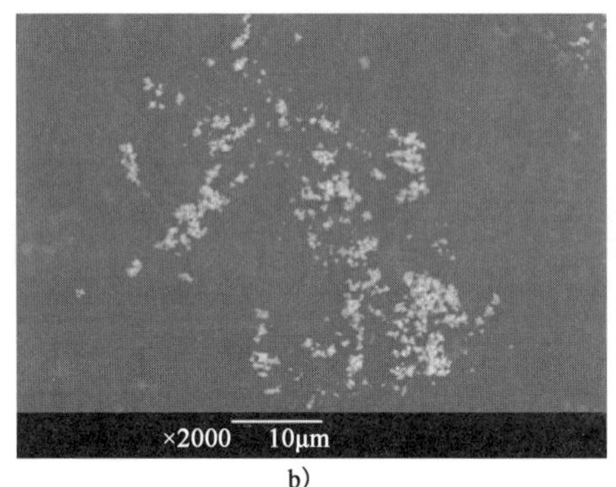

b)

图 7-10 JTB 降温涂层 SEM 图

分析图 7-6～图 7-10 可知，环保型路用降温涂层内部均匀分布着亮白色斑点颗粒，颗粒粒度基本大小均匀，有少数大颗粒存在，可初步判断亮白色突起颗粒为在涂层中添加的功能性材料 HT、JT 和 TB。为进一步确认 SEM 照片中的颗粒是主动添加的功能性材料 HT、JT 和 TB，对降温涂层材料的 SEM 试验试样进行元素分析，试验结果如图 7-11 所示。

分析图 7-11 可知，环保型路用降温涂层元素组成含有 Fe、C、O、Cl、Bi、Al、Mg、Si、Ti、K 等元素，其中 Fe 元素是 HT 和 JT 功能性材料的标志性元素，Si、Ti 和 Al 元素是 TB 功能性材料的标志性元素，因此可以确定环保型路用降温涂层 SEM 照片中亮白颗粒分别为 HT、JT 和 TB 功能性材料。

分析图 7-6～图 7-10 可知：

(1)三种功能性材料能够均匀地分散在降温涂层中，没有出现材料的团聚现象，功能性材料以独立颗粒的形式存在于降温涂层中。

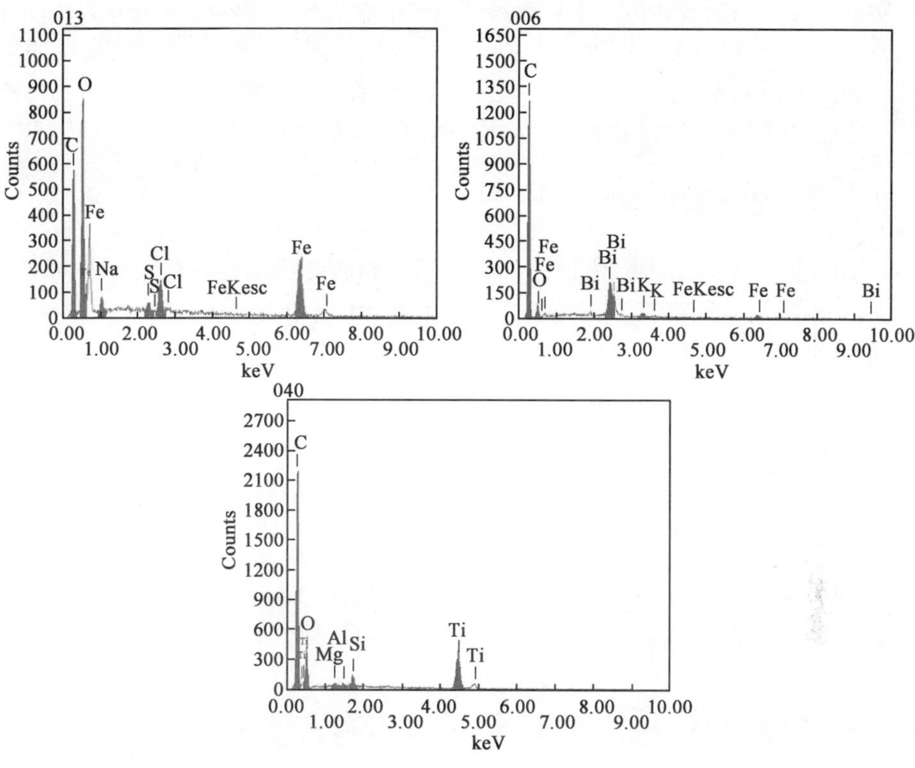

图 7-11 环保型路用降温涂层元素分析

(2)功能性材料在涂层内部呈现半包裹状态,亮色和暗色交替,表明其与降温涂层之间具有良好的黏结性能。对于降温涂层而言,功能性材料能否在涂层中均匀分布将直接影响降温涂层的降温性能。

(3)HT、JT 和 TB 功能性材料能够吸附涂层中的载体材料,稳定、均匀地分散于降温涂层中,与涂层形成稳定的整体结构。在涂层的制备过程中,高速搅拌作用下,功能性材料能够很容易分散在降温涂层载体材料中。

7.2 道路用绿色环保型降温涂层 FTIR 分析

红外光谱(Infrared Spectroscopy)广泛应用于有机化学研究中。红外光是指处于可见光与微波之间的电磁波,一般指的是对有机物测定时使分子产生振动的中红外区(波长为 1mm～0.7μm,波数为 4000～400cm^{-1}),因此红外光谱也称为分子的振动光谱。傅里叶变换红外光谱分析(FTIR),是使聚合物材料在一定的温度下热裂解成低分子产物，然后再对低分子产物进行傅里叶变换红外光谱分析，以分析低分子产物的结构和成分。红外光谱是检测化合物分子骨架和官能团的最简单、最广泛的方法，通过红外光谱的特征峰可以推断化合物可能的官能团和化学键，确定芳香环的结构、侧链长度及数目等。

7.2.1 FTIR试验原理

当一束具有连续波长的红外光通过物质，物质分子中某个基团的振动频率或转动频率和红外光的频率一样时，分子就吸收能量由原来的基态振（转）动能级跃迁到能量较高的振（转）动能级，分子吸收红外辐射后发生振动和转动能级的跃迁，该处波长的光就被物质吸收。所以，红外光谱法实质上是一种根据分子内部原子间的相对振动和分子转动等信息来确定物质分子结构和鉴别化合物的分析方法。将分子吸收红外光的情况用仪器记录下来，就得到红外光谱图。红外光谱图通常用波长（λ）或波数（σ）为横坐标，表示吸收峰的位置，用透光率（$T\%$）或者吸光度（A）为纵坐标，表示吸收强度。本章采用红外光谱（FTIR）主要分析降温功能性材料添加到降温涂层中后的均匀程度和是否有新物质产生，并对降温涂层的结构组成进行初步探究。

7.2.2 FTIR试验方法

在试验所用的环保型路用降温涂层中，掺入不同类型的降温功能性材料，掺量为基础涂层质量的20%。所用仪器为美国高力公司生产的TENSOR27型FTIR傅里叶变换红外光谱仪，如图7-12所示。

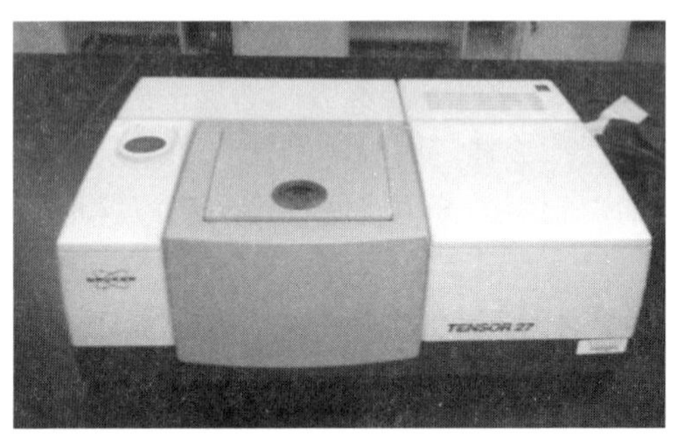

图7-12 TENSOR27型FTIR傅里叶变换红外光谱仪

环保型路用降温涂层的红外光谱试验试样制备比较简单，提前制备好涂层试样，并将其涂抹在载样板上，并用刀片刮薄。试验分辨率为0.2cm^{-1}，扫描次数为 32 次,测试范围为 4000～900cm^{-1}。

7.2.3 道路用绿色环保型降温涂层 FTIR 分析

1)基础涂层的 FTIR 分析

对未掺加降温功能材料的基础涂层进行红外光谱分析,其 FTIR 图谱如图 7-13 所示。

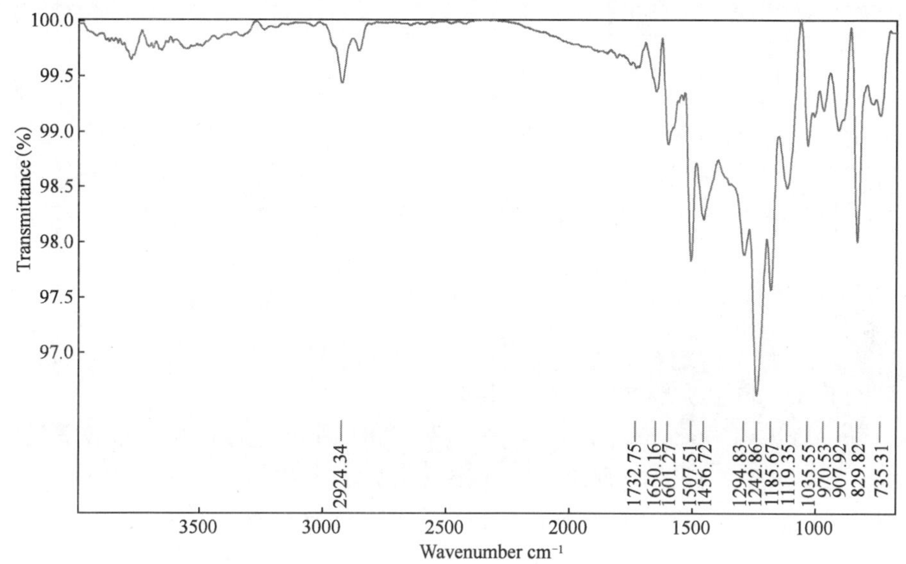

图 7-13 基础涂层 FTIR 图谱

对比分析基础涂层 FTIR 图谱及 FTIR 标准图谱可知:

官能团区(波数为 3700～1333cm^{-1})波数为 2924cm^{-1}处出现亚甲基 C—H 沿原子核之间的轴线方向做运动,即伸缩振动,在波数为 1601cm^{-1}和 1506cm^{-1}两个位置处出现苯环骨架振动,在波数为 1459cm^{-1}位置处是甲基 C—H 弯曲振动。

指纹区(波数为 1333～650cm^{-1})波数为 907cm^{-1}位置处出现了涂层载体的特征峰,即环氧键的吸收峰,829cm^{-1}位置处出现 C—H 剪式振动,波数为 735cm^{-1}处为烷烃 C—H 弯曲振动吸收峰。4000～3000cm^{-1}和 2900～2000cm^{-1}两个波数范围内未出现明显的吸收峰。

2)HT 降温涂层的 FTIR 分析

对 HT 降温涂层进行红外光谱分析,其 FTIR 图谱如图 7-14 所示。

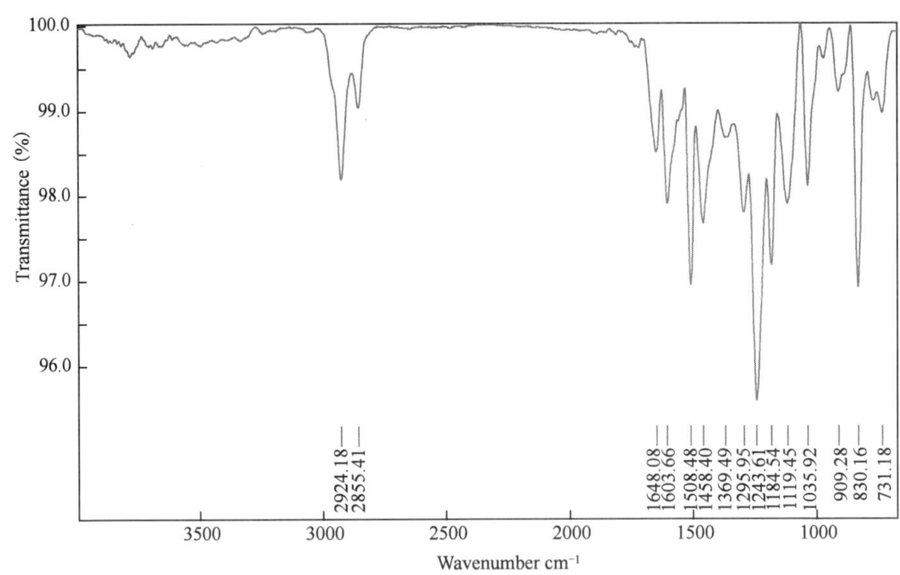

图 7-14　HT 降温涂层 FTIR 图谱

分析 HT 降温涂层 FTIR 图谱可知：

第一峰区（4000～2500cm^{-1}）内的 2924～2854cm^{-1}范围内出现了较弱的吸收峰，这是饱和烷烃的吸收峰。官能团区（波数为 3700～1333cm^{-1}）波数为 2924cm^{-1}和 2855cm^{-1}处分别出现了亚甲基 C—H 伸缩振动和次亚甲基 C—H 伸缩振，在波数为 1603cm^{-1}和 1508cm^{-1}位置处出现苯环骨架振动，波数为 1458cm^{-1}位置处是甲基 C—H 弯曲振动。

指纹区（波数为 1333～650cm^{-1}）1184cm^{-1}和 1035cm^{-1}位置处分别出现了醚键 C—O—C 反式伸缩振动和 C—O—C 顺式伸缩振动，830cm^{-1}位置处出现 C—H 剪式振动。4000 ～3000cm^{-1}和 2500～2000cm^{-1}两个波数范围内未出现明显的吸收峰。HT 降温涂层吸收峰位置与 JT 降温涂层吸收峰位置基本相同，当吸收峰强度相对较弱。

与基础涂层相比，HT 降温涂层在波数为 2854cm^{-1}的位置处出现了强度较大的次亚甲基 C—H 伸缩振动峰。

3）JT 降温涂层的 FTIR 分析

对 JT 降温涂层进行红外光谱分析，其 FTIR 图谱如图 7-15 所示。

分析 JT 降温涂层 FTIR 图谱可知：

第一峰区（4000～2500cm^{-1}）2923～2854cm^{-1}范围内出现了较强的吸收峰，

这是饱和烷烃的吸收峰。官能团区(波数为 3700～1333cm^{-1})波数为 2924cm^{-1}处出现亚甲基 C—H 沿原子核之间的轴线方向做运动,即伸缩振动,波数为 2854cm^{-1}的位置处是次亚甲基 C—H 伸缩振,波数为 1610cm^{-1}的位置处出现了芳核骨架振动的特征峰,波数为 1508cm^{-1}位置处出现的是苯环骨架振,波数为 1457cm^{-1}位置处是甲基 C—H 弯曲振动。

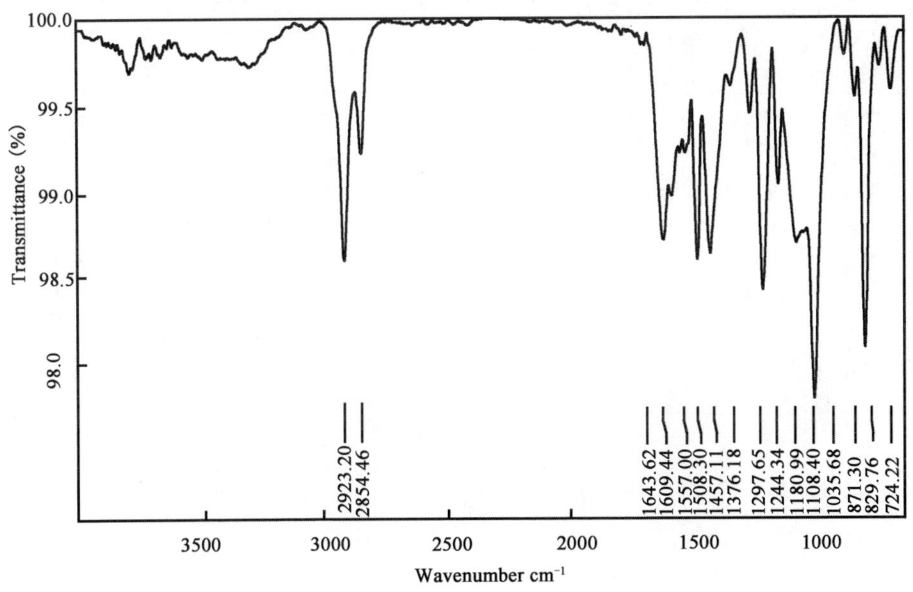

图 7-15 JT 降温涂层 FTIR 图谱

指纹区(波数为 1333～650cm^{-1})1180cm^{-1}和 1035cm^{-1}位置处分别出现了醚键 C—O—C 反式伸缩振动和 C—O—C 顺式伸缩振动,829cm^{-1}位置处出现 C—H 剪式振动。4000～3000cm^{-1}和 2500～2000cm^{-1}两个波数范围内未出现明显的吸收峰。

与基础涂层相比,JT 降温涂层在波数为 2854cm^{-1}的位置处出现新的次亚甲基 C—H 伸缩振动峰,而且强度较大;在波数为 1610cm^{-1}的位置处出现了芳核骨架振动的特征峰,并在指纹区(波数为 1333～650cm^{-1}),在 1180cm^{-1}和 1035cm^{-1}位置处分别出现了醚键 C—O—C 反式伸缩振动和 C—O—C 顺式伸缩振动。

4)TB 降温涂层的 FTIR 分析

分析 TB 降温涂层 FTIR 图谱(图 7-16)可知:

X—H 伸缩振动区(4000～2500cm^{-1})内的 2925～2853cm^{-1}范围内出现了

较强的吸收峰，这是饱和烷烃的吸收峰，2924cm^{-1}和2853cm^{-1}位置处出现了显著的饱和的C—H伸缩振动，其中波数为2924cm^{-1}处出现的是亚甲基C—H沿原子核之间的轴线方向做运动，即伸缩振动，峰形尖锐，而且谱带较为尖锐，波数为2854cm^{-1}的位置处是次亚甲基C—H伸缩振动，波数为1645cm^{-1}位置处出现了单核烯烃C=C伸缩振动，具有双峰结构，波数为1559cm^{-1}和1509cm^{-1}位置处分别出现的是C=N振动伸缩缝和苯环骨架振动，波数为1461cm^{-1}位置处出现了甲基C—H弯曲振动。

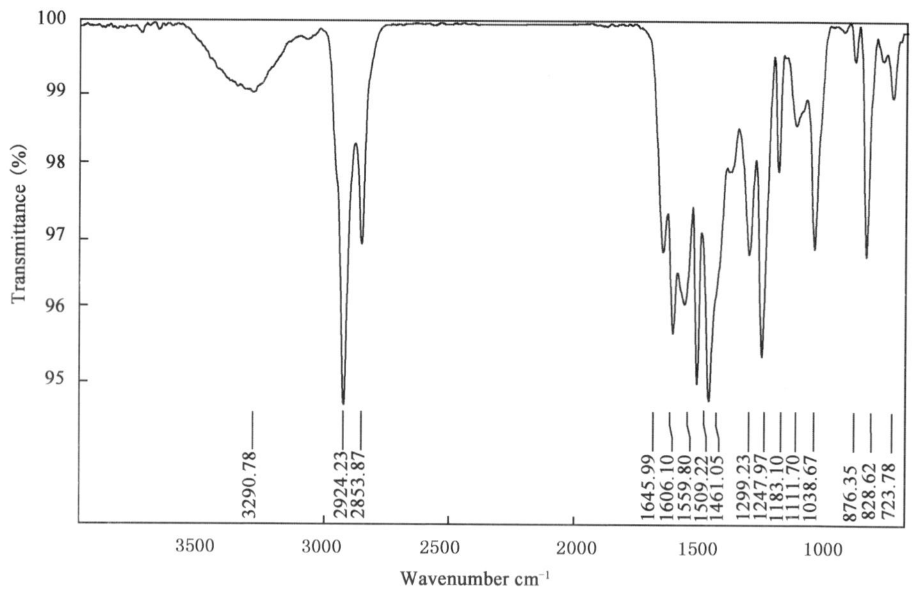

图7-16 TB降温涂层FTIR图谱

指纹区（波数为1333～650cm^{-1}）1299cm^{-1}位置处出现了C—O单键伸缩缝；在1183cm^{-1}和1038cm^{-1}位置处分别出现了醚键C—O—C反式伸缩振动和C—O—C顺式伸缩振动；在828cm^{-1}位置处出现C—H剪式振动。在4000～3000cm^{-1}和2500～2000cm^{-1}两个波数范围内同样未出现明显的吸收峰。

与基础涂层相比，TB降温涂层在波数为2854cm^{-1}的位置处出现了次亚甲基C—H伸缩振动，波数为1645cm^{-1}和1645cm^{-1}位置处出现了单核烯烃C=C伸缩振动，具有双峰结构，波数为1559cm^{-1}和1509cm^{-1}位置处分别出现的是C=N振动伸缩缝和苯环骨架振动。在指纹区（波数为1333～650cm^{-1}），在1299cm^{-1}位置处出现了C—O单键伸缩缝，1183cm^{-1}和1038cm^{-1}位置处分别

出现了醚键 C—O—C 反式伸缩振动和 C—O—C 顺式伸缩振动。

5)HTB 降温涂层的 FTIR 分析

分析 HTB 降温涂层 FTIR 图谱(图 7-17)可知：

X—H 伸缩振动区(4000～2500cm^{-1})内的 2960～2870cm^{-1}范围内出现了吸收峰，2959cm^{-1}和 2872cm^{-1}位置处出现了显著的饱和—CH_3 基的伸缩振，波数为 1732cm^{-1}位置处出现了较强的 C═O 伸缩振动，波数为 1246cm^{-1}位置处出现的是环氧树脂季碳原子的特征吸收峰，波数为 1165cm^{-1}位置处 C—N 强吸收峰，833cm^{-1}位置处出现 C—H 剪式振动。在 4000～3000cm^{-1}和 2500～2000cm^{-1}两个波数范围内同样未出现明显的吸收峰。

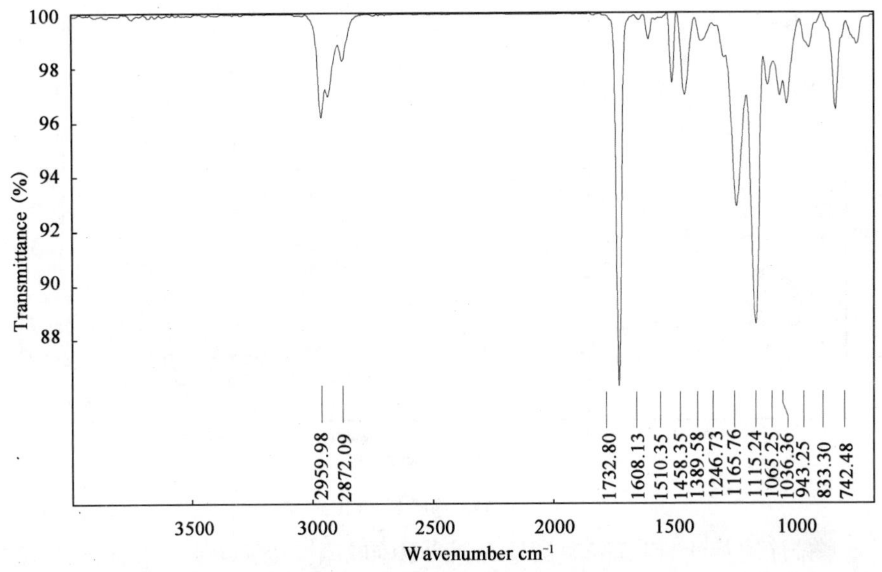

图 7-17 HTB 降温涂层 FTIR 图谱

与基础涂层相比，HTB 降温涂层在 2959cm^{-1}和 2872cm^{-1}位置处出现了显著的饱和—CH_3基的伸缩振，波数为 1732cm^{-1}位置处出现了较强的 C═O 伸缩振动，在波数为 1246cm^{-1}位置处出现的是环氧树脂季碳原子的特征吸收峰，波数为 1165cm^{-1}位置处 C—N 强吸收峰。

6)JTB 降温涂层的 FTIR 分析

分析 JTB 降温涂层 FTIR 图谱(图 7-18)可知：

X—H 伸缩振动区(4000～2500cm^{-1})2925cm^{-1}和 2855cm^{-1}位置处出现了显著的饱和 C—H 伸缩振动，其中波数为 2925cm^{-1}处出现的是亚甲基 C—H 沿

原子核之间的轴线方向做运动，即伸缩振动，峰形尖锐，而且谱带较为尖锐，波数为 $2855cm^{-1}$的位置处是次亚甲基 C—H 伸缩振动，波数为 $1607cm^{-1}$的位置处出现了芳核骨架振动的特征峰，波数为 $1509cm^{-1}$位置处分别出现的是 C═N 振动伸缩缝和苯环骨架振动，波数为 $1460cm^{-1}$位置处是甲基 C—H 弯曲振动，$1244cm^{-1}$位置处出现了 C—O 单键振动，$1183cm^{-1}$和 $1036cm^{-1}$位置处分别出现了醚键 C—O—C 反式伸缩振，$830cm^{-1}$位置处出现 C—H 剪式振动。4000～$3000cm^{-1}$和 2500～$2000cm^{-1}$两个波数范围内同样未出现明显的吸收峰。

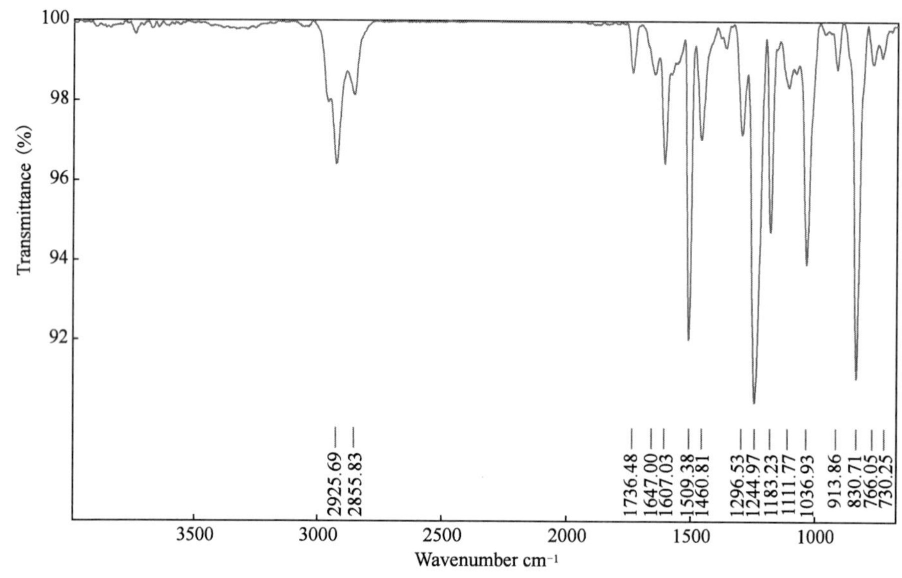

图 7-18 JTB 降温涂层 FTIR 图谱

与基础涂层相比，JTB 降温涂层在 X—H 伸缩振动区（4000～$2500cm^{-1}$）波数为 $2855cm^{-1}$的位置处是次亚甲基 C—H 伸缩振动，$1244cm^{-1}$位置处出现了 C—O 单键振动，$1183cm^{-1}$和 $1036cm^{-1}$位置处分别出现了醚键 C—O—C 反式伸缩振动。

8 道路用绿色环保型降温涂层施工工艺与质量控制

降温涂层的施工工艺对施工质量有着重要的影响。路用降温涂层在我国尚处于研究阶段，尚未形成完备的施工工艺及质量控制措施，无法保证降温涂层的施工质量和应用效果，制约了路用降温涂层的推广和应用。因此，本章针对环保型路用降温涂层特点，分析施工过程中气温、交通和路面状况等不同因素对施工质量的影响，设计环保型路用降温涂层施工装置，确定功能性材料检验和施工方法，创建降温涂层施工工艺流程与质量控制方法，为环保型路用降温涂层的推广和应用奠定基础。

8.1 道路用绿色环保型降温涂层施工要求

基于环保型路用降温涂层的自身特点，深入分析施工过程中环境、路面状况等不同因素对施工质量的影响，确定环保型路用降温涂层的施工要求。

8.1.1 施工气温要求

环保型路用降温涂层的基础载体材料主要由固化剂和黏稠液体剂两部分组成。其中，黏稠液体材料具有一定的挥发性。对于环保型路用降温涂层，施工环境温度过高会造成表层材料干燥过快，影响内部涂层的强度形成，施工环境温度过低，会大幅增加环保型路用降温涂层的干燥时间，不利于涂层的强度形成。因此，环保型路用降温涂层应在合理的温度范围内进行施工。基于相关试验研究得出的结论，建议环保型路用降温涂层的最佳施工环境温度范围为 10～20℃。同时，应尽量在施工时保证路面干燥、洁净，避免在阴雨天或潮湿天气施工。

8.1.2 施工交通要求

环保型路用降温涂层在施工完成后需要合理的干燥时间来保证自身强度的

形成，这就需要在施工过程中实施交通管制。达到环保型路用降温涂层初步开放交通时间后，可以适当开放交通，但应严格控制通行交通量。涂层完全干燥且自身强度已经形成后可解除交通管制。环保型路用降温涂层的施工对于交通管制主要有以下要求。

(1)涂层施工开始之前，应与施工当地的交通主管部门报告相关施工信息，协调和制订合理的交通管制方案。

(2)制订合理的施工计划和方案，减少对施工地点交通的干扰和影响。

(3)施工场地应采用醒目的交通管制标志，保证施工安全。

(4)通过交通管制保证涂层的强度形成时间。

(5)初步开放交通时应严格控制通行交通的数量，确保行车不会对涂层的强度形成产生不利影响。

8.1.3 施工路面状况要求

环保型路用降温涂层能够解决沥青路面的高温病害问题，改善沥青路面出现的早期病害，起到修复微裂缝、防水以及改善路面外观等作用，但无法起到承重的结构层作用。因此，环保型路用降温涂层的施工对路面状况提出以下相关要求。

(1)施工路面应保证表面洁净、平整。施工路面的洁净程度将会对涂层的黏结性能产生直接影响，路面的平整程度也会对环保型路用降温涂层的施工质量产生重要影响。

(2)施工路面应具有足够的强度和刚度。由于降温涂层无法作为承重的结构层，所以施工路面应保持良好的路用性能，以保证涂刷涂层后能够抵抗行车荷载等一系列因素的影响。

(3)施工路面应具有良好的整体稳定性。施工路面良好的整体稳定性是施工后路面良好性能的保证。因此，必须对施工路面整体稳定性提出要求。

8.1.4 施工人员要求

涂层施工团队施工技术和专业素质将会对环保型路用降温涂层施工质量产生直接影响。高素质的施工队伍，能够依靠自身的施工经验和专业知识，高质量地完成降温涂层的施工工作。环保型路用降温涂层施工队伍主要由施工负责人、路面清扫人员、涂层施工人员和后期养护人员等组成。

施工负责人主要负责施工计划和方案的制定、施工前与相关部门协调、现场施工指挥、应急事件处理等多方面的工作，应熟悉涂层施工的各个环节，并具有足够的施工管理经验；路面清扫人员应保证降温涂层施工前路面的清洁，将路面上的灰尘、碎石屑等清除到施工路幅以外；施工操作人员应注意降温涂层的涂布均匀程度，同时还要保证抗滑粒料的撒布均匀；后期养护人员应严格控制养护时间，保证降温涂层强度完全形成。

8.2 道路用绿色环保型降温涂层施工工艺

8.2.1 道路用绿色环保型降温涂层施工工艺流程

路用降温涂层施工工艺直接决定着施工质量和施工成本。因此，为了保证施工质量，降低施工成本，应充分重视施工工艺和施工流程。路用降温涂层的施工工艺流程如图 8-1 所示。

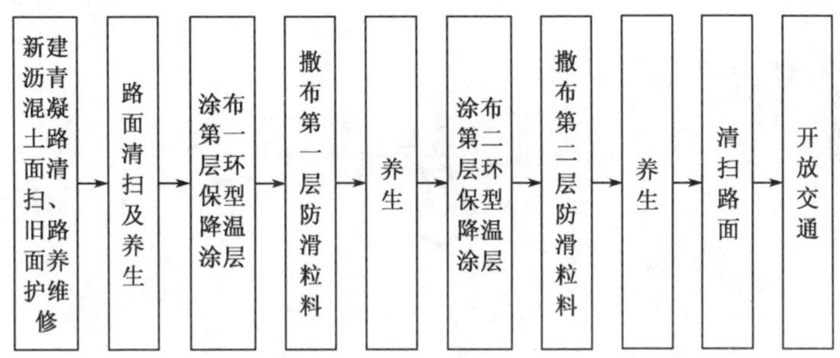

图 8-1 环保型路用降温涂层的施工工艺流程

8.2.2 道路用绿色环保型降温涂层施工设备

由于降温涂层施工质量对于其自身降温性能的发挥具有重要影响。因此，降温涂层施工过程中需要采用高效的施工设备和装置保证降温涂层的施工质量。

1)人工施工主要设备

环保型路用降温涂层的人工施工设备如表 8-1 所示。

环保型路用降温涂层主要施工设备 表 8-1

施工设备名称	用　途
路面清扫设备	清扫路面灰尘及松散集料
螺旋搅拌机	用于均匀地搅拌涂料
涂料涂布设备	喷涂或者滚涂路用降温涂料
集料撒布设备	均匀撒布防滑粒料

2)专用一体化施工设备

目前,涂层材料施工方式主要包括喷洒方式和滚刷刷涂的人力施工方式。喷洒方式效率虽然较高,但存在喷头易堵塞、喷洒边幅不易控制等问题,人力滚涂方式主要存在施工效率低、施工质量不一致等缺点。针对现有施工方式和施工设备的不足,本章开发了一种涂层专用一体化施工机械(已成功申请专利),为涂层的施工提供科学、简便的施工途径。涂层专用一体化施工机械结构图,见图 8-2。

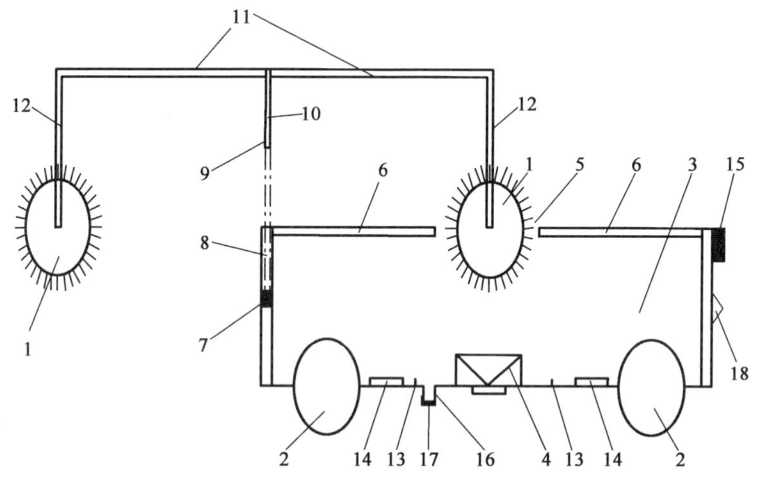

图 8-2 涂层专用一体化施工机械结构图

1-滚动涂抹轮;2-轮胎;3-保温料斗;4-搅拌器;5-取料口;6-保温盖板;7-液压泵;8-液压油缸;9-外壁套筒;10-内转动轴;11-横向悬臂;12-竖向悬臂;13-温度传感器;14-电热管;15-温度控制仪;16-出料管;17-密封盖;18-拖钩

涂层专用一体化施工机械使用方法:首先利用路面清扫装置将需要施工路面表面附着物清扫干净,施工装置就位,将施工所需涂层材料加装的材料盛装在保温料斗中,通过牵引车挂在拖钩上牵引施工装置,设置温度,电热管开始工作,同时启动搅拌器,防止涂料黏结结块,待涂层性能经过加热和搅拌的共同作用满足要求之后,通过液压油缸降低横向悬臂,横向悬臂通过竖向悬臂带动滚动涂抹轮下降完全浸没在涂料中,经过短暂时间之后,提升滚动涂抹轮,施工人员手动调换滚动涂抹轮方向,使经过浸没的滚动涂抹轮与地面接触,同时液压油缸提供向下的压力,保持滚动涂抹轮和路面良好地接触,另一个滚动涂抹轮在保温料斗中浸泡,吸附足量的涂料,牵引车开始前进,涂层施工过程开始,待一个滚动涂抹轮涂料基本涂完之后,调换方向,另一个滚动涂抹轮开始工作,依次交换前进,完成涂层的整体施工工作。

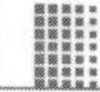

8.2.3 道路用绿色环保型降温涂层施工准备工作

1)交通管制处理

在降温涂层施工开始之前,详细了解施工路段的交通量变化情况,尽量选择车流量较小的时间段作为主要的施工时段,向施工当地的交通主管部门报告相关施工信息,协调和制定合理的交通管制方案。在施工场地预先设置醒目的交通管制标志,保证施工安全。

2)施工机具检查

施工开始前,调整施工设备的相关施工参数,满足环保型路用降温涂层施工要求。对施工机具进行试运行,应及时整修和替换试运行存在问题的施工设备,提前配置备用施工设备,防止因设备损坏而引起降温涂层施工无法进行。

3)施工场地检修和清扫

为了保证环保型路用降温涂层与沥青路面良好的黏结性能,施工前必须对原有路面进行处理。对于新修道路,对路面进行一次清扫,确保路面上没有杂物,已经运营的道路,施工前要对整个路段进行一次检查,确定是否有影响其稳定性的病害,施工前要对病害进行一定的维修处理,等路面达到一定的强度后再施工,若无病害,则直接对路面进行彻底的清扫后进行施工。

4)环保型路用降温涂层制备

环保型路用降温涂层的制备主要包括备料、组分混合、研磨分散和过滤四个步骤。

(1)备料。

配制环保型路用降温涂层所需的各种原料:成膜物质、降温功能性材料、辅助热反射材料和着色材料等。

(2)组分混合。

按照涂层配合比将颜料和成膜物质等进行混合,使颜料初步分散在树脂中,为下一道研磨做准备。由于干颜料和成膜物质初步接触,所以需要进行30min的高速分散,以确保涂料均匀。

(3)研磨分散。

将混合浆料送入砂磨机中进行研磨,当细度小于50目时,得到涂料浆,加入适量助剂调和,搅拌均匀。

(4)过滤。

为进一步清除未研磨细的颜料粗粒子以及生产过程中混入料浆中的杂质,需经过一道过滤工序,通常用不锈钢丝网或绢丝网做成箩筛完成。

8.2.4 功能性材料检验和施工方法

1)功能性材料检验

不同类型功能性材料检验指标如表8-2所示。

功能性材料检验指标　　表8-2

集料类型 \ 试验指标		规范要求(%)		试验方法
		高速公路、一级公路	其他等级公路	
表观相对密度		≥2.50t/m³	≥2.45t/m³	T 0352
含水率		≤1%	≤1%	T 0103
粒度范围	<0.6mm	100		T 0351
	<0.15mm	90～100		
	<0.075mm	75～100		
外观		无团粒结块		—
亲水系数		<1		T 0353

2)功能性材料施工方法

基于能量转换原理优选功能性基础材料,然后经机械活化、除杂提纯、真空干燥分散、最优处理剂处理后得到降温功能性材料,降温功能性材料掺入到环保型路用降温涂层的方法如下。

(1)将环保型路用降温涂层所用功能性材料按照配比称量所需要的质量。

(2)预先称量部分质量的降温功能性材料及着色材料,混合均匀。

(3)称取适当数量的树脂黏结材料及助剂,加注到搅拌机内,采用低速搅拌均匀,之后将降温功能性材料及着色材料加入黏结材料混合物中。

(4)调低搅拌机转速,分次添加辅助降温材料,低速搅拌可防止搅拌速度过快造成的辅助降温材料的内部结构破坏。

(5)最后将剩余的功能性材料加入以上混合物中,搅拌均匀后功能性材料掺加完成。

8.2.5 道路用绿色环保型降温涂层施工步骤

所有准备工作和施工设备准备就绪以后,开始进行降温涂层施工工作。施工时要求天气晴朗,路面温度在20℃左右。施工步骤具体如下。

(1)待新建沥青路面清扫完毕或旧路面病害处理完成并形成一定强度后,对施工路段进行路面预处理,采用高压鼓风机将路面上松动的尘土吹出路幅之外,用胶布将路面标线封住，以免施工时将路面标线覆盖或者污染。

(2)对路面进行预处理时，施工机械和设备要准备就位，制备好环保型路用降温涂层。在施工路段上进行试涂，确定降温涂层与路面的黏附力。

(3)按照室内试验确定的最佳涂层用量进行涂层的第一层涂布。涂层涂布的方式要根据工程规模采取喷涂或者滚涂方式。喷涂的方式适用于大面积施工，滚涂的方法适用于小面积施工。

(4)待第一层涂层涂布后，紧接着要进行第一层防滑颗粒的撒布。防滑颗粒的撒布采用鼓风机吹撒的方式，在具体操作过程中可能会导致颗粒的飞散，因此可使用防护板将施工路面围起来。撒完第一层防滑颗粒后要进行一定时间的养生，养生时间要根据季节而定，一般夏季为 30min 左右，冬季为 60min 左右。

(5)待第一层涂层硬化并且防滑颗粒固定后，按上述步骤进行第二层涂料的涂布。

(6)环保型路用降温涂层涂布完成后，进行路面的最后养生。在初步开放交通时，应严格控制通行交通的数量，确保行车不会对涂层的强度形成产生不利影响。在环保型路用降温涂层的强度完全形成后，可将路面上的粘封胶布清除，开放交通。

8.2.6 道路用绿色环保型降温涂层施工注意事项

由于环保型路用降温涂层施工工艺的特殊性，在实际施工过程中应注意以下几个方面。

(1)在环保型路用降温涂层的施工前，应先针对施工地区环境条件确定降温涂层的固化时间，为施工开放交通时间的确定奠定基础。

(2)采用人工施工方式进行降温涂层施工时，应为施工人员提供必要的工作服装，在环境温度较高时，还应提供口罩等附加施工装备，确保施工人员的身体健康。

(3)在大面积施工时，为保证施工质量应采用专用涂层施工设备进行环保型路用降温涂层的施工工作。

(4)对于防滑粒料的撒布，应采用专用撒布设备来替代人工施工，以保证抗滑粒料撒布的均匀性。

(5)在达到环保型路用降温涂层初步开放交通时间后，可以适当开放交通，但应严格控制通行交通数量；当降温涂层强度完全形成后才解除交通管制，开放交通。

9 道路用绿色环保型降温涂层工程示范

9.1 道路用绿色环保型降温涂层示范工程概况

石家庄三环路(图 9-1)是河北省政府批准建设的一条重要省级干线公路,对构成省会现代化城市交通网络、拓展城市发展空间、促进城市建设与发展具有

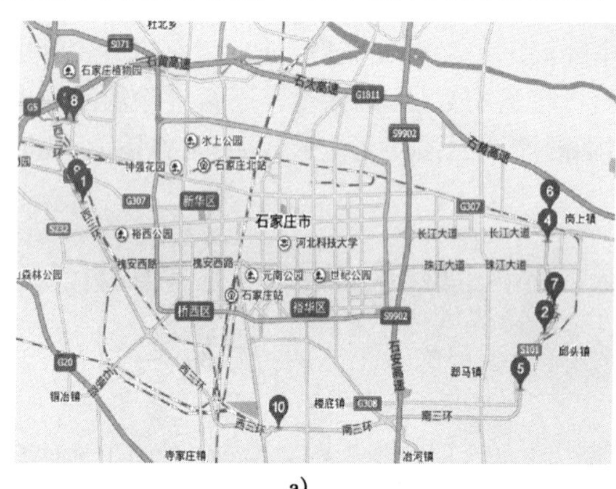

a)

b)

图 9-1 石家庄市三环道路地理位置及全景

十分重要的意义。三环路全长 74.828km,其中西环、南环、东环里程长 46.078km(北环利用石太、石黄高速公路 28.75km)。建设标准为一级公路,路基宽 33m,双向六车道,设计速度 80km/h。2005 年 10 月开工建设,2007 年 11 月 11 日主线通车,2009 年 5 月 1 日,实现全面通车。

主线路面结构层为:4cm 细粒式改性沥青混凝土(AC-13)＋6cm 中粒式改性沥青混凝土(AC-20)＋8cm 粗粒式密级配沥青混凝土(AC-25)＋18cm 水泥稳定级配碎石＋18cm 石灰粉煤灰稳定级配碎石＋18cm 二灰稳定土。

9.2 温度传感器埋设及温度测试方法

9.2.1 温度传感器埋设机具

温度传感器埋设机具如表 9-1 所示。

传感器埋设机具及填补材料 表 9-1

施工设备名称	具体施工机具	规格	数量	用　途
温度传感器埋设设备	冲击钻	钻头尺寸 24mm	1	温度传感器埋设
	路面刻槽机	—	1	
	小型夯实设备	—	1	
道路开挖填补材料	沥青冷补料	—	5	填补传感器埋设坑槽

9.2.2 温度传感器布设方案

为了全面研究环保降温型养护材料对沥青路面不同结构层的降温效果,分别在试验路段路面不同结构层进行温度传感器的埋设。

1)温度传感器竖向布设

温度传感器竖向主要布置在下面层顶面和中面层顶面,具体布设位置如图 9-2 所示。

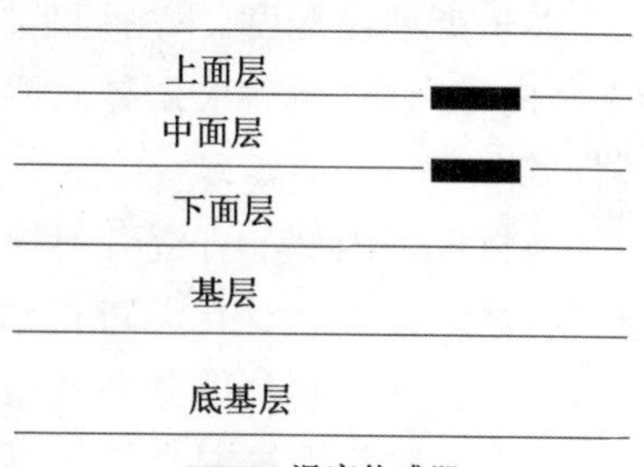

图 9-2 环保降温型养护材料试验路温度传感器竖向布置图

2)温度传感器平面布设

温度传感器平面布设位置选择在每种降温材料试验路的中间路段,在试验路中部每隔 100m 标示温度传感器埋设位置,温度传感器均布置在外侧车道距应急车道边界标线 2m 处。具体布设方法如图 9-3 所示。

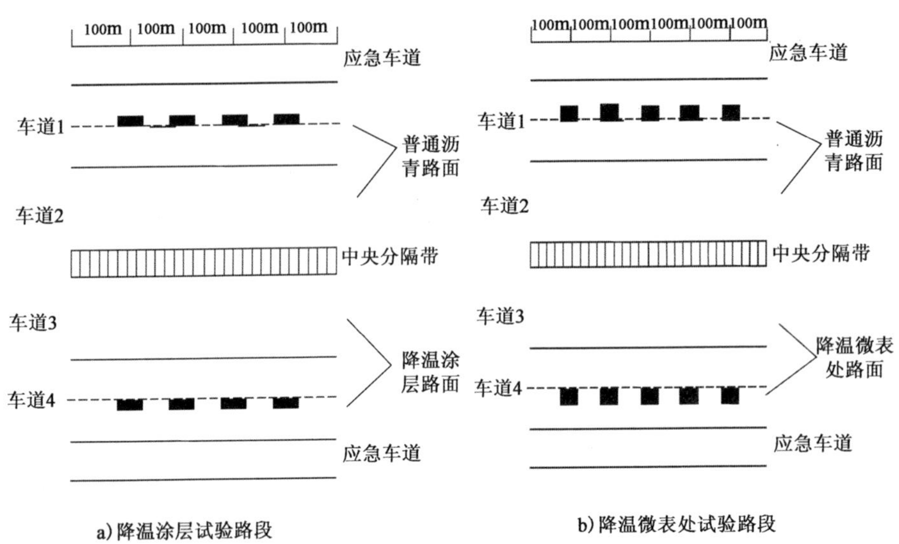

图 9-3 环保降温型养护材料试验路温度传感器平面布置图

9.2.3 温度传感器埋设

温度传感器埋设步骤如下。

(1)检查温度传感器埋设机具,在温度传感器埋设路段实施交通管制,保证传感器埋设施工作的安全和有序进行,见图 9-4。

(2)根据温度传感器平面布置图,采用罐装白色喷漆在试验路段相应埋设位置进行标记,并对每个位置进行顺序编号;根据试验路段路面结构形式,确定各位置埋设深度,并进行相应的标记。

(3)依据埋设深度,采用切割机在试验路段面层表面切割垂直于路面标线的两条竖向导向线,然后根据导向线采用电锤挖掘出条状坑洞,尺寸略大于温度传感器,见图 9-5。

(4)将坑洞内部沥青混合料清理干净,利用冲击钻从横向钻筑深度为 10cm 的孔洞,钻筑完成后对孔洞进行清理。将温度传感器前端 10cm 插入横向孔洞内,同时把传感器剩余部分平铺放入坑槽中,见图 9-6。

(5)采用冷补沥青混合料将斜向孔洞充分填筑,然后对竖向坑槽进行填筑,填筑完成后采用小型夯实设备对传感器买设备为进行压实,见图 9-7。

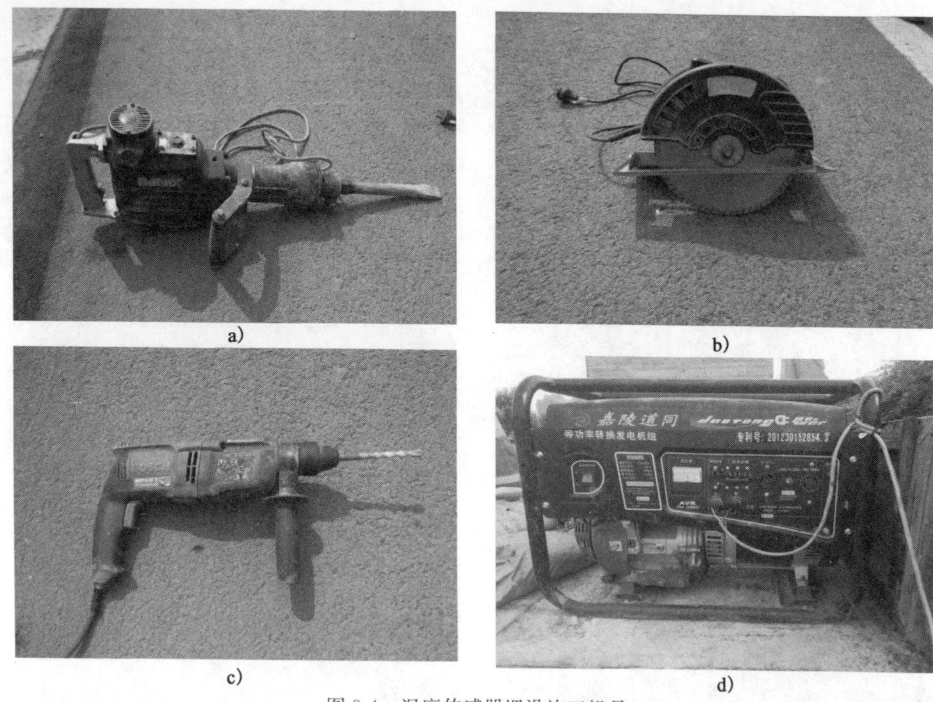

a) b) c) d)

图 9-4 温度传感器埋设施工机具

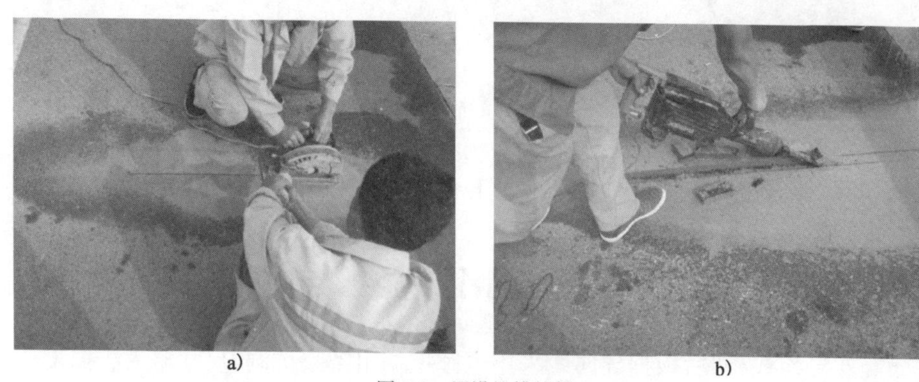

a) b)

图 9-5 埋设坑槽挖掘

9.2.4 试验段路面温度监测方法

环保降温型养护材料试验段开放交通之后，对其进行现场测温试验，系统研究环保降温型养护材料的降温性能。试验段路面温度监测方法如下。

(1)路表温度采用 ST-1A 型数字温度计进行测量，路面内部采用温度传感器进行读取。

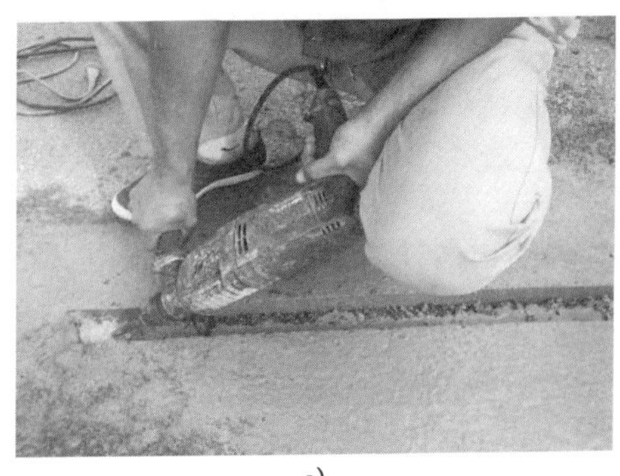

a)

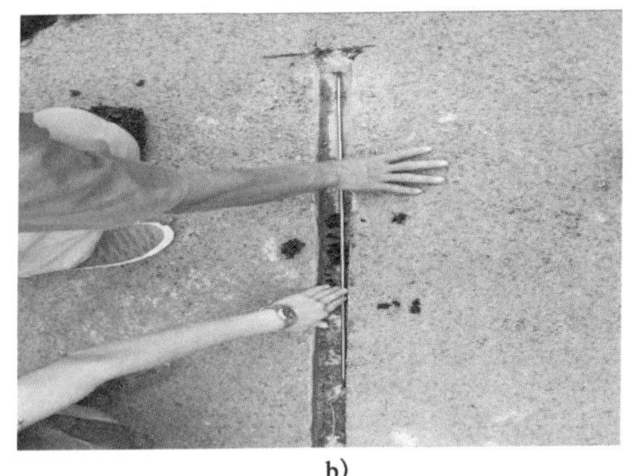

b)

图 9-6 埋设孔洞钻筑及温度传感器就位

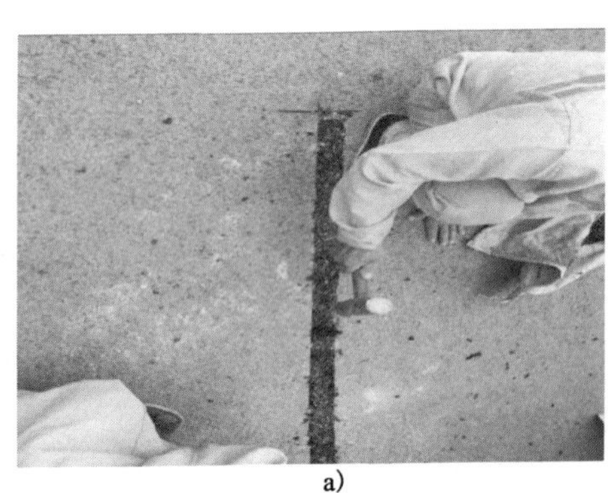

a)

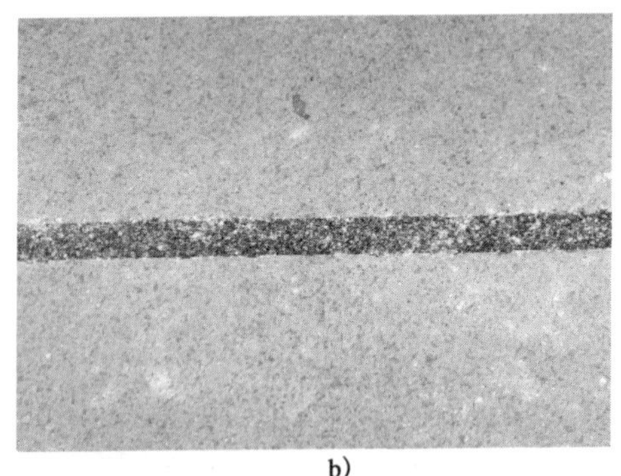

b)

图 9-7 填补位置夯实

(2)选择 10:00—15:00 为测试时段,每隔 30min 读取表面、中部、下部温度,对比分析降温材料路面和普通路面温度差异,从而确定环保型降温材料的降温性能。

9.3 道路用绿色环保型降温涂层施工与性能检测

9.3.1 道路用绿色环保型降温涂层施工

待所有准备工作和施工设备准备就绪以后,开始进行降温涂层施工。施工时要求天气晴朗,环境温度不低于 20℃。施工过程如下。

(1)进行施工路段交通管制,从施工区域外 100m 布置路锥,形成闭合施工区域,采用路面清扫车对试验路段进行全面清扫,并对路面污垢物进行适当处理,见图 9-8。

a)

b)

图 9-8 试验段路面清扫

(2)采用罐装白色喷漆对试验路段进行施工区域划分;采用胶条将施工路面标线封闭,以免降温涂层施工时将路面标线覆盖或者污染,见图 9-9。

a)

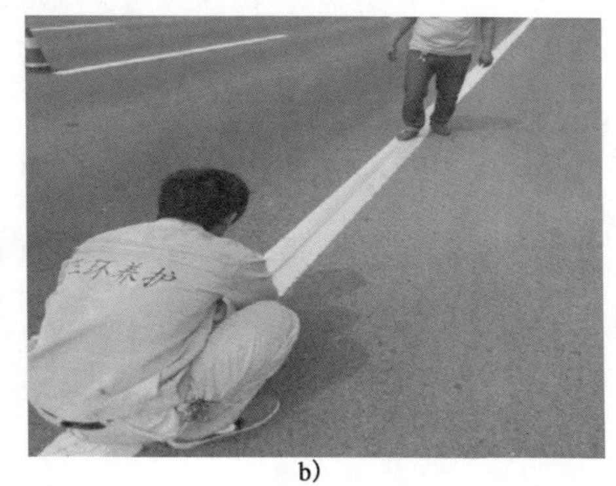

b)

图 9-9 试验段路面标线封闭

(3)称取树脂、固化剂、降温功能性材料等降温涂层原材料,并将各种原材料按顺序置于塑料桶中,采用手持式旋转搅拌机先低速搅拌 5min,然后高速搅拌 10min,最后转低速搅拌至均匀即可制得降温涂层,见图 9-10。

(4)按照 0.4kg/m^2 涂抹量进行环保型路用降温涂层的第一层涂布,施工人员沿行车方向采用 10 寸❶滚筒刷对划分区域内路面进行涂布工作,另外两名施工人员沿垂直于道路中线方向进行滚刷,以保证降温涂层均匀涂布,见图 9-11。

(5)待第一层涂层涂布后,进行第一层防滑颗粒撒布(0.5kg/m^2)。防滑颗粒撒布采用人工撒布,撒布人员在施工区域两侧均匀撒布抗滑颗粒。撒布完成

❶1 寸(1/30)m=0.033m。

后，对颗粒较少的区域进行补撒，见图 9-12。防滑颗粒撒布完成后需进行养生，养生时间要根据季节而定，一般夏季为 30min 左右，冬季为 60min 左右。

a)

b)

图 9-10　降温涂层制备

a)

b)

图 9-11　降温涂层涂布施工

a)

b)

图 9-12　抗滑粒料撒布

(6)待第一层涂层硬化且防滑颗粒固定后,按上述步骤进行第二层涂料的涂布(0.4kg/m^2)。

(7)环保型路用降温涂层涂布完成后进行养生。养生完成后撤去粘封胶带,开放交通。

9.3.2 道路用绿色环保型降温涂层降温性能检测

环保型路用降温涂层降温性能测试结果,如表9-2所示。

环保型路用降温涂层试验段降温效果测试结果 表9-2

大气温度(℃)		31.2	31.7	32.1	32.6	33.3	34.1	35.0	35.5	36.0	36.3	36.2
普通沥青路面温度(℃)	表	35.0	37.5	39.9	41.1	43.9	45.7	47.0	49.2	49.6	50.2	50.3
	中	33.2	35.3	37.4	39.1	41.6	43.3	45.1	46.6	47.1	48.4	48.8
	下	31.4	33.2	35.1	37.2	38.9	40.0	42.1	44.3	45.1	45.8	46.2
HTB降温涂层路面温度(℃)	表	33.5	35.3	36.8	37.8	39.7	41.0	42.4	43.4	44.1	44.8	44.7
	中	28.3	29.0	30.1	31.0	32.2	33.5	34.4	34.7	35.5	36.2	36.8
	下	26.7	27.2	28.9	29.3	30.1	31.2	32.3	32.6	33.3	34.0	34.2
HTB降温涂层降温效果(℃)	表	1.5	2.2	3.1	3.3	4.2	4.7	4.6	5.8	5.5	5.4	5.6
	中	4.9	6.3	7.3	8.1	9.4	9.8	10.7	11.9	11.6	12.2	12.0
	下	4.7	6.0	6.2	7.9	8.8	8.8	9.8	11.7	11.8	11.8	12.0

注:测试数据为相临两天测试数据的平均值(两天最高温差不超1℃)。

由表9-2分析可知,随着沥青路面温度的不断升高,环保型路用降温涂层的降温性能逐渐增强,其降温效果最高可达12℃以上,表明环保型路用降温涂层具有良好的降温效果。

9.3.3 道路用绿色环保型降温涂层路用性能检测

环保型路用降温涂层施工完成后,对试验段沥青路面平整度、抗滑性、封水性等路用性能进行测试,评价环保型路用降温涂层试验段路用性能。试验段路用性能检测结果如表9-3所示。

由表9-3分析可知,涂刷环保型路用降温涂层沥青路面最大间隙、构造深度摆值、渗水系数等指标均满足规范要求,表明环保型路用降温涂层的应用不会对沥青路面的平整度、抗滑性能和封水性能产生不利影响。

环保型路用降温涂层试验段路用性能现场测试结果　　表 9-3

测试项目	环保型路用降温涂层试验段路用性能现场测试结果										平均值	规范要求
最大间隙 h(mm)	2.8	2.6	2.4	3.0	2.6	2.4	2.8	2.8	3.0	2.6	2.7	≤5mm
构造深度	0.78		0.82		0.80		0.76		0.78		0.78	≥0.6mm
摆值 BNP	66		68		66		70		68		68	≥45
渗水系数(mL/min)	0		0		0		0		0		0	—

涂刷环保型路用降温涂层后，路面不同位置的渗水系数均为 0，表明涂刷环保型路用降温涂层后，外界水无法渗入道路内部，环保型路用降温涂层的应用大幅提高了沥青路面的抗渗水性能。

参考文献

[1] 中华人民共和国行业标准. JC/T 1015—2006 环氧树脂地面涂层材料[S]. 北京：人民交通出版社，2006.

[2] 中华人民共和国行业标准. JT/T 712—2008 路面防滑涂料[S]. 北京：人民交通出版社，2008.

[3] 中华人民共和国行业标准. JT/T 280—2004 路面标线涂料[S]. 北京：人民交通出版社，2004.

[4] 中华人民共和国行业标准. JT/T 600—2004 公路用防腐蚀粉末涂料及涂层[S]. 北京：人民交通出版社，2004.

[5] 王朝辉，王玉飞，孙晓龙，等. 基于能量转换的路用降温涂层材料制备与性能[J]. 中国公路学报，2015，28(8)：14-21.

[6] 孙晓龙，王朝辉，张洪华，等. 负重轮碾压的路用降温涂层高温稳定性能[J]. 长安大学学报(自然科学版)，2016(4)：15-25.

[7] 王朝辉，李彦伟，杨露，等，Tourmaline 改性沥青混凝土路面降温性能研究[J]. 功能材料，2014，45(11)：11081-11086.

[8] 张洪华，孙晓龙，王朝辉，等. 路用降温涂层降温性能研究[J]. 中外公路，2016(3)：254-257.

[9] 刘相儒，王玉飞，王朝辉，等. 路用降温涂层材料路用性能研究[J]. 公路交通科技(应用技术版)，2015(6)：187-188.

[10] 王朝辉，王玉飞，任回兴，等. 环保型路用降温涂层的现状与发展[J]. 筑路机械与施工机械化，2014，31(6)：40-46.

[11] 张洪华，王鑫，林声，等. 路用降温涂层施工工艺研究[J]. 筑路机械与施工机械化，2014，31(6)：47-50.

[12] 刘立斌，陈姣，张洪华，等. 路用降温涂层开放交通时间研究[J]. 筑路机械与施工机械化，2015，32(6)：72-75.

[13] 刘立斌，王玉飞，刘相儒，等. 路用降温涂层最佳涂抹量的确定[J]. 筑路机

械与施工机械化,2015,32(5):56-59.
[14] 王玉飞.路用降温含砂雾封层制备与性能研究[D].西安:长安大学,2016.
[15] 孙晓龙.环保型沥青路面降温涂层材料制备与性能研究[D].西安:长安大学,2014.